中高级汉语泛读

上　册

主　编　王祝斌

副主编　梁　云　王丽君

编　者（按姓氏笔画排列）

王丽君　王祝斌　邓　新　付东明　刘伟乾

吐尔逊娜依·马和木提　安德源　张　洁

杨玉荣　范祖奎　郭新爱　阎丽萍　梁　云

魏力群

北京大学出版社

北　京

图书在版编目（ＣＩＰ）数据

中高级汉语泛读. 上册/王祝斌主编. —北京：北京大学出版
社，2004.8
　ISBN 7-301-07738-6

　Ⅰ．中… Ⅱ．王… Ⅲ．汉语—阅读教学—教材
Ⅳ. H194

　中国版本图书馆 CIP 数据核字（2004）第 082638 号

书　　　　名：中高级汉语泛读（上册）
著作责任者：王祝斌　主编
责 任 编 辑：张进凯
标 准 书 号：ISBN 7-301-07738-6/H·1115
出 版 发 行：北京大学出版社
地　　　　址：北京市海淀区中关村北京大学校内　100871
网　　　　址：http：//cbs. pku. edu. cn
电　　　　话：邮购部 62752015　发行部 62750672　编辑部 62753334
电 子 信 箱：zpup@pup. pku. edu. cn
排 版 者：北京理工大学印刷厂
印 刷 者：北京大学印刷厂
经 销 者：新华书店
　　　　　　787 毫米×1092 毫米　16 开本　16.75 印张　309 千字
　　　　　　2004 年 8 月第 1 版　2004 年 8 月第 1 次印刷
定　　　　价：40.00 元

使 用 说 明

《中高级汉语泛读》是为高年级留学生编写的汉语教材。

本教材按泛读学习的规律,在体例上,分正文、生词、注释、练习四部分,书后附有参考答案。正文为完整的原文,文章的选择以题材和体裁的多样性、科学性、时代性和实用性为原则,尽可能做到难易适度,文理搭配,贴近生活实际,使之更符合高年级汉语学习的需要;生词部分,只列出并标出词性和拼音,不作解释,目的是让学生知道,列出来的是本课要掌握的重点词,要自己理解和掌握;注释部分,是对文中出现的成语、俗语、惯用语等给以解释(偏重于汉文化方面),帮助学生正确理解和使用;练习部分,主要是围绕课文的关键词、句的学习练习和段意的总结归纳,训练学生学习快速阅读的方法和技巧,使学生在做练习中逐渐养成正确的阅读方法。《中高级汉语泛读》分上下两册,每册40课,共80课;授课时数为每周4学时,可上2或3课(根据班级汉语水平的不同增减)。

编者

2004.7.10.

目　　录

第一课　我在北极光下

宋礼庭

虽然许多书上有北极光的描述,但只有你亲眼看到它,才能真正感受到那种极大规模的高能粒子呼啸而来,激烈地冲击大气而引起的极大规模的发光现象。

1981年冬,我到瑞典北极圈观测和拍摄北极光。北极区的冬夜是十分寒冷的,我一个人在山坡小松林里等待极光,支在雪地里的照相机架结满了白霜。8点过后,突然在北方的天空出现一抹淡淡的白色光带,离得很远,几分钟后,它慢慢地消失了。一会儿,在方才出现光带的附近,又是一抹光带出现,也是东西走向,在开始出现的一头有个亮边,似乎在变化,变亮。粗看整个光带像中国书法那漫不经心的一横,头重尾轻。细看光带中间有光亮的竖纹在慢慢移动,也是十分钟左右开始变暗。这两次极光像是一段序曲,告诉站在雪地里的人不要离开,精彩的演出马上就要开始。我做了准备,但没有想到它的到来是那么动人心魄。我正注视那两段"序光"消失的夜空位置时,突然,几乎就在我的头顶上,一片宏大的光幕垂了下来,强烈的黄白色的光把地面灌木丛的影子都显出来了。在我想像中也没有这样的景色,它巨大宽广,惊心动魄,霎时山坡的森林,地面上的楼房,都显得渺小了。它横贯半个天空,看它远处一端,好像直落地面。这个带色的巨大光幕在慢慢游动着。一些细小的光束又在整个光带内扭动、弯曲和飘移,大光带一边运动,一边改变容貌,一会儿折叠起来,一会儿又展开,再一会儿它分成了两束。一束由一条像游龙似的光带变成垂满半个天空的卷曲的幕布,幕布的下边缘还像镶了一个亮边。在十分钟内,整个"演出"由天空左边移到右边,但无论怎样变化,它连成一体并不碎裂。历时约20分钟,它慢慢变淡、消失,最后在夜空上留下淡得几乎看不出来的一片白色的残迹。这时只在原先出现"序曲"极光的地方,还有一段其貌不扬的极光在唱着尾声。

那天晚上我看到了各种形态的极光,等到极光不再出现时,我已经手脚麻木,赶快抱起照相机架跌跌撞撞奔回住处。已经两点钟了,我仍然兴奋得毫无倦意,无论谁第一次看见这种大规模的极光,都不能无动于衷。我心里有一个急切的念头,就是快些把我看到的极光景象告诉国内的朋友们,特别是那些和我一起查阅过中国古代极光记载的朋友们,他们一定很高兴分享我的喜悦。

(本文选自《我在北极光下》,中国教育出版社2002版)

生　词

呼啸（动）hūxiào　　　横贯（动）héngguàn　　　扭动（动）niǔdòng

折叠（动）zhédié　　　分享（动）fēnxiǎng　　　精彩（形）jīngcǎi

麻木（动）mámù　　　尾声（名）wěishēng　　　观测（动）guāncè

抹　（量）mǒ

注　释

漫不经心:随随便便,不放在心上。也说漫不经意。

动人心魄:使人的心灵、思想受到震撼。

惊心动魄:形容使人感受很深,震动很大。

其貌不扬:指人的容貌平常或丑陋。

无动于衷:心里一点不受感动;一点也不动心。衷也作"中"。

跌跌撞撞:形容走路不稳。

练　习

一、根据课文内容判断正误

1. 描述北极光的书不算多。　　　　　　　　　　　　　　　　　　（　　）

2. 通过书本上对北极光的描述,你也能感受到那种奇妙的发光现象。（　　）

3. 我到瑞典北极圈是为了欣赏北极光这一奇妙的自然景色。　　　　（　　）

4. 头两次极光出现的方位完全不同。　　　　　　　　　　　　　　（　　）

5. 出现的光带一直很亮。　　　　　　　　　　　　　　　　　　　（　　）

6. 整个光带粗看与中国书法一模一样。　　　　　　　　　　　　　（　　）

7. 序曲告诉站在雪地里的人不要离开。　　　　　　　　　　　　　（　　）

8. 我预测到北极光的到来一定动人心魄。　　　　　　　　　　　　（　　）

9. 强烈的、黄白色的北极光出现时,把地面都照亮了。　　　　　　（　　）

10. 北极光出现时产生的景色是我没有想像到的。　　　　　　　　（　　）

11. 在巨大宽广的北极光幕下,森林、楼房都变小了。　　　　　　　（　　）

12. 巨大的北极光幕自始至终都保持着原状。　　　　　　　　　　（　　）

13. 接近尾声的北极光仍很精彩。　　　　　　　　　　　　　　　（　　）

14. 那天晚上,看到极光不再出现时,我已经手脚僵硬了。　　　　（　　）

15. 夜里两点钟了,由于兴奋我无法入眠。　　　　　　　　　　　（　　）

16. 凡是第一次看见这种大规模极光的人,内心都无法平静。 （　　）

17. 我愿意与我的朋友们一起分享我的喜悦。 （　　）

18. 北极光这一奇妙的景象令我难以忘怀。 （　　）

二、用汉语解释句中划线词语的意思

1. 又是一抹光带出现,也是东西<u>走向</u>。

2. 刹时山坡的森林,地面上的楼房,都显得<u>渺小</u>了。

3. 大光带一边运动,一边改变<u>容貌</u>。

4. 我仍然毫无<u>倦意</u>。

5. 一片宏大的光幕<u>垂</u>了下来。

三、选择划线词语的正确解释

1. <u>支</u>在雪地里的照相机架结满了白霜。 （　　）
　　A. 支持　　　　　　B. 竖起　　　　　　C. 架　　　　　D. 指使

2. 支在雪地里的照相机架<u>结</u>满了白霜。 （　　）
　　A. 长满了(果实或种子)　　　　B. 结束
　　C. 结合好了　　　　　　　　　D. 布满

3. 突然在北方的天空出现了一<u>抹</u>淡淡的白色光带。 （　　）
　　A. 用手按着并向下移动　　　　B. 涂抹
　　C. 擦　　　　　　　　　　　　D. 量词

4. 粗看整个光带像中国书法那漫不经心的一横,<u>头</u>重脚轻。 （　　）
　　A. 头部　　　　　　　　　　　B. 脑袋
　　C. 开头的地方　　　　　　　　D. 头脑

5. 粗看整个光带像中国书法那漫不经心的一横,头<u>重</u>脚轻。 （　　）
　　A. 沉重　　　　　　　　　　　B. 重量
　　C. (颜色)深;浓　　　　　　　D. 重要

四、选词填空

| 冲击 | 走向 | 尾声 | 精彩 | 呼啸 | 横贯 | 折叠 |

漫不经心　　动人心魄　　惊心动魄　　其貌不扬　　无动于衷　　分享　　麻木

跌跌撞撞

1. 飞驰的列车_____而过。

2. 海浪_____着石崖,发出了巨大的响声。

3. 这条铁路_____我省中部。

4. 晚会的节目很_____,你没去,太可惜了。

5. 会谈持续了一个多月,现在已接近_____。

6. 外面太冷了,我冻得手脚都已经_____了。

7. 这是一把_____椅,携带起来很方便。

8. 在这种事情面前,作为领导怎么能_____呢?

9. 这个人虽然外表_____,却很有本事。

10. 海浪拍打着岩石,巨大的响声_____。

11. 看着他那_____的样子我就生气。

12. 他酒喝多了,走起路来_____的。

13. 在这部小说中作者描写了许多_____的战争场面。

14. 我愿意与我的家人、朋友_____我的成功与快乐。

五、选择恰当的词语填空

1. 他形象地了_____那件事的经过。 （   ）

    A. 描述　　　　　B. 描写　　　　　C. 描绘

2. 这篇作品朴实地_____了农民的生活。 （   ）

    A. 描述　　　　　B. 描写　　　　　C. 描绘

3. 这些作品生动地_____了我国农村的新气象。 （   ）

    A. 描述　　　　　B. 描写　　　　　C. 描绘

4. 通过人物对话来_____人物的内心活动是作家常采用的方法。 （   ）

    A. 描述　　　　　B. 描写　　　　　C. 描绘

5. 经过_____,今天的风力已达十级。 （   ）

    A. 观测　　　　　B. 观察　　　　　C. 测量

6. 他的病情还需要进一步_____。 （   ）

    A. 观测　　　　　B. 观察　　　　　C. 测量

7. 对方还没什么动静,但要注意密切_____。 （   ）

    A. 观测　　　　　B. 观察　　　　　C. 测量

8. 经过_____,这块土地的面积有十万亩。 （   ）

    A. 观测　　　　　B. 观察　　　　　C. 测量

六、根据课文内容选择正确的答案

1. "精彩的演出马上就要开始",在这句话中,"精彩的演出"是指: （   ）

    A. 奇妙的北极光景色　　　　　　B. 出色的表演

    C. 演员表演的节目很受观众欢迎　　D. 演出很精彩

2. "在十分钟内，整个'演出'由天空左边移到右边"，"演出"是指： （　　）

    A. 我拍摄的节目   B. 演员表演节目给观众欣赏

    C. 变化的北极光   D. 演员演出北极光舞

3. "还有一段其貌不扬的极光在唱着尾声"，这句话中，"唱着尾声"是指： （　　）

    A. 极光在持续着，接近结束   B. 演员演唱着歌曲的最后部分

    C. 尾声部分唱着   D. 极光持续到结束

4. 我……赶快抱起照相机架跌跌撞撞奔回住处，是因为： （　　）

    A. 夜已经深了   B. 我心里有一个急切的念头

    C. 我已经冻僵了   D. 我兴奋不已

5. 作者写这篇文章的主要意图是： （　　）

    A. 把这次拍摄经历告诉大家

    B. 描述北极光这种奇妙的景象，赞美大自然的神奇魅力

    C. 让读者欣赏各种形态的北极光

    D. 把看到的极光景象告诉国内的朋友们

七、选择下列各段正确的段落大意填在后面的括号里

1. 第一自然段讲的是： （　　）

2. 第二自然段讲的是： （　　）

3. 第三自然段讲的是： （　　）

A. 北极光是一种什么样的发光现象

B. 北极光是一种什么样的发光现象及其产生的原因

C. 北极光从开始出现到最后消失的整个变化过程和变化景象

D. 我怎么样观测和拍摄北极光的变化过程

E. 看到了各种形态的北极光后久久不能平静的心情

F. 看到了各种形态的北极光后出现的一个急切的念头

八、回答问题

1. 北极光产生的原因是什么？

2. 北极光刚开始出现时是什么状态？

3. 北极光是如何变幻的？

4. 北极光消失后又是什么状态？

5. 看到了各种形态的北极光后，我是什么心情？

6. 我有个急切的念头是指什么？为什么？

第二课　在雪中，在雾中

梁秉坤

立春之后下了一场大雪，一夜之间换来一个银色的世界。

雪还没有停，又飘来了一团团浓雾，白色的万物被细细的棉纱遮掩着，灰蒙蒙，影绰绰，如入仙境一般。

我站在窗前凝视良久，突然楼前的小空场上，跳进了两个"小红点儿"。仔细看去，原来是一对十一二岁的小姑娘在雪中戏耍。她们是邻居家的一对"双胞胎"，身上穿着同样的大红色羽绒服，头上戴着同样的米黄色毛线帽，每个人的手中都有一个铁簸箕，奋力地把地上的雪堆拢在一起。大约经过了一二十分钟的努力，一个有头有身子初具规模的雪人终于诞生了。

我本来准备走开了，现在却非要等个"水落石出"不可。

雪花，不断地飘落着。浓雾，缠绕着不肯离去。已经回升的气温又降到了零度以下。

孩子们的额头上仿佛已经出了汗，冒着热气。然而，她们一刻不停地加固着雪人，蹲在地上，用两双戴着墨绿色手套的手，从头顶拍到身子，又从身子拍到头顶，反反复复，仔仔细细。回忆起儿时堆雪人的经验，深知这一道工序是非常艰苦，也是非常重要的。

又过了一二十分钟，雪人才完全显露出来，圆圆的脸上有眉毛，有眼睛，有鼻子，有嘴，头上也戴着黄色的帽子，身上也穿着红色的衣裳，很明显，孩子们是在精心地塑造着自己。她们围绕着雪人又蹦又跳，又喊又唱，兴奋极了，开心极了。

这时候，来了一个和她们年龄差不多的小男孩，身上穿着一件黑色的皮夹克，手里拎着一根做过墩布把的木棍，竟然嬉皮笑脸地把雪人彻底捣毁了。女孩们说也说不住，拦也拦不住。男孩捣毁雪人以后，像一个得胜的"将军"扬长而去。女孩们呆呆地站在那里，含着热泪看着眼前的一片狼藉。

我深深地同情着女孩们，甚至打算下楼去劝她们赶快回家。然而，万万也没有料到，在片刻之后，她们居然又干了起来，而且，仿佛比刚才干得更带劲儿。初具规模的雪人又堆起来了，她们再一次蹲在地上拍打着雪人的头顶和身子，这一次把手套也甩掉了，四只冻得通红通红的小手，不停地挥动着。看到这一切，我不由得打了一个冷战，觉得好凉好凉。

突然，我发现女孩们身上那种闪光的东西，不正是我这个老年人身上也曾经有过,而如今又已经失落了的吗? 想到这里,我的心头一阵发紧,一种不可名状的感情涌了上来。

我默默地看着那继续奋力堆着雪人,也是堆着自己的女孩们……

雪花不断地飘落着。浓雾,缠绕着不肯离去。

1990 年年春于安华西里

(选自 1990 年 2 月 26 日《人民日报》)

生　词

影绰绰（形）yǐngchuòchuò　　　拢　　（动）lǒng　　　良久（形）liángjiǔ

拎　　　（动）līn　　　墩布（名）dūnbù　　　狼藉（形）lángjí

注　释

水落石出:出自宋·欧阳修《醉翁亭记》。水落下去,水底的石头便显露出来。
　　　　　常用在受了冤枉,但事情终有大白的一天。

嬉皮笑脸:指不严肃、不庄重的样子。

扬长而去:比喻人大模大样,大摇大摆地走了。

不可名状:名:说出。不能用语言来形容。

立春:二十四节气之一。在 2 月 3、4 或 5 日。我国以立春为春季的开始。

练　习

一、根据课文内容判断正误

1. 立春之后的一场大雪使得到处都变得白茫茫的。　　　　　　　　（　　）

2. 文中的"我"是个老年人。　　　　　　　　　　　　　　　　　（　　）

3. 邻居家的小男孩儿在雪中堆雪人。　　　　　　　　　　　　　　（　　）

4. 大约一二十分钟雪人就完全堆好了。　　　　　　　　　　　　　（　　）

5. 气温一直保持在零度以下。　　　　　　　　　　　　　　　　　（　　）

6. "我"以前从未堆过雪人。　　　　　　　　　　　　　　　　　　（　　）

7. 雪人五官端正,头上戴着红帽子,身上穿着黑色的衣裳。　　　　（　　）

8. 雪人被"双胞胎"彻底捣毁了,女孩们心里很难受。　　　　　　　（　　）

9. "我"深深地同情着女孩们,下楼去劝她们。　　　　　　　　　　（　　）

10. 邻居家的一对"双胞胎"再一次堆起了雪人。　　　　　　　　　（　　）

二、用汉语解释句中划线的词语

1. 一个有头有身子初具规模的雪人终于诞生了。

2. 立春之后下了一场大雪。

3. 白色的万物被细细的棉纱遮掩着。

4. 原来是一对十一二岁的小姑娘在雪中戏耍。

5. 奋力地把地上的雪堆拢在一起。

6. 从头顶拍到身子,又从身子拍到头顶,反反复复,仔仔细细。

7. 深知这一道工序是非常艰苦,也是非常重要的。

8. 一个男孩竟然嬉皮笑脸地把雪人彻底捣毁了。

9. 含着热泪看着眼前的一片狼藉。

10. 然而,万万也没有料到,片刻之后,她们居然又干了起来。

11. 我默默地看着那继续奋力堆着雪人,也是堆着自己的女孩们。

12. 而且,仿佛比刚才干得更带劲。

三、选词填空

诞生　狼藉　水落石出　嬉皮笑脸　扬长而去　不可名状　失落　凝视

1. 女孩们含着热泪看着眼前的一片_____。

2. 他又_____地来找我了。

3. 读完这部小说我有一种_____的感觉。

4. 来到这里我有一种_____感。

5. 1949 年 10 月 1 日中华人民共和国_____了。

6. 这件事我非查个_____不可。

7. 他站在窗前_____着远方。

8. 古丽说完话就_____了。

四、从 A、B、C、D 四个答案中选择划线词语的惟一解释

1. 我站在窗前"我"凝视良久。　　　　　　　　　　　　　　　　　　　(　　)

    A. 一会儿　　　　　B. 很久　　　　　C. 一段时间　　　　D. 一下儿

2. 我看着那继续奋力堆着雪人,也是堆着自己的女孩们。　　　　　　　(　　)

    A. 勤奋　　　　　　B. 努力　　　　　C. 充分鼓起劲来　　D. 奋勇

3. 然而,万万也没有料到。　　　　　　　　　　　　　　　　　　　　(　　)

    A. 绝对　　　　　　B. 十分　　　　　C. 表示数目　　　　D. 表示很多

4. 手里拎着一根做过墩布把的木棍。　　　　　　　　　　　　　　　　(　　)

    A. 提着　　　　　　B. 带着　　　　　C. 捏着　　　　　　D. 拿着

5. <u>竟然</u>嬉皮笑脸地把雪人彻底捣毁了。 （　　）
　　A. 果然　　　　　B. 显然　　　　　C. 然而　　　　　D. 出乎意料之外
6. 仿佛比刚才干得更<u>带劲儿</u>。 （　　）
　　A. 有力量,有劲头儿　　　　　B. 有兴趣
　　C. 使劲儿　　　　　D. 用劲儿
7. 看到这一切,我<u>不由得</u>打下一个冷战,觉得好凉好凉。 （　　）
　　A. 不愿意　　　B. 不禁　　　C. 不想　　　D. 不得不
8. 想到这里,我的心头一阵<u>发紧</u>,一种不可名状的感情涌了上来。 （　　）
　　A. 紧张　　　　　B. 变紧　　　　　C. 焦虑　　　　　D. 不安

五、根据课文内容从 A、B、C、D 四个答案中选择恰当的答案

1. 以下哪句话符合课文内容 （　　）
　　A. 本文中的人物"我"都认识。
　　B. 小男孩儿帮助他们堆雪人。
　　C. "双胞胎"第一次堆的雪人被小男孩儿彻底搞毁了。
　　D. 看到"双胞胎"第一次堆的雪人被搞毁了,"我"心里很高兴。
2. 我站在窗前"我"最先看到的是 （　　）
　　A. 女孩儿　　　B. 男孩儿　　　C. 雪人　　　D. 双胞胎
3. "女孩们身上闪光的东西"中的"闪光的东西"指的是什么 （　　）
　　A. 发光的东西　　　　　B. 坚持不懈的精神
　　C. 热爱生活　　　　　D. 热爱劳动
4. 以下关于雪人的说法不正确的一项是 （　　）
　　A. 经过一二十分钟雪人有了基本的样子。
　　B. 孩子们把雪人当作了自己在塑造。
　　C. 雪人的头上戴着黄色的帽子,身上穿着红色的衣裳。
　　D. 堆雪人很简单。
5. 文中的"打了一个冷战"是什么意思? （　　）
　　A. 颤抖了一下　　　　　B. 互相不说话
　　C. 准备打架　　　　　D. 摇晃了一下

六、选择下列各段正确的段落大意填在后面的括号里

1. 第三自然段的段意是: （　　）
2. 第六、七自然段的段意是: （　　）
3. 第八自然段的段意是: （　　）

4. 第九自然段的段意是：　　　　　　　　　　　　　（　　）

A. 男孩儿捣毁了雪人。

B. 雪人经孩子们努力终于诞生了。

C. 雪人的样子。

D. 女孩儿又重新堆雪人

E. 我发现邻居的女孩在堆雪人。

F. 我下楼去劝女孩儿。

七、回答问题

1. 雪人是如何堆出来的？

2. 男孩儿是怎样把雪人捣毁的？

3. 雪人被捣毁后女孩们的心情怎样？如何做的？

4. 请你描述一下你所见过的《双胞胎》。

　　（要求：语句通顺，尽量以描写外貌为主，也可加入其他方面内容）

5. 你能结合课文与实际谈谈"女孩们身上闪光的东西"吗？

第三课　别让你新奇的念头溜走

逸　凡

生活中,我们每天都在感受,新奇的想法和念头常常闪现,但绝大多数人只是把它当成一个念头而已,想想就过去了,却不知这些念头中潜藏着巨大的商机。

财富的成功获取者与穷困一生者之间,就差那么一点点——他把新奇的念头紧紧抓住了,而别人把它轻易放过去了。

商业奇才,身价达数亿英镑的超级女富婆安妮塔·罗蒂克做化妆品生意之前,是个喜欢冒险的嬉皮士,她尝试过许多种职业,做过不少生意,但都失败了。一天,她在与男友谈天时,突然产生了一个神奇的念头,她是那种想到就去做的人,于是,她按照那个念头去做了,于是,她成功了。

这个念头是:为什么我不能像卖杂货和蔬菜那样,用重量或容量的计算方式来卖化妆品?为什么我不能卖一小瓶面霜或乳液……将化妆品的大部分成本不花在精美的包装上,以此来吸引消费者?

她开始按照这个想法运作。然而,就在安妮塔费尽心机,用贷款得来的钱将小店开张的一切准备就绪时,一位律师受两家殡仪馆的委托控告安妮塔,她要么不开业,要么改掉店名,原因是她的"美容小店"这种花哨的店名,势必影响殡仪馆庄严的气氛而破坏业主的生意。

百般无奈之中,她又有了新念头。她打了个匿名电话给布利顿的《观察晚报》,声称她知道一个吸引读者的新闻:黑手党经营的殡仪馆正在恐吓一个手无缚鸡之力的可怜女人——安妮塔·罗蒂克,这个女人只不过想在丈夫外出探险时开一家美容小店维持生计而已。

《观察晚报》在显著位置报道了这个新闻,不少仗义正直的人们来美容小店安慰安妮塔。这使安妮塔解决了问题,而且她的美容小店尚未开张就已名声大振。安妮塔尝到了不花钱做广告的绝美滋味。在她日后的经营中,直至她的美容小店成为大型跨国企业,她都没有在广告宣传上花一分钱。

开业之初的热闹之后,有一段时间生意很清淡,一周只相当于开始时一天的收入。安妮塔苦思冥想,又有了出人意料的好念头。凉风习习的早晨,市民们去肯辛顿公园,总会发现一个奇怪的现象,一个披着卷曲散发的古怪女人沿着街道或草坪喷洒草莓香水,清新的香气随着晨雾四处飘散。人们驻足观看,忍不住发问:这个古怪女人是谁?她当然就是安妮塔。这个古怪女人,带着她的古怪草莓香水瓶,又一次上了布利顿《观察晚报》的版面。她说:她要营造一条通往美容小店的馨香之路,让人们闻香而来。她的生意逐渐又兴旺起来。当然,她本身不断学习的化妆品知识和对顾客的超常耐心也是一个重要条件。

安妮塔是最先倡导顾客参与制作化妆品的,现在这种做法在欧美化妆品行业非常流行。安妮塔的妙策是:把各种香水油放在样品碟里,麝香、苹果花、薄荷香等等,让顾客选择他们喜爱的香味,按需求调入他们选定的化妆品中。顾客乐此不疲,为自己的"新产品"而陶醉。

美容小店的一切都给人们一种与众不同的感觉:简易的包装;用装药水的瓶子装化妆品,标签是手写的——最开始是因为负担不起印刷费用,但这个独特风格却保持了下去。她的产品没有说明书,只以海报的形式贴在店里,这成为了日后美容小店经营的显著风格。店里甚至有一段时间摆上了艺术品、书籍之类的东西出售。这一切使她的美容小店生意日增,不到半年时间,她在别人的投资下,又开了第二间美容小店。很快,她开了第三间、第四间同样风格的小店……1978年,第一家境外连锁店在比利时的布鲁塞尔开张营业。

(摘自《攫取财富的 23 条傻瓜定律》,天津人民出版社)

生　词

潜藏（动）qiáncáng	馨香（形）xīnxiāng	花哨（形）huāshao
倡导（动）chàngdǎo	匿名（名）nìmíng	境外（名）jìngwài
就绪（动）jiùxù	妙策（名）miàocè	驻足（动）zhùzú

注　释

嬉(xī)皮士:指某些西方国家中具有颓废作风的人,他们由于对现实不满而采取玩世不恭的态度,如蓄长发、穿奇装异服、吸毒等。

费尽心机:花了很多心思,想了各种办法(多含贬义)。

百般无奈:没有任何办法。

手无缚鸡之力:手连捆绑一只鸡的力气都没有,形容非常柔弱。

仗义正直:主持正义,非常正直。

名声大振:名气一下子大了起来。

苦思冥(míng)想:深沉地思索。

乐此不疲:非常喜欢,不会感到疲倦。

连锁店:一个公司或集团开设的经营业务相关、方式相同的若干个商店。

练 习

一、根据课文内容判断正误

1. 大多数人并没有把新奇的念头付诸实施。 （　　）

2. 富人和穷人的差别就是前者的文化水平高。 （　　）

3. 安妮塔是一个做事一直很谨慎的人。 （　　）

4. 安妮塔以前曾卖过蔬菜和杂货。 （　　）

5. 卖化妆品这个念头是由安妮塔的丈夫想出来的。 （　　）

6. 因"美容小店"的店名太花哨,殡仪馆就委托律师控告安妮塔。 （　　）

7. 安妮塔在《观察晚报》上花钱做广告。 （　　）

8. 安妮塔沿着街道喷洒香水是为了引起男士的注意。 （　　）

9. 顾客们对自己参与制作的"新产品"感到很满意。 （　　）

10. 美容店的产品标签是手写的,因为小店一直付不起印刷费用。 （　　）

二、用汉语解释句中划线的词

1. 这些念头中<u>潜藏</u>着巨大的商机。

2. 艾力的餐厅明天就要开业了,一切已经准备<u>就绪</u>。

3. 她是一个<u>手无缚鸡之力</u>的女人。

4. 看到这种奇怪的现象,人们不由得<u>驻足</u>观看。

5. 马克以前是一个喜欢冒险的<u>嬉皮士</u>。

6. 你穿这件衣服真是太<u>花哨</u>了。

7. 她的美容小店还未开张就已<u>名声大振</u>。

8. 一走进花园,我就闻到一股<u>馨香</u>的气息。

三、选词填空

| 百般无奈 | 清淡 | 苦思冥想 | 倡导 |
| 乐此不疲 | 与众不同 | 显著 | 匿名 |

1. 女孩子喜欢吃一些_____的食物。

2. 我们_____保护环境、关爱生命。

3. 阿迪力非常喜欢踢足球,真是_____。

4. 改革开放以来,人民的生活水平有了_____的提高。

5. 小丽今天收到了一封_____信。

6. 她穿衣服很讲究,喜欢_____。

7. _____之中，他只好请我去帮忙。

8. 刘佳_____，好容易才把这道题算出来。

四、在 A、B、C、D 中选择合适的词语替换划线的词

1. 财富的成功获得者是不会<u>轻易</u>放过新奇念头的。

　　A. 轻轻地　　　　B. 随便　　　　　C. 轻松　　　　　D. 随时

2. 安妮塔的家产已<u>达</u>数亿英镑。

　　A. 发达　　　　　B. 达到　　　　　C. 到达　　　　　D. 表达

3. 王经理的公司<u>运作</u>正常。

　　A. 运行工作　　　B. 开始运输　　　C. 运用　　　　　D. 运气

4. 为了达到目的，她<u>费</u>尽心机。

　　A. 浪费　　　　　B. 花费　　　　　C. 费用　　　　　D. 花钱

5. 每天，新奇的念头都会在我们的头脑中<u>闪现</u>。

　　A. 闪一闪　　　　B. 慢慢出现　　　C. 表现　　　　　D. 快速出现

6. 这次比赛中，王力获得了<u>出人意料</u>的好成绩。

　　A. 人们没有想到　　　　　　　　　B. 已经预料到了

　　C. 让人吃惊　　　　　　　　　　　D. 人们不愿想到的

7. 你这样做<u>势必</u>会引起大家的误会。

　　A. 势力　　　　　B. 权势　　　　　C. 必须　　　　　D. 必定

8. 她只不过是想开一家美容小店来维持生计<u>而已</u>。

　　A. 而且　　　　　B. 罢了　　　　　C. 已经　　　　　D. 然而

五、从 A、B、C、D 四个答案中选择恰当的答案

1. 作者认为，成功者和穷困一生的人之间最重要的差别是：　　　（　　　）

　　A. 财富的多少　　　　　　　　　B. 地位的高低

　　C. 能否紧抓住新奇念头　　　　　D. 是否有机会

2. 关于安妮塔不正确的描述是：　　　　　　　　　　　　　　　（　　　）

　　A. 敢想敢做　　　　　　　　　　B. 做事谨慎

　　C. 做过许多职业　　　　　　　　D. 做过不少生意

3. 关于安妮塔的美容小店，下面不正确的是：　　　　　　　　　（　　　）

　　A. 店名有些花哨　　　　　　　　B. 是安妮塔借钱开的

　　C. 曾受到两家宾馆的控告　　　　D. 已经影响了殡仪馆的生意

4. 大家认为安妮塔是一位商业奇才的原因是：　　　　　　　　　（　　　）

　　A. 她喜欢冒险　　　　　　　　　B. 不花一分钱做广告

C. 经常打匿名电话   D. 对顾客很有耐心

5. 安妮塔是怎样使一度清淡的生意又兴旺起来的: (   )

   A. 穿古怪服装   B. 经常做广告

   C. 在街道上喷洒香水   D. 开连锁店

6. 下面不属于美容小店的特别之处的是: (   )

   A. 简易的包装   B. 没有产品说明

   C. 标签是手写的   D. 出售各种香油

7. 安妮塔的哪种做法在欧美的化妆品行业很流行: (   )

   A. 让顾客参与制作化妆品   B. 在店内贴海报

   C. 在店内出售书籍   D. 用装药水的瓶子装化妆品

8. 安妮塔在哪里开了第一家境外连锁店: (   )

   A. 巴黎   B. 东京   C. 悉尼   D. 布鲁塞尔

9. 作者在介绍安妮塔时使用的语气是: (   )

   A. 同情   B. 气愤   C. 赞叹   D. 惋惜

10. 通过这篇文章,作者想要告诉我们什么: (   )

   A. 做一个喜欢冒险的人   B. 应该做化妆品生意

   C. 善于抓住并利用新奇念头   D. 经常去公园散步

六、概括段落大意

1. 第 7 自然段:

2. 第 8 自然段:

3. 第 9 自然段:

4. 第 10 自然段:

七、根据课文内容回答问题

1. 安妮塔在做化妆品生意之前是个什么样的人?

2. 安妮塔的哪些新奇念头使自己的生意一次又一次地兴旺起来?

3. 让顾客参与制作化妆品有什么好处?

4. 美容小店有哪些与众不同的地方?

5. 作者认为是什么使安妮塔成为商业奇才的?

第四课　母爱的较量

那是 19 年前的事了。

那时我九岁，同母亲住在川南那座叫茶子山的山脚下。那时的我经常怀疑自己有没有父亲。父亲远在省外一家兵工厂上班，一年最多回家两次，住的时间也极短，因此他留给我的印象平淡得不如那个十天半月便到我们村子来吆喝一阵的补锅匠，他的模样在我脑海里甚至像荡漾在水中一般模糊不清。

母亲长着一副高大结实的身板和一双像男人一样打着厚茧的手，这双手只有在托着我的脑袋瓜子送我上学或抚摸着我的后背哄我入睡的时候，我才能感觉到她的不可抗拒的母性的温柔与细腻。除此之外，连我也很难认同母亲是个纯粹的女人，特别是她挥刀砍柴的动作犹如一个左冲右突威猛无比的勇敢战将，砍刀闪着灼人的寒光在她的手中呼呼作响，粗如手臂的树枝如败兵一般在刀光剑影下哗哗倒地。那时的我虽然幼小，但已不欣赏母亲这种毫无女人味的挥刀动作。

在那个有雪的冬夜，在那个与狼对峙的冬夜，在那场惊心动魄的"战争"后，我对母亲的所有看法全然改写。

学校在离我家六里处的一个山坳里，我上学必须经过茶子山里一个叫乌托岭的地方，乌托岭方圆两里无人烟，岭上长着并不高大的树木和一丛丛常青的灌木。每天上学，母亲把我送过乌托岭；放学，又步行过乌托岭把我接回来。接送我的时候，母亲身上总带着那把砍柴用的砍刀，这并非是怕遇到劫匪，而是乌托岭上有狼。

1980 年冬的那个周末，下午放学后，我因肆无忌惮地玩耍而忘掉了时间，直到母亲找到学校，把我和几个同学从一个草垛里揪出来，我才发现天色已晚。当我随母亲走到乌托岭的时候，月亮已经升起在我们的头顶上。

这是冬季里少有的一个月夜，银色的月光倾泻在丛林和乱石间，四周如积雪一般一片明晃晃的白。树木投射着昏暗的影子静静地伫立在山岭上，夜莺藏在林子深处一会儿便发出一声悠长的啼叫，叫声久久地回荡在空旷的山野里，给原本应该美好的月夜平添了几分恐怖的气息。

我紧紧地拉着母亲的手，生怕在这个前不挨村后不挨店的鬼地方遇到从未见过的狼。

狼真的在这时候出现了。

在乌托岭的那片开阔地上,在如水的月光下,两对狼眼闪着莹莹的绿光仿佛四团忽明忽暗的磷火从一块石头上冒了出来。我和母亲几乎是在同时发现了那四团令人恐惧的绿光,母亲立即伸手捂住我的嘴,怕我叫出声来。我们站在原地,紧盯着两只狼一前一后地慢慢地向我们靠近。那是两只饥饿的狼,确切地说是一只母狼和一只尚幼的狼崽,在月光的照映下能明显地看出它们的肚子如两片风干的皮紧紧贴在一起。母狼像一只硕大的狗,而狼崽却似小狗紧紧地跟随在母狼的身后。

母亲一把将我揽进怀里,我们都屏住了呼吸,眼看着一大一小两条狼大摇大摆地向我们逼近,在离我们六米开外的地方,母狼停了下来,冒着绿火的双眼直直地盯着我们。

母狼竖起了身上的毛,做出腾跃的姿势,随时准备着扑向我们,用那锋利的牙齿一口咬断我们的喉咙。狼崽也慢慢地从母狼身后走了上来,和它母亲站成一排,做出与母亲相同的姿势,它是要将我们当做训练捕食的目标!

惨淡的月光。夜莺停止了啼叫。没有风,一切都在这个时候屏声静气,空气仿佛已凝固,让人窒息得难受。

我的身体不由得颤抖起来,母亲用左手紧紧地揽着我的肩,我侧着头,用畏惧的双眼盯着那只将要进攻的狼。隔着厚厚的棉袄,我甚至能感觉到从母亲手心浸入我肩膀的汗和潮润。我的两耳紧贴着母亲的胸口,我能清晰地听见她心中不断擂动着的狂烈急速的"鼓点"。然而母亲面部表情却是出奇地稳重与镇定,她轻轻地将我的头朝外挪了挪,悄悄地伸出右手慢慢地从腋窝下抽出那把尺余长的砍刀。砍刀因常年的磨砺而闪烁着慑人的寒光,在抽出的一刹那,柔美的月光突地聚集在上面,随刀的移动,光在冰冷地翻滚跳跃。

杀气顿时凝聚在锋利的刀口之上。

也许是慑于砍刀逼人的寒光,两只狼迅速地朝后面退了几步,然后前腿趴下,身体变成一个弓状。我紧张地咬住了自己的嘴唇,我听母亲说过,那是狼在进攻前的最后一个姿势。

母亲将刀高举在了空中,一旦狼扑将上来,她会像砍柴一样毫不犹豫地横空劈下!

那是怎样的时刻啊!双方都在静默中进行战前较量,我仿佛听见刀砍入狼体的"扑哧"的闷响,仿佛看见手起刀落时一股狼血喷面而来,仿佛一股浓浓的血腥已在我的嗅觉深处弥漫开来。

母亲高举的右手在微微地颤抖着,颤抖的手使得刀不停地摇晃,刺目的寒光一道道飞弹而出。这种正常的自卫姿态居然成了一种对狼的挑衅,一种战斗的召唤。

母狼终于长嗥一声,突地腾空而起,身子在空中划了一道长长的弧线向我们直扑过来。在这紧急关头,母亲本能地将我朝后一拨,同时一刀斜砍下去,没想到狡猾的母狼却是虚晃一招,它安全地落在离母亲两米远的地方,刀没能砍中它,它在落地的一瞬快速地朝后退了几米,又作出进攻的姿势。

就在母亲还未来得及重新挥刀的间隙,狼崽像得到了母狼的旨意紧跟着飞腾而出扑向母亲,母亲打了个趔趄,跌坐在地,狼崽正好压在母亲的胸上。在狼崽张嘴咬向母亲脖子的一刹,只见母亲伸出左臂,死死地扼住了狼崽的头部。由于狼崽太小,力气不及母亲,它被扼住的头怎么也动弹不得,四只脚不停地在母亲的胸上狂抓乱舞,棉袄内的棉花一会儿便一团团地被抓了出来。

母亲一边同狼崽挣扎,一边重新举起了刀。她几乎还来不及向狼崽的脖子上抹去,最可怕的一幕又发生了。

就在母亲同狼崽挣扎的当儿,母狼避开母亲手上砍刀折射出的光芒,换了一个方向朝躲在母亲身后的我扑了过来。我惊恐地大叫一声倒在地上,用双手抱住头紧紧地闭上了眼睛。我的头脑一片空白,只感觉到母狼有力的前爪已按在我的胸上和肩上,狼口喷出的热热的腥味已经钻进了我的领窝。

也就在这一刻,母亲忽然悲怆地大吼一声,将砍刀埋进了狼崽后颈的皮毛肉里,刀割进皮肉的刺痛让狼崽也发生了一声渴望救援的哀嚎。

奇迹在这时发生了。

我突然感到母狼喷着腥味的口猛地离开了我的颈窝。它没有对我下口。我慢慢地睁开双眼,看到仍压着我双肩的母狼正侧着头用喷着绿火的眼睛紧盯着母亲和小狼崽。母亲和狼崽也用一种绝望的眼神盯着我和母狼。母亲手中的砍刀仍紧贴着狼崽的后颈,她没有用力割入,砍刀露出的部分,有一条像墨线一样的细细的东西缓缓地流动,那是狼崽的血!

母亲用愤怒恐惧而又绝望的眼神直视着母狼,她紧咬着牙,不断地喘着粗气,那种无以表达的神情却似最有力的警告直逼母狼:母狼一旦出口伤害我,母亲会毫不犹豫地割下狼崽的头!

动物与人的母性的较量在无助的旷野中又开始久久地持续起来。无论谁先动口或动手,迎来的都将是失子的惨烈代价。

起风了,凛冽的寒风将四周的树和草吹得沙沙作响,像是在窃窃私语这场除打个平手外胜败皆悲的战争。此时的月亮也钻进云朵躲了起来,留下方寸紧张偷窥的眼。

对峙足足持续了五分钟。

母狼伸长舌头,扭过头看了我一眼,然后轻轻地放开那只抓住我手臂的右爪,继而又将按在我胸上的那只左脚也抽了回去,先前还高耸着的狼毛慢慢地趴了下去,它站在我的面前,一边大口大口地喘气,一边用一种奇特的眼神望着母亲。

母亲的刀慢慢地从狼崽脖子上滑了下来,她就着臂力将狼崽使劲往远处一抛,"扑"地一声将它抛到了几米外的草丛里。母狼撒腿奔了过去,对着狼崽一边闻一边舔。母亲也急忙转身,将已吓得不能站立的我扶了起来,将我揽入怀中,她又将砍刀紧握在手,预防狼的再一次攻击。

母狼没有作第二次进攻,它和狼崽伫立在原地呆呆地看着我们,然后张大嘴巴朝天发出一声长嗥,像一只温顺的家犬带着狼崽很快消失在幽暗的丛林中。

母亲将我背在背上,一只手托着我的屁股,一只手提着刀飞快地朝家跑去,刚迈进家门槛,她便腿一软摔倒在地上昏了过去,手中的砍刀"咣当"一声摔出好几米远,而她那像男人般打满老茧的大手仍死死地搂着还趴在她背上的我……

(本文选自《中学语文》2000年第4期)

生　词

平淡（形）píngdàn	吆喝（动）yāohe	荡漾（动）dàngyàng
细腻（形）xìnì	纯粹（形）chúncuì	灼　（动）zhuó
伫立（动）zhùlì	啼叫（动）tíjiào	恐怖（形）kǒngbù
揽　（动）lǎn	屏住（动）bǐngzhù	窒息（动）zhìxī
磨砺（动）mólì	弥漫（动）mímàn	挑衅（动）tiǎoxìn
嗥　（动）háo	趔趄（名）lièqie	扼　（动）è
抹　（动）mǒ	悲怆（形）bēichuàng	凛冽（形）lǐnliè
偷窥（动）tōukuī	对峙（动）duìzhì	

注　释

惊心动魄(pò)：形容使人感受很深,震动很大。
肆无忌惮(dàn)：任意妄为,没有一点顾忌。惮：怕。
窃窃私语：形容用细小声音说话。

练　习

一、根据课文内容判断正误

1. 我从小就没有父亲,是母亲把我养大的。　　　　　　　　　　　（　　）

2. 我从没感觉到母亲的温柔与细腻,所以我认为母亲缺少女人味。（　　）

3. 我的母亲是个高个儿,十分有力。　　　　　　　　　　　　　　（　　）

4. 母亲天天接送我上学是因为我家离学校很远。 （　　）

5. 母亲天天接送我上学都带着一把砍刀。 （　　）

6. 那天,因为我学习,所以回家晚了。 （　　）

7. 我们在乌托岭上遇到了一只狼。 （　　）

8. 刚遇到狼的时候,我和母亲都很害怕。 （　　）

9. 狼在进攻时,把身体弯成弓状,把身上的毛竖起,前腿趴下。 （　　）

10. 母亲一刀砍进了狼的身体,一股狼血喷面而来。 （　　）

11. 母狼的第一次进攻是假的,为的是再一次进攻。 （　　）

12. 母亲杀死了狼崽。 （　　）

13. 母狼为了它的幼崽才没有吃掉我。 （　　）

14. 母亲在与母狼的对峙中显得很坚定,才使得母狼放了我。 （　　）

二、用汉语解释句中划线词语的意思

1. 他的模样在我的脑海里甚至像<u>荡漾</u>在水中一般<u>模糊不清</u>。

2. 特别是她挥刀砍柴的动作犹如一个左突右冲<u>威猛无比</u>的战将。

3. 乌托岭方圆两里<u>无人烟</u>。

4. 我<u>肆无忌惮</u>地玩耍而忘掉了时间。

5. 我紧紧地拉着母亲的手,生怕在这个<u>前不挨村后不挨店</u>的<u>鬼地方</u>遇到从未见过的狼。

6. 在抽出刀的<u>一刹那</u>,柔美的月光突地聚集在上面。

7. 这种正常的自卫姿势居然成了一种对狼的<u>挑衅</u>,一种战斗的召唤。

8. 就在母亲还未来得及<u>重新挥刀</u>的<u>间隙</u>,狼崽像得到了母狼的旨意紧跟着飞腾而出扑向母亲,母亲打了一个<u>趔趄</u>,跌坐在地。

9. 它被扼住的头怎么也<u>动弹</u>不得。

10. 她几乎还来不及向狼崽的脖子上<u>抹</u>去,最可怕的一幕又发生了。

11. 母狼一旦出口伤害我,母亲会<u>毫不犹豫</u>地割下狼崽的头。

12. 像是在<u>窃窃私语</u>这场除了打个<u>平手</u>外胜败皆悲的战争。

13. 她就着臂力将狼崽<u>使劲</u>往远处一抛。

三、选词填空

揽　抹　哄　捂　扑　挪　盯　喘　趴　抽

1. 我从后面悄悄地＿＿＿＿＿＿＿住了他的双眼。

2. 老虎看见了一头牛,向它＿＿＿＿＿＿＿了过去。

3. 他从一摞试卷中＿＿＿＿＿＿＿出一份,认真地看了起来。

4. 我费了九牛二虎之力,才把弟弟_____睡着了。

5. 妈妈一把把我_____在她的怀里。

6. 他跑了有一公里,竟然没_____大气。

7. 我今天把腿摔破了,爸爸给我_____上了药水。

8. 这个位子有人了,请你把这些东西_____一下。

9. 上课时,我们一直_____着老师,认真地听讲。

10. 他有一个习惯,就是爱_____着睡觉。

四、选择括号中合适的词语替换划线的词

1. 他的模样在我的脑海里模糊不清。(模子、样子)

2. 乌托岭方圆两里无人烟。(方和圆、周围)

3. 在抽出刀的一刹那,月光突地聚集在上面。(突然、突出)

4. 这种姿势居然成了一种对狼的挑衅。(果然、竟然)

5. 它被扼住的头怎么也动弹不得。(用力掐住、把守)

6. 它没有对我下口。(吃、咬)

7. 母狼一旦伤害我,母亲会立刻割下狼崽的头。(一天、假如)

8. 对峙足足持续了五分钟。(整整、足够)

9. 她就着臂力将狼崽使劲往远处一抛。(靠近、利用)

五、选择下列划线词语的恰当的解释

1. 她留给我的印象平淡得不如常来村子吆喝的补锅匠。

    A. 大声地叫喊   B. 痛苦地呻吟

    C. 不断地叫卖   D. 大声招揽生意

2. 连我也很难认同母亲是个纯粹的女人。

    A. 慈爱   B. 纯洁   C. 真正   D. 美丽

3. 砍刀闪着灼人的寒光在她的手中呼呼作响。

    A. 明亮刺眼   B. 像火一样烫人

    C. 像太阳一样烤人   D. 非常吓人

4. 在那场惊心动魄的"战争"后,我对母亲的看法全然改写。

    A. 非常激烈   B. 非常残酷

    C. 令人震动很大   D. 令人害怕

5. 给原本应该美好的月夜平添了几分恐怖的气息。

    A. 水平方向增加   B. 自然而然地增加

    C. 增添一些平淡   D. 增添很多平淡

6. 我紧紧地拉着母亲的手,**生怕**在这个前不挨村后不挨店的鬼地方遇到从未见过的狼。

    A. 特别担心   B. 可能   C. 害怕   D. 不怕

7. 我和母亲几乎是在同时发现了那四周**令人恐惧**的绿光。

    A. 恐吓别人   B. 自己惧怕

    C. 让人惧怕   D. 叫人恐慌

8. 确切地说是一只母狼和一只**尚**幼的狼崽。

    A. 只要   B. 只有   C. 高尚   D. 仍然

9. 一大一小两条狼**大摇大摆**地向我们逼近。

    A. 形容不害怕   B. 形容快速地

    C. 摇摇晃晃   D. 形容十分紧张

10. 然而母亲面部表情却是**出奇**地稳重与镇定。

    A. 奇怪   B. 出现   C. 分外   D. 稍微

11. 在这紧急**关头**,母亲本能地**将**我朝后一拨。

    A. 关键   B. 时刻   C. 头部   D. 关心

12. 由于狼崽太小,力气**不及**母亲。

    A. 比不上   B. 比得上   C. 超过   D. 达到

六、根据课文内容选择正确答案

1. "母爱的较量"是指什么?

    A. 母亲们在比谁更爱孩子

    B. 母亲和母狼比谁关爱自己的孩子

    C. 因为爱自己的孩子,母亲和母狼放弃了攻击

    D. 母亲和母狼在比母爱

2. "我对母亲的所有看法全然改写"是什么意思?

    A. 作者对母亲的看法全部改变了

    B. 作者对母亲的看法全部重写了

    C. 作者对母亲的看法突然重写了

    D. 作者对母亲的看法没有改变

3. "我因肆无忌惮地玩耍而忘掉了时间"是什么意思?

    A. 因为任意玩耍而忘掉了回家的时间

    B. 因为玩得高兴而不想回家

    C. 因为随意玩耍而忘掉了家长的嘱咐

    D. 因为学校好玩而不愿回家

4.“月亮已经升起在我们的头顶上”是什么意思？

    A. 月亮升得很快   B. 天上的月亮很圆

    C. 月光非常明亮   D. 时间已经很晚了

5.“狼真的在这时候出现了”的意思是下列哪一个？

    A. 狼果真来了   B. 狼按时来了

    C. 狼到时间就会出现   D. 狼真的会来

6.“母亲一把将我揽进怀里”是因为什么？

    A. 母亲见到“我”很激动   B. 母亲怕“我”冷

    C. 母亲怕“我”受到狼的攻击   D. 母亲怕“我”跑掉

7.“我的身体不由地颤抖起来”是因为什么？

    A. 山上的天气太冷了   B. 天太黑，非常害怕

    C. 听到狼叫很害怕   D. 见到狼很害怕

8.“光在冰冷地翻滚跳跃”是什么意思？

    A. 月光照在冰冷的地上   B. 冰冷的月光照在地上

    C. 刀光照在冰冷的地上   D. 刀闪着可怕的光

9.“狼前腿趴下，身体变成一个弓状”是因为什么？

    A. 狼准备逃跑   B. 狼准备进攻

    C. 狼被吓住了   D. 狼被打败了

10.“奇迹在这时发生了”是指什么？

    A. 猎人来了，杀死了母狼

    B.“我”有了勇气，杀死了母狼

    C. 母狼怕自己的孩子受到伤害，放弃了进攻

    D. 母亲杀死了小狼，母狼害怕了

11.“对峙足足持续了五分钟”的意思是什么？

    A. 双方搏斗了五分钟   B. 双方对视了五分钟

    C. 双方坚持了五分钟   D. 双方脚对脚站了五分钟

12.作者以前对母亲的看法是下列哪一个？

    A. 很温柔   B. 不像女人

    C. 威猛无比   D. 不爱孩子

13.作者现在对母亲的看法是怎样的？

    A. 害怕   B. 不理解   C. 崇敬   D. 恐惧

14.狼为什么没有吃“我”？

    A. 因为狼害怕“我”母亲   B. 因为狼可怜我

    C. 因为害怕失去它的幼崽   D. 因为狼没有力气了

15. 作者写这篇文章的目的是什么?

    A. 想念母亲   B. 怀念母亲   C. 赞扬母亲   D. 表扬母亲

七、根据课文回答问题

1. 我为什么经常怀疑自己没有父亲?
2. 小时候我对母亲的看法怎样?
3. 为什么母亲总要带着砍刀送我去上学?
4. 当我们遇到狼时,我们是怎么做的?
5. 狼看到我们后,有什么样的表现?
6. 在狼将要对我们发起进攻时,我母亲的表现怎样?
7. 母狼和狼崽的计划是什么?
8. 母狼为什么停止了对我的行动?
9. 最后母狼是怎样做的? 为什么?
10. 课文最后一段话想说明什么?

八、分析课文表达的层次,列出课文提纲。

九、课文中谈到:无论是人类还是动物,都有着深深的母爱。你同意这种观点吗? 请谈谈你对这个问题的看法。

第五课　第一次挣到的钱

[美]马克·黑格

我14岁的时候，经常帮助妈妈把鸡蛋、黄油和小鸡拿到珀辛格先生开的大杂货店卖掉，然后又帮助妈妈把买来的糖呀、盐呀、面粉呀什么的拿回家去。每次离开杂货店以前，我和妈妈总要去玻璃橱窗前看看我们非常喜欢、但又买不起的两件东西。

我非常想要的是一支价值七元的猎枪，我把猎枪拿在手里翻来覆去地看，把它举起来瞄准。在我这样痴心看着猎枪的时候，妈妈正在试穿一双价值同样是七元的皮鞋。

我知道妈妈了解我多么想得到那支猎枪。我也知道猎枪不像食盐、白糖那样，是生活必需品，是非买不可的。然而妈妈却从来没有对我指出过这一点。

那年夏天，学校放假，霍纳克先生雇我帮他掏一口井下的烂泥，即使在那时候，妈妈对这一点也只字未提。妈妈也没有问起我打算怎样花费第一次挣到的钱。我怕她会问起，就绞尽脑汁，编造种种理由证明家里非有猎枪不可，我提醒妈妈说，老鹰常来抓小鸡，还有在房顶上尖声怪叫的野猫很不老实。

我给霍纳克先生转动绞车的手柄，把一桶桶烂泥吊上来的时候，想的就是这些事情。霍纳克先生亲自挖泥，他把吊桶系在一条绳子上，这样我就可以把盛满烂泥的吊桶提上来，然后把烂泥倒掉。

我这样干了七天，双手都磨起了泡。半夜醒来，我觉得手上的水泡火辣辣地疼得直钻心窝。于是我想像着自己怎样穿过田野，一群鸟惊起后掉下的羽毛在空中徐徐飘落；或者想像自己绕着一棵核桃树漫步走着，枝头上一些松鼠在跳来跳去。

我用绞车把烂泥一桶桶吊上来，这样干了七天，霍纳克先生找到了水。他对我说，明天不必再来帮他绞吊桶了，他自己一个人就可以把活干完。霍纳克先生付清了我的工钱：每天一块钱。我拿起这七块钱，立刻赶到珀辛格先生的杂货店，买下了那支猎枪。

一开始，我拿着枪直奔家里。我盼望妈妈这时正坐在前廊上看着我回来。我想我的样子会使她联想起当年开发美国西部那些尚武的英雄们。

可是当我想起了妈妈试穿过的那双鞋子的时候，我刚才那股得意劲顿时烟消云散。我开始想，如果妈妈得到了那双鞋该有多好呀！

当我走到我家的牲口棚的时候，我发觉不能让妈妈在前廊上看到我扛着一支新猎枪走过来。我在牲口棚的大门旁边坐了下来,左思右想,最后决定把枪藏到牲口棚的干草堆里,等妈妈买到了鞋子我再来拿我的新猎枪。到那时,我们母子俩皆大欢喜。

我没有告诉妈妈我们已经挖完那口井。她也没有问起我挖井没有。她只对我说:"阿利克,明天是星期六,你去霍纳克先生那里干活的时候,把我的鞋子送到文图里诺先生那里修补一下。补好了立刻拿回来,我星期天出去要穿。"

我仍旧没有对妈妈提起在霍纳克先生那里的活已经干完。我可以把妈妈的鞋带去修理,但不告诉她这件事。妈妈用一张报纸把鞋子包好,又数出一元两角五分的零钱交给我。

我把鞋子送到文图里诺先生那里,他看了看直摇头,说这鞋子可没法修,鞋底薄得都没法钉钉子了。文图里诺先生又把鞋子还给了我。我拿着鞋子走出鞋铺,站在人行道上,琢磨着对妈妈的这双旧鞋该怎么办。

这时,我第一次注意到通过这双鞋可以看出妈妈的脚形。我发觉其中的一只鞋帮上有一条小裂缝,在那个地方妈妈的脚得了拇趾囊肿肿胀。我看到鞋面上布满了花园里黝黑的尘土,还有妈妈从照管羊群的牧羊场带来的红泥巴。我仿佛听到了妈妈穿着这双鞋,脚踩碎石瓦砾时发出的咯吱咯吱的声音。是这双鞋保护了妈妈的双脚。如果我把这双鞋原封不动地拿回去,妈妈穿着能去得了什么地方呢?

我用报纸把破鞋重新包好,然后往家走。我知道我要干什么去。到了牲口棚,我把破鞋藏在干草堆里,又把那支新猎枪拿出来。我几乎跑了一路,又回到珀辛格先生的杂货店。

当我拿着枪走进去的时候,珀辛格先生很惊奇。

"这枪有什么毛病吗,我的宝贝?"

"没有什么毛病,先生。我确实喜欢这支枪,可是妈妈的鞋子破得不成样子,而且文图里诺先生说不能补了。您知道我妈妈试穿过几次的是哪双鞋吧,请您替我用这支枪换那双鞋行吗?"

珀辛格先生笑了笑,说当然可以换。珀辛格先生一伸手就够到了那个盒子,里面装着妈妈试穿过几次的那双鞋。我迫不及待地等着他用包装纸把鞋子包好,包装纸上面印着杂货店的名字。

我一路小跑回家,在牲口棚停了一会儿,拿出那双用报纸包好的旧鞋。我猫着腰,在柳树丛里走。当我看到妈妈离开了前廊的时候,我跑过去,把一个粉红色纸包朝门廊下面一塞,然后坐在门廊上,两只脚悬空来回摆动。等妈妈从屋子里出来的时候,我说:"妈妈,文图里诺先生说您那双鞋不能补了。他说鞋底薄得都没法钉钉子了。"我指给妈妈看文图里诺先生指给我看的地方。

妈妈一句话也没说。她用手捋了捋耳朵后面灰白的头发。我看到妈妈脸上显出失望的表情,我不能再等下去了。我伸手去抓门廊下面的那个粉红色纸包。

"可是霍纳克先生付我工钱了,"我有些语无伦次地说,"我帮他掏干净烂泥了。我还买了您想要的鞋子……"

"可这是你第一次挣到的钱。"妈妈说。有好一阵子,她什么也说不出来。

那年秋天,打猎的季节到来的时候,我到底设法把枪买回来了。可直到现在妈妈仍然保存着我用第一次挣来的钱买的已经破旧不堪的皮鞋。当文图里诺先生不能再修补这双鞋子的时候,妈妈并没有把它扔掉,而是把它放在她房间的衣柜架上。她从来没告诉过我为什么要留着这双破鞋子。我也从来没问过她。我只要知道她保留着这双鞋子就心满意足,不用问为什么了。

(本文选自《美国文学作品选读》,蒋艾　译,有删改)

生　词

杂货店（名）záhuòdiàn	编造（动）biānzào	手柄（名）shǒubǐng
尚武（动）shàngwǔ	肿胀（动）zhǒngzhàng	瓦砾（名）wǎlì
痴心（形）chīxīn	提醒（动）tíxǐng	火辣辣（形）huǒlālā
琢磨（动）zhuómó	黝黑（形）yǒuhēi	捋　（动）lǚ

注　释

翻来覆去:一次又一次;多次重复。

绞尽脑汁:费思虑;费脑筋。

烟消云散:比喻事物消失净尽。

囊(náng)肿胀:良性肿瘤的一种,多呈球形。

左思右想:反复地思考。

原封不动:保持原来的样子,一点未加变动。

迫不及待:急迫得不能再等待;非常急迫。

猫着腰:同"毛着腰",弯腰。

语无伦次:话讲得很乱,没有条理层次。

破旧不堪:又破又旧;十分破旧。

练　习

一、根据课文内容判断正误

1. 我十四岁时常到杂货店帮妈妈买东西。　　　　　　　　　　　（　　）

2. 杂货店里只有两件我们喜欢但买不起的东西。 （　　）

3. 枪是生活必需品，一定要买。 （　　）

4. 我编出种种理由的目的是想让妈妈同意我买枪。 （　　）

5. 干了七天活以后，半夜醒来我想去树林中漫步。 （　　）

6. 妈妈坐在前廊上盼望着我把那双鞋买回来。 （　　）

7. 妈妈让我把她的旧鞋送到鞋匠那里修补一下。 （　　）

8. 鞋匠不愿修妈妈的旧鞋，所以我又把它拿回了家。 （　　）

9. 我用猎枪换了妈妈喜欢的那双新鞋。 （　　）

10. 妈妈仍然保存着那双鞋匠无法修补的旧鞋。 （　　）

二、用汉语解释句中划线词语

1. 我把猎枪拿在手里<u>翻来覆去</u>地看，把它举起来瞄准。

2. 在我这样<u>痴心</u>看着猎枪的时候妈妈正在穿一双皮鞋。

3. 即使在那时候，妈妈对这一点也<u>只字未提</u>。

4. 我怕她会问起，就<u>绞尽脑汁</u>编造种种理由。

5. 我觉得手上的水泡<u>疼得直钻心窝</u>。

6. 当我想起妈妈的时候，刚才那股得意劲儿顿时<u>烟消云散</u>。

7. 我<u>左思右想</u>，最后决定先把枪藏起来。

8. 我<u>琢磨</u>着对妈妈的这双旧鞋该怎么办。

9. 我把这双鞋又<u>原封不动</u>地拿回来了。

10. 妈妈仍保存着我用第一次挣的钱买的已经<u>破旧不堪</u>的皮鞋。

三、选词填空

1. 我把枪拿在手里翻来覆去地看，把它_____起来瞄准。
    A. 扛   B. 举   C. 抬   D. 提

2. 妈妈没有问我打算怎样_____第一次挣到的钱。
    A. 耗费   B. 费用   C. 浪费   D. 花费

3. 我编造种种_____证明家里非有猎枪不可。
    A. 理由   B. 原因   C. 原理   D. 缘故

4. 我想我的样子会使她_____起当年的英雄们。
    A. 想像   B. 思考   C. 联想   D. 思想

5. 当我走到家门口时，我_____不能让妈妈看到我扛着新枪。
    A. 感觉   B. 发觉   C. 发现   D. 觉着

6. 我第一次_____到通过这双鞋可以看出妈妈的脚形。

　　　A. 注意　　　　　　B. 关注　　　　　　C. 意识　　　　　　D. 注视

7. 是这双鞋_____了妈妈的双脚。

　　　A. 爱护　　　　　　B. 保卫　　　　　　C. 保养　　　　　　D. 保护

8. 我把那双鞋藏好,_____把那支新猎枪拿出来。

　　　A. 还　　　　　　　B. 再　　　　　　　C. 也　　　　　　　D. 又

9. 我问他能否用枪换鞋,他说_____可以换。

　　　A. 依然　　　　　　B. 竟然　　　　　　C. 当然　　　　　　D. 果然

10. 我看到妈妈脸上_____失望的表情。

　　　A. 显出　　　　　　B. 显示　　　　　　C. 表示　　　　　　D. 显露

四、回答问题

1. 每次离开杂货店前,我和妈妈总要做什么?

2. 我和妈妈各想得到什么?

3. 我为什么要编造各种理由?

4. 我帮霍纳克先生做了什么事?

5. 当我拿着枪往家奔时,思想发生了什么变化?

6. 鞋匠修补妈妈的旧鞋了吗? 为什么?

7. 我为什么要用枪换鞋?

8. 当我把新鞋拿给妈妈时,为什么说话语无伦次了?

9. 那支枪和我给妈妈买的那双鞋现在怎样了?

10. 妈妈看到我给她买的鞋时,有什么反应? 为什么?

五、根据课文内容完成以下各题

1. 我十四岁时,帮妈妈做过什么事?

　　　A. 开杂货店　　　B. 卖东西　　　　　C. 买鸡蛋　　　　　D. 养小鸡

2. 关于猎枪,哪一点正确?

　　　A. 妈妈想得到　　　　　　　　　　　B. 是生活必需品

　　　C. 非买不可　　　　　　　　　　　　D. 我很喜欢

3. 编造理由是因为:

　　　A. 担心妈妈不让买枪　　　　　　　　B. 老鹰常来抓小鸡

　　　C. 房顶上有野猫　　　　　　　　　　D. 想骗妈妈

4. 妈妈的旧鞋为什么没有补?

　　　A. 我没有送去　　　　　　　　　　　鞋子太旧无法补

C. 我把它扔了　　　　　　　　　　　　D. 鞋匠不想修补

5. 我用第一次挣来的钱最终买了什么?

  A. 新鞋　　　　　　　　　　　　　B. 什么也没买

  C. 枪和鞋　　　　　　　　　　　　D. 猎枪

6. 关于妈妈的那双旧鞋,哪一项不对?

  A. 鞋底很薄　　　　　　　　　　　B. 有一条小裂缝

  C. 钉了很多钉子　　　　　　　　　D. 布满尘土

7. 关于妈妈,下面哪一项不对?

  A. 要照管羊群　　　　　　　　　　B. 珍视儿子给她买的鞋

  C. 从不过问儿子的事　　　　　　　D. 头发已经灰白了

8. 我给霍纳克先生干活时,下面哪一项正确:

  A. 把吊桶系在一条绳子上　　　　　B. 手上的水泡非常疼

  C. 他每天都会付给我一块钱　　　　D. 看到松鼠在跳来跳去

9. 我把枪藏起来是因为:

  A. 我的愿望实现了,而妈妈的还没实现

  B. 担心妈妈会生气

  C. 为了不让妈妈失望

  D. 要给妈妈一个惊喜

10. 下面哪一项正确:

  A. 妈妈舍不得穿那双鞋,一直保留着

  B. 我给妈妈买了鞋而妈妈给我买了猎枪

  C. 我不知道为什么妈妈保留那双鞋

  D. 我帮妈妈实现了愿望,妈妈非常激动

11. 当我帮霍纳克先生把一桶桶泥吊上来的时候,我在想什么?

  A. 担心妈妈问起怎样花费第一笔钱

  B. 怎样把烂泥一桶桶吊上来

  C. 想尽一切办法证明买猎枪的必要性

  D. 打算怎样花第一次挣到的钱

12. 妈妈从不指出我买猎枪不对,因为

  A. 妈妈知道我买不起　　　　　　　B. 妈妈不愿伤害我幼小的心

  C. 她满足不了我的愿望,不管了　　D. 为了鼓励我自己挣钱买

13. 当"我"拿着枪走进杂货店时,珀辛格先生为什么很惊奇?

  A. 他不明白我为什么不要猎枪了

  B. 他以为我不喜欢那只猎枪了

C. 他想猎枪是不是出了什么毛病

D. 他想不通我怎么把才买的新猎枪又拿回来了

14. 我为什么改变了主意,用买猎枪的钱给妈妈买了那双鞋?

A. 对猎枪不满意

B. 鞋比猎枪重要

C. 觉得妈妈太辛苦,太需要一双新鞋

D. 为了给妈妈送礼

六、根据课文内容选择正确答案完成句子

1. 猎枪和皮鞋这两样东西,＿＿＿＿＿＿＿＿＿＿＿＿＿＿。

2. 我绞尽脑汁,＿＿＿＿＿＿＿＿＿＿＿＿＿＿。

3. 当我想起妈妈试穿过的那双鞋子的时候,＿＿＿＿＿＿＿＿＿＿＿＿。

4. 他看了看直摇头,＿＿＿＿＿＿＿＿＿＿＿＿。

A. 编造种种理由证明家里非有猎枪不可

B. 我和妈妈非常喜欢却又买不起

C. 我决定把枪藏到干草堆里

D. 我刚才那股得意劲顿时烟消云散

E. 说这鞋子可没法修

F. 琢磨着对妈妈的这双旧鞋该怎么办

第六课　几件小事

——记父亲叶圣陶

叶至诚

　　我今年62岁了,可是拿不好筷子。人家拿筷,拇指上一只,食指上一只,吃起来,两只筷平行地向碗里伸去,或扒或拣,灵活方便;我却是拇指、食指和中指合捏一双筷,想要吃什么,交叉着两只筷子往菜碗里伸。妻子取笑我说:"人家吃菜是拣的,你吃菜是叉的。"还跟小孙女讲:"不要学你爷爷,你爷爷拿筷多难看。"我就接着说:"是啊,我爸爸妈妈从来没管我怎么拿筷子,我自小就没学会。"

　　还有一件我无论如何干不好的事,就是写毛笔字。参加什么会议,看到会场门口摆着墨盘、毛笔、签到簿,我心里就嘀咕:"又得出一回洋相了。"好不容易毕恭毕敬把名字写上,自己再不敢多看一眼,只好出门不认货,掉头就走。这当然要怪我自己从小没有下功夫练过,然而父亲却从来也没问过我毛笔字写得怎么样这件事。直到后来我学着写散文了,父亲也只管我稿子写得是不是清楚,不管我的字是不是好看。

　　父亲也有管着我的事,譬如让我递给他一支笔,我随手递过去,不想把笔头交在了父亲手里,父亲就跟我说:"递一样东西给人家,要想着人家接到了手方便不方便,一支笔,是不是脱下笔帽就能写;你把笔头递过去,人家还要把它倒转来,倘若没有笔帽,还要弄人家一手墨水。刀子剪刀这一些更是这样,绝不可以拿刀口刀尖对着人家;把人家的手戳破了呢?!"直到如今,我递任何东西给别人,总是把捏手的一边交给对方,报纸书本也让人家接到手就能看。

　　冬天,我走出屋子没把门带上,父亲在背后喊:"怕把尾巴夹着了吗?"次数一多,不必再用这么长的句子,父亲只喊:"尾巴,尾巴!"就这样渐渐养成了我冷天进出屋子随手关门的习惯。另外,父亲还告诫我开关房门要想到屋里还有别人,不可以砰的一声把门推开,砰的一声把门带上,要轻轻地开,轻轻地关,我也从此遵循到现在。

　　后来我想:父亲不管我的,都是只关系我个人的事,在这方面,父亲很讲民主,给我极大的自主权,有时候在我喜爱的事情上帮我一把,譬如为我儿时集邮册页的桶木夹板雕刻篆字题签,给我们手足三个修改文章等等;而父亲管我的,都是涉及我和他人之间的关系的事,在这方面,父亲反反复复地要我懂得,我是生活在人们中间的,在我以外,更有他人,要时时处处替他人着想。

抗战期间，父亲在《开明少年》上发表过两篇谈教育的卷头语，一篇叫《习惯成自然》，另一篇叫《要养成好的习惯》，主要说的就是父亲管着我的那层意思。

值此父亲逝世一周年之际，记下这些小事，也算是对他的怀念吧。

（选自《我在北极光下》，人民教育出版社2002版）

生　词

取笑（动）qǔxiào　　　　扒　（动）bā　　　　　捏　（动）niē

墨盘（名）mòpán　　　　簿　（名）bù　　　　　譬如（动）pìrú

戳　（动）chuō　　　　　告诫（动）gàojiè　　　遵循（动）zūnxún

涉及（动）shèjí　　　　雕刻（动）diāokè

注　释

毕恭毕敬：十分恭敬。也作必恭必敬。

手足：比喻兄弟。

洋相：闹笑话；出丑。

篆(zhuàn)字：是汉字字体演变过程中出现的一种汉字形体，通行于秦代及秦代以前。

练　习

一、根据课文内容判断正误

1. 我拿筷子和别人拿筷子的方法不一样。　　　　　　　　　　（　　）

2. 妻子取笑我，是因为我还不如小孙女。　　　　　　　　　　（　　）

3. 我不知道要参加什么会议。　　　　　　　　　　　　　　　（　　）

4. 我每次参加会议都要签名。　　　　　　　　　　　　　　　（　　）

5. 我一到会场门口就出洋相。　　　　　　　　　　　　　　　（　　）

6. 我毛笔字写得不好，所以不喜欢参加会议。　　　　　　　　（　　）

7. 我签的名字太不好看了，出门时自己都辨认不出来了。　　　（　　）

8. 我从小没有努力去练毛笔字。　　　　　　　　　　　　　　（　　）

9. 我不想把笔交到父亲手里。　　　　　　　　　　　　　　　（　　）

10. 我给别人递刀子，不小心把别人的手戳破了。　　　　　　（　　）

11. 冬天我一出门，父亲就在背后喊："尾巴，尾巴！"　　　　（　　）

12. 我小时候喜欢集邮。　　　　　　　　　　　　　　　　　　（　　）

13. 父亲一共写了两篇谈教育的文章。 （　　）

14. 我写这篇文章时，父亲正好去世一年。 （　　）

二、选择对划线部分的恰当的解释

1. 妻子<u>取笑</u>我说："<u>人家</u>吃菜是拣的，你吃菜是叉的。"

   取笑：

   A. 笑了笑　　　　　B. 可笑　　　　　C. 嘲笑　　　　　D. 开玩笑

   人家：

   A. 我们　　　　　　B. 别人　　　　　C. 他们　　　　　D. 大家

2. 我爸爸妈妈从来没<u>管</u>我怎么拿筷子。

   A. 管理　　　　　　B. 管教　　　　　C. 保证　　　　　D. 过问

3. 我心里就<u>嘀咕</u>："又<u>得</u><u>出洋相</u>了。"

   嘀咕：

   A. 小声说　　　　　B. 私下里说　　　C. 暗暗地想　　　D. 响声

   得：

   A. 得到　　　　　　B. 需要　　　　　C. 必要　　　　　D. 必然

   出洋相：

   A. 闹笑话　　　　　B. 出节目　　　　C. 嘲笑　　　　　D. 不好意思

4. 好不容易<u>毕恭毕敬</u>把名字写上，自己再<u>不敢多看一眼</u>，只好出门<u>不认货</u>，<u>掉头</u>就走。

   "毕恭毕敬"表现了"我"：

   A. 认真而恭敬的态度　　　　　　　B. 认真而仔细的态度

   C. 谦虚的态度　　　　　　　　　　D. 恭敬的态度

   "不敢多看一眼"，是因为作者：

   A. 感到害怕　　　　　　　　　　　B. 感到不好意思

   C. 感到担心　　　　　　　　　　　D. 感到难过

   "不认货"此处意为：

   A. 认不出那些货物了　　　　　　　B. 不认识路了

   C. 不承认是自己写的了　　　　　　D. 不认识那些人了

   掉头：

   A. 转回头　　　　　　　　　　　　B. 转成相反的方向

   C. 转身　　　　　　　　　　　　　D. 掉脑袋

5. 我随手递过去，<u>不想</u>把笔头交在父亲的手里了。

   A. 不愿意　　　　　B. 设想到　　　　C. 不想念　　　　D. 不思考

6. 我走出屋子没把门带上。
   A. 随身拿着　　　　B. 随手关上　　　　C. 附带着　　　　D. 带动

7. 父亲很讲民主,给我极大的自主权。
   A. 讲求　　　　B. 说明　　　　C. 商量　　　　D. 讲究

8. 主要说的就是父亲管着我的那层意思。
   "那层意思"是指:
   A. 要学会教育孩子　　　　　　　B. 要时时处处为他人着想
   C. 要养成好的习惯　　　　　　　D. 好习惯需要从小培养

9. 这当然要怪我自己从小没有下功夫练过。
   A. 练武功　　　　B. 刻苦努力　　　　C. 认真研究　　　　D. 花时间

10. 我也从此遵循到现在。
    A. 尊敬　　　　B. 遵从　　　　C. 按照　　　　D. 敬仰

11. 给我们手足三个修改文章。
    A. 兄弟　　　　B. 手和脚　　　　C. 同学　　　　D. 亲手

12. 父亲管我的,都是涉及我和他人之间的事。
    A. 范围　　　　B. 关系到　　　　C. 对于　　　　D. 关心

三、选词填空

　　　扒　　捏　　叉　　嘀咕　　戳　　毕恭毕敬　　倘若　　告诫　　遵循　　涉及

1. 艾力的手被笔尖_____破了。

2. 他对老人总是_____的。

3. 妈妈再三_____我,一个人出门一定要小心。

4. _____不是你帮我,这次我就没命了。

5. 我们吃饭使用筷子夹着吃,而欧洲人吃饭是用钢叉_____着吃。

6. 这个案子_____到高层领导。

7. 他走上领导岗位后,始终_____父亲的教导,时刻想着群众。

8. 你俩不好好听课,在那儿_____什么?

9. "什么味儿? 这么臭。"古丽_____着鼻子问道。

10. 他在垃圾里_____来_____去的,不知在找什么。

四、根据课文选择正确答案

1. "我"拿不好筷子,是因为:
   A. 年纪大了　　　　　　　　B. 手脚不灵
   C. 从小就没学过　　　　　　D. 不如别人

2. 作者说:"自己再不敢多看一眼"是因为:
    A. 担心出洋相　　　　　　　　　B. 自己胆子小
    C. 感到不好意思　　　　　　　　D. 不认识别人

3. 关于父亲管着"我"的事,下列哪项正确:
    A. 只在两件事上管着我
    B. 管我管得非常厉害
    C. 在关系到我个人前途的事上管我。
    D. 在关系到我与他人之间的关系的事上管我。

4. 关于父亲管"我"与不管"我"的事,作者写了几件事:
    A. 二件　　　　　B. 四件　　　　　C. 五件　　　　　D. 六件

5. 父亲管我的目的是:
    A. 要我懂得如何养成好的习惯　　　B. 要我懂得如何做事
    C. 要我懂得时时处处替他人着想　　D. 要我尊敬别人

6. 第五自然段的大意是:
    A. 父亲不管我的事　　　　　　　B. 父亲管我的事
    C. 父亲不管我与管我的事　　　　D. 父亲不管我与管我的原因

7. 作者写这篇文章是为了:
    A. 纪念父亲　　　　　　　　　　B. 告诉读者"父亲"是怎样教育"我"的
    C. 表现我和父亲的深厚感情　　　D. 引导大家教育孩子的方法

五、回答下列问题

1. "我"做不好的事有哪些,"我"做得好的事有哪些,为什么?

2. "父亲管我"的是什么?"父亲不管我的"是什么? 为什么这样?

3. 文章篇幅很短,却写了四件事,这四件事是怎样组织成文章的?

4. 读了这篇文章你有何感想?

第七课 父子篇

张贤亮

家长会

　　儿子带回通知来,学校要开家长会。儿子再三叮嘱:每个家长都要去的! 那神情一扫平时的幼稚,十分严肃而郑重。在他那个世界,这个会无疑相当于联合国大会,是一项大事。我说,好,我一定去。那么你去不去呢? 他说,老师光叫你们,我要在家做作业。看来,这还是一次"背靠背"的会呢。

　　会在他们的教室里开。夏天,小小的课堂里挤满大人。每个人都蜷缩在自己孩子的座位里,不但身体缩小了,心灵仿佛也一下子缩小了许多。老师在讲台上睥睨着我们。我们翻开早已放在课桌上的卷子。这是孩子们期中考试的。翻的时候都忐忑不安,好像是关乎自己提级升干的考卷似的。看到我孩子的成绩还不坏,语文八十几分,算术九十几分,不免沾沾自喜起来。抬头看看别人,有的和我一样,面有得意色;有的皱着眉头,满脸懊丧。坐在我邻桌的是位时髦女士,翻卷子时就香风四溢。她还带着自己的女儿。大约女儿考得很好,母女俩喋喋不休,一副旁若无人的样子。我又有点不平了:这分明是次"背靠背"的会,怎么不遵守规定呢? 我儿子和我都老实巴交的,叫怎么样就怎么样……一时,竟好像体会到时下流行的遵守法纪的吃亏感了。

　　正想着,老师看人到得差不多了,叫开会。我不由自主地想起立,但看见别人纹丝不动,并没有起来致敬的意思,也就作罢。两位都是女老师,一位教语文,一位教算术。教语文的是班主任,由她主持会议。她先把我们到会的人表扬了一番,说你们都是关心孩子的好家长,孩子的教育,应该有学校、社会、家庭三方面配合才行,等等等等。这样的话平时我也会说,并且肯定说得头头是道,但今天在台下听老师如此说,像是更加深了自己的认识,不住颔首称是。又好像这道理是我先发现的,今天得到老师的赞同而心满意足似的。

　　表扬完了,老师话锋一转,开始批评起家长来:不帮助和检查孩子做作业的,溺爱孩子的,不督促孩子学习的,放纵孩子不遵守校规的等等。虽是不点名的批评,可一下子搞得人人局促不安。当然,也有无动于衷的。我想,无动于衷的人不是好学生的家长,便是本身就是坏家长吧。而我,几乎以为每一项批评都针对着自己。这倒不是说我是个好家长,却是多年形成的毛病。我至今还有在台上讲话仍以为是做坦白交待；在台下听批评、特别是不指名的批评总以为有我一份的感觉。有人说我做报告和演讲十分坦率，爱讲真话，其实那并非生性诚实，不过是一种强迫性的习惯而已。现在检查自己：要说溺爱孩子，我还不是过分溺爱的，弄不好也打两下，"扑作教刑"；放纵却也没有，这孩子生来性格内向，管束紧了并不适宜；督促嘛，想起来还是喊几句的。总之，因为自己小时候就缺乏管教，到老来也没有坏得不可收拾。某些错误，倒常常是人家强加给我的。真正属于我的思想错误，又非品质恶劣所致，相反，品质恶劣的人却与思想错误无缘，恶得巧，大奸似忠，说不定还能获得"思想好"的评语呢。所以，根据自己的经验，对孩子我一向主张采取老庄的态度，顺其自然。但这分寸也难掌握，因我并不知何谓自然，又常常要用自己的模式来要求他。因而，我管孩子就是在管与不管之间，说得不好听，其实是带有很大的随意性了。唉！给我当儿子大概也是很难的。

老师一边批评家长，一边诉说现在为师之难。两位老师要求家长注意孩子的卫生，说，夏天，五十多个孩子挤在这么一间小屋里，光气味就熏得人头疼。"不信，你们在这教室里呆一个小时试试看！"班主任带着牢骚训我们。果然，这时我才发觉屋里弥漫着一股臊味。在《灵与肉》中，我把这种气味写成"干燥的阳光味"。那不过是美文学的修饰罢了，实际上是尿臊夹着汗臭。如此空气浑浊，一个小时尚且受不了，何况是八个小时，并且天天如此呢！我刚刚说那位女士香风四溢，看来是冤枉她了。她也不过是淡妆素抹。只是在这样的房间中，不臭，反成了异味了。我儿子既不爱洗头又不爱洗澡，多好的衣服穿在他身上三天便成了揩布，还没有当文人却已有了文人不修边幅的作风。对别的批评我还不能肯定，这项批评无疑有我一份，看着自己穿得干干净净，不觉暗自惭愧。

观察老师，两人大约都不超过四十岁，但已显得很憔悴，脸上都表现出平日的辛苦。少年早熟，中年早衰，我们的"超前消费"如果仅指商品而言还不可怕，令人担忧的是人生命的"超前消费"。于是，对老师们，我不由得产生一种内疚了。让孩子别散发出臭气，使老师们呼吸的空气洁净一点，这我还是能做到的吧。

然而又想，现在做小学生也不易。孩子每天抱回的家庭作业总是一大堆，到家就伏在小桌上，案牍劳神，一个部级首长批阅文件也没有这样辛苦。每在后面看着他耸起瘦削的肩胛骨，就像鲁迅在《药》里描写的那样成一倒八字，也于心不忍。回想自己儿时，只知顽皮，寒暑假作业从没完成过，也常感生逢其时，幸亏岁数大了点了。

到底还是"背靠背"的会。散会后，班主任告诉我，儿子不爱说话，叫他站起来回答问题或背书，支支吾吾地总不开口，十分腼腆。却也没有说身上臭的话。

我想，关于腼腆问题，等他大了自然会改变的。像我一样，到一定岁数脸皮就厚了。但我不知道这是好还是不好。

总之,还是随他的便吧。

理发洗澡

在家长会上挨了老师的训,又同情老师,想使老师呼吸的空气洁净一点,所以我就很注意儿子的卫生。

孩子自小不爱洗澡理发。上幼儿园的时候,为了省事,只好给他留一个所谓的"妹妹头",不知道的人还以为他是个女孩子。向别人解释,却说这是日本男孩流行的发式。这既是自我辩解,又有点"为亲者讳"的意思。也常带嘲讽地想,等他到了要交女朋友的时候,自己就会爱干净爱漂亮起来。到那时,恐怕成天头疼的倒是供不应求于香波香皂名牌时装之类了。因而也随他头发乱长。

我自己小时也不爱理发。那时小孩的发式一律是"和尚头",虽不用刀刮,但坚硬的金属推子直接贴在嫩皮细肉上拱,滋味也难受。理发,总有一种受制于人,令人摆布的感觉。我从没见过一个爱理发胜过玩耍的孩子,大概是人生来便不愿受制于人。到大了,逐渐知道外表的重要性,所谓人活得要像个人,其中就包括有必须经常理发洗澡这一程序。似乎理了发洗了澡人便像个人了。在劳改队,队长对犯人实行人道主义最典型的表现,莫过于定期督促犯人理发洗澡;我国的附加工资中还有"洗理费"这一项,更体现出我们国家对人民的家长式的关怀,要使我们国家的这些儿女们个个容光焕发。果然,后来条件稍一具备,不经常理发洗澡,真感觉到不像个人了。孩子在懂得顽皮但不懂得做人的时候,当然没领会到洗澡理发的必要,更不领会自由有一定限度,做人首先须受制于人的道理,于是,带他去理发店总须威胁利诱一番。上了理发椅,就像上了美国式的电刑,其表情堪怜堪叹。但为了使他像个人,也只得横下一条心来。

先是跟我谈条件:光剪发不洗头。但光剪不洗等于不理,头仍是臭烘烘的。所谓"干燥的阳光味"加汗味、头油味、尘土味等等,熏得人退避三舍。所以我们父子俩常常在理发店就争论起来。我儿子还有个优点:他是金钱物质不能引诱的。我也从来没有用"物质刺激"的手段鼓励过他。一次,他拿了一张"大团结"去跟同学换三张贴画,可见他还不懂得钱的价值。所以,谈判也并非在经济范围内进行。他是个自尊心挺强的孩子,已经开始好面子了,针对这种特点,我总是从怎样别讨人嫌这方面来开导他。我并不长于谆谆善诱,本应从卫生学的观点来阐释洗头的必要性的,却常常过分强调了讨人嫌的可怕性。我想,从长远的观点看,这是对孩子将来做人没有好处的。但人总是急功近利,没有办法,从小就灌输了他"他人即地狱"的存在主义思想。

有时是我胜,就洗头;有时是他胜,就带着满头满脸的发楂回家。他胜也好,说明他居然不怕讨人嫌,还有直面他人冷脸的勇气。看他满头满脸的发楂竟敢招摇过市,也不禁羡慕他活得洒脱,而我们大人倒是活得累且拘谨了。我们大人怕个人影响不好、别人的印象不佳,怕流言,怕蜚语,怕的事情太多。孩子之为孩子,就是什么都不怕,不是有"初生之犊不怕虎"的成语吗?什么都怕的人当然仰慕什么都不怕的人,因而孩子有时也会成为我仰慕的对象。但是孩子总归会大的,而我却是不会再小了。他将来也会变得和我一样,什么都怕。他的变,有我的一份所谓教育在内。而我的教育又是要改变他身上令我羡慕的东西,所以我时常迷惑于父教的价值,就像他拿着一张十块钱的钞票似的。

父亲年纪太大,孩子年纪太小,便会使父亲生出许多迷惑来。年轻的父亲就不管那么多,只管孩子有吃有穿就行了。他自己对许多世事还搞不清,带孩子时顾虑便少,孩子多半是他愉悦的玩具。年纪大的父亲背着沉重的经验包袱,对小小的儿子进行教育时常要掂量自己的每一句话,总要付出很大的心理能量开支。

但带他洗澡却有不同。替他擦背,翻过来掉过去摆弄他瘦小的胴体,会想起老托尔斯泰描写安娜抱着他儿子时"感受到一种生理上的愉快"之用语精确。家里虽有卫生间,可是烧热水麻烦,冬天我们都是到公共澡堂去洗。牵着儿子的手,儿子拎着盥洗用具,一边走一边聊,或是争辩洗头不洗头的问题,还没进澡堂就好像已经热水淋身遍体温暖了。有时我们到政府设的内部澡堂,有时去商业性的澡堂。后者设有雅座,父子俩独占一间。这时,孩子与我都有浑然无间的感觉,代沟也不存在了——不是他变大了而是我变小了。人生最大的快乐,莫过于重新体验到儿童的快乐。

平时怕他身上脏,这时反觉得他越脏越好。在他身上搓下的泥垢越多,就感到收获越大。洗出一澡盆污水,简直有一种丰收的愉快。

然而,遗憾的是他逐渐逐渐地要大起来,几年以后他就不会再和我共洗一个澡盆了,更不用我替他搓澡了。真是人生的乐趣愈来愈少!

(本文选自《中国当代名家散文小品精选》,上海人民出版社)

生　词

幼稚（形）yòuzhì	睥睨（动）pìnì	作罢（动）zuòbà
溺爱（动）nì'ài	放纵（动）fàngzòng	臊味（名）sāowèi
冤枉（形/动）yuānwang	内疚（形）nèijiù	堪（副）kān
羡慕（动/形）xiànmù	拘谨（形）jūjǐn	顾虑（名）gùlù
掂量（动）diānliáng	蜷缩（动）quánsuō	懊丧（形）àosàng
话锋（名）huàfēng	督促（动）dūcù	管束（动）guǎnshù
浑浊（形）húnzhuó	憔悴（形）qiáocuì	腼腆（形）miǎntiǎn
阐释（动）chǎnshì	洒脱（形）sǎtuō	迷惑（动）míhuò

愉悦（形）yúyuè　　　　　　盥洗（动）guànxǐ

注　释

背靠背：比喻双方不见面地了解对方的情况，或做与对方有关的事情。

忐（tǎn）忑（tè）不安：心神不定的样子。

沾沾自喜：形容自以为很好而得意的样子。

横下一条心来：比喻下定决心做某事。

香气四溢：香气四处飘散。

喋（dié）喋不休：没完没了无休止地说话。

旁若无人：好像旁边没有人，形容态度高傲或自然。

老实巴交：形容十分老实。

纹丝不动：一点儿也不动。

头头是道：说话或做事很有条理。

颔（hàn）首称是：〈书〉点头同意。

局促不安：感到拘谨不自然。

无动于衷：心里一点也不受感动，一点也不动心。

初生之犊不怕虎：刚出生的小牛不怕老虎。比喻年轻人有锐气，敢说敢干，毫
　　　　　　　　无畏惧。

顺其自然：随（人、事情的）自然发展，不加约束。

不修边幅：形容不注意衣着、容貌的整洁。边幅：布的边缘，比喻仪容、衣着。

案牍（dú）劳神：〈书〉因处理公事文书而感到劳累。这里是指写作费心思。

容光焕（huàn）发：脸上重新显露出光彩。

威胁利诱：用威力逼迫、用利益引诱别人。

退避三舍：春秋时，晋国同楚国在城濮（今山东省）作战，遵守以前的诺言，把
　　　　　军队撤退九十里（古时行军三十里为一舍）。后来比喻对人让步，
　　　　　不与相争。

谆（zhūn）谆善诱：形容恳切教导，善于引导。

急功近利：急于追求目前的成效和利益。

招摇过市：形容故意在众人面前张扬炫耀自己，以引人注目。

流言蜚（fēi）语：没根据的话（多指背后议论、污蔑或挑拨的话）。

浑然无间：形容两者融合在一起，没有什么隔阂。

好面子：喜欢表面的虚荣。

讨人嫌：让人讨厌。

莫过于：没有能超过这个的，形容达到最高极限。

练 习

一、根据课文内容判断正误

1. 这次的家长会去不去都行，但我还是去了。 （　　）
2. 对孩子来说，家长会是一件大事。 （　　）
3. 家长们十分重视孩子的考试成绩。 （　　）
4. 我认为孩子的教育要靠学校、社会、家庭三方面的配合才能搞好。 （　　）
5. 家长会上，老师不点名地批评了我。 （　　）
6. 我对孩子的态度是顺其自然，一向不怎么管束。 （　　）
7. 我的孩子性格内向，所以我从来不打孩子。 （　　）
8. 家长会上，老师要求家长要多注意孩子们的卫生，以免得病。 （　　）
9. 我认为老师的工作是很辛苦的，所以要孩子们多关心老师。 （　　）
10. 以前的小学生比现在的小学生要辛苦许多。 （　　）
11. 老师认为腼腆是一种缺点，而我则不这样认为。 （　　）
12. 我自己小时候不爱理发的原因是刀刮得难受。 （　　）
13. 为了洗澡理发我们父子俩常常吵架。 （　　）
14. 我的孩子喜欢物质刺激。 （　　）
15. 对孩子的勇气我也会大加赞赏。 （　　）
16. 在给儿子洗澡的过程中，我体会到了人生的快乐。 （　　）

二、用汉语解释句中划线词语的意思

1. 人生最大的快乐，<u>莫过于</u>重新体验到儿童的快乐。
2. 叫他起来回答问题或背书，<u>支支吾吾</u>地总不开口。
3. 到那时，恐怕成天<u>头疼</u>的倒是供不应求于香波香皂名牌时装之类了。
4. 班主任带着<u>牢骚</u>训我们。
5. 对小小的儿子进行教育时常要<u>掂量</u>自己的每一句话。
6. 到头来也没有坏到<u>不可收拾</u>。
7. 看见别人<u>纹丝不动</u>，也就作罢。
8. 当然，也有<u>无动于衷</u>的。
9. 于是，带他去理发店总须<u>威胁利诱</u>一番。
10. 就像鲁迅在《药》里描写的那样成一倒八字，也<u>于心不忍</u>。

三、选词填空

| 忐忑不安 | 沾沾自喜 | 喋喋不休 | 旁若无人 | 老实巴交 |
| 纹丝不动 | 头头是道 | 无动于衷 | 急功近利 | 招摇过市 |

1. 他一个人坐在那里＿＿＿＿＿＿＿地说了些什么,谁也没听清。

2. 你可不要欺负我＿＿＿＿＿＿＿的人。

3. 这次考试我准备得不好,我＿＿＿＿＿＿＿地等待着公布成绩。

4. 我听他说得＿＿＿＿＿＿＿,不免对他的口才产生了几分敬佩。

5. 目前,在我们的经济发展上,有许多做法＿＿＿＿＿＿＿,这将会影响经济的持续发展。

6. 她不爱学习,整天打扮得花枝招展地＿＿＿＿＿＿＿,真不像话。

7. 大家都在安安静静地上自习,她却＿＿＿＿＿＿＿地听起了音乐,影响了大家的学习。

8. 你不要因取得了一点成绩就＿＿＿＿＿＿＿,要记住成绩是靠大家的共同努力才取得的。

9. 同学们都出去玩了,只有他还＿＿＿＿＿＿＿地坐在教室里学习。

10. 我都说了老半天了,你怎么还是＿＿＿＿＿＿＿呢?

四、用合适的词语替换画线词语

1. 儿子<u>再三</u>叮嘱,每个家长都要去的。
   A. 三次　　　　　B. 一再　　　　　C. 再一次　　　　　D. 两次

2. <u>一时</u>,竟体会到时下流行的遵守法纪的吃亏感了。
   A. 现在　　　　　B. 时间　　　　　C. 下面　　　　　D. 将来

3. 这样的话平时我也会说,并且<u>肯定</u>说得头头是道。
   A. 可能　　　　　B. 大概　　　　　C. 一定　　　　　D. 确定

4. <u>如此</u>空气浑浊,一个小时尚且受不了,<u>何况</u>要闻好几小时。
   A. 如果　　　　　B. 因此　　　　　C. 这样　　　　　D. 那样
   A. 何苦　　　　　B. 况且　　　　　C. 何必　　　　　D. 而且

5. 也常感生逢其时,<u>幸亏</u>岁数大了点了。
   A. 幸福　　　　　B. 幸运　　　　　C. 多亏　　　　　D. 吃亏

6. 叫他起来回答问题或背书,支支吾吾地总<u>不开口</u>。
   A. 吭声　　　　　B. 发音　　　　　C. 吃饭　　　　　D. 大声

7. 孩子<u>自</u>小不爱洗澡理发。
   A. 由　　　　　　B. 把　　　　　　C. 从　　　　　　D. 在

8. 那时小孩的发式<u>一律</u>是"和尚头"。
   A. 一起　　　　　B. 一齐　　　　　C. 一样　　　　　D. 完全

9. 谈判也<u>并非</u>在经济范围内进行。

    A. 一定   B. 也许   C. 不是   D. 并且

10. 人生最大的快乐，<u>莫过于</u> <u>重新</u>体验到儿童的快乐。

    A. 比得上   B. 没有超不过   C. 超过   D. 比不上

    A. 重要   B. 崭新   C. 再一次   D. 还要

五、选择下列划线词语的恰当解释

1. 老师<u>光</u>叫你们，我要在家做作业。

    A. 但   B. 还   C. 只   D. 又

2. 看来，这还是一次"<u>背靠背</u>"的会呢。

    A. 用后背互相靠着   B. 双方不见面

    C. 双方在一起   D. 两个人的游戏

3. 一时，竟体会到时下流行的遵守法纪的<u>吃亏</u>感了。

    A. 一种吃的东西   B. 吃得很饱而感到难受

    C. 处于不利局面   D. 处于有利局面

4. 看见别人纹丝不动，也就<u>作罢</u>。

    A. 算了   B. 开始   C. 工作   D. 不动

5. 这样的话平时我也会说，并且肯定说得<u>头头是道</u>。

    A. 形容说话很有条理   B. 形容说话很有道理

    C. 形容说得很多   D. 形容说话很有礼貌

6. 少年早<u>熟</u>，中年早<u>衰</u>。

    A. 认识;变弱   B. 熟悉;衰败

    C. 成熟;衰弱   D. 懂得;变强

7. 也常感生<u>逢</u>其时，幸亏岁数大了点了。

    A. 遇到   B. 相逢   C. 见到   D. 感到

8. 到那时，恐怕<u>成天</u>头疼的倒是供不应求于香波名牌时装之类了。

    A. 每天   B. 整天   C. 一天   D. 成功的一天

9. 但为了使他像个人，也只得<u>横下一条心</u>来。

    A. 下定决心   B. 犹豫不决   C. 生病   D. 算了，不干了

10. 他是个自尊心<u>挺强</u>的孩子，已经开始<u>好面子</u>了。

    A. 很;喜欢面子   B. 有点;爱好表面的虚荣

    C. 很;爱好表面的虚荣   D. 非常;喜欢脸部干净

11. 我总是从怎样别<u>讨人嫌</u>这方面来开导他。

    A. 让别人讨厌   B. 取得别人的喜欢

C. 讨厌让别人去要   D. 讨厌向别人要

12. 不是有"初生之犊不怕虎"的成语吗？

    A. 比喻勇敢   B. 比喻有力气

    C. 比喻胆小   D. 比喻强壮

六、根据课文内容选择恰当答案

1. 关于这次家长会，下面哪种说法正确？

    A. 儿子觉得很重要   B. 我觉得很重要

    C. 是一次联合国大会   D. 家长和孩子都要参加

2. 对于孩子的成绩

    A. 家长都很满意   B. 家长们喋喋不休

    C. 有的高兴，有的难过   D. 家长不很满意

3. 老师表扬家长是因为什么？

    A. 家长们做得很好   B. 家长们说得头头是道

    C. 家长们发现了这些道理   D. 家长们关心自己的孩子

4. 老师的批评不包括下面哪一项？

    A. 溺爱孩子   B. 不帮助孩子做作业

    C. 对孩子的学习无动于衷   D. 不督促孩子学习

5. 我爱讲真话是因为什么？

    A. 生性诚实   B. 一种强迫性的习惯

    C. 我是个好家长   D. 我喜欢坦白交代

6. 对管孩子我的做法是

    A. 过分溺爱   B. 管束很紧

    C. 顺其自然   D. 经常打

7. "干燥的阳光味"实际上指的是什么？

    A. 臊味   B. 尿臊与汗臭   C. 汗臭   D. 香味

8. 对老师们，我能做到的是下列哪一项？

    A. 超前消费   B. 产生内疚

    C. 注意孩子的卫生   D. 清洁空气

9. 我"随他头发乱长"是因为什么？

    A. 孩子长得像女孩   B. 这是日本男孩流行的发式

    C. 喜欢"妹妹头"   D. 孩子不喜欢理发

10. 我儿子的优点是下列哪一个？

    A. 顽皮   B. 不懂钱的价值

C. 讲卫生   D. 不被金钱打动

11. 我劝孩子理发洗头的理由是什么？

   A. 卫生的必要   B. 别讨人嫌

   C. 好面子   D. 爱护头部

12. 让我时常感到迷惑的是什么？

   A. 孩子也有令大人羡慕的东西   B. 孩子常拿着张十元的钞票

   C. 父教的价值   D. 孩子什么都不怕

13. 下面哪一项不是我和儿子一起洗澡时的感觉？

   A. 感受到一种生理上的愉快   B. 感觉自己变小了

   C. 有一种丰收的愉快   D. 有浑然无间的感觉

七、从下面的选项中选出恰当的段落大意填在后面的括号里

1. 第二自然段的意思是：   （   ）

2. 第三自然段的意思是：   （   ）

3. 第五自然段的意思是：   （   ）

4. 倒数第四自然段的意思是：   （   ）

A. 年纪大的父亲包袱重。

B. 家长们看孩子考试卷时的心情。

C. 这次的家长会很重要。

D. 父亲年纪太大，就会生出许多迷惑。

E. 老师认为孩子的教育要靠学校、社会、家庭三方面配合才能搞好。

F. 老师要求家长注意孩子的卫生。

八、根据课文回答问题

1. 当我坐在儿子的教室里时，有什么样的感觉？

2. 老师为什么表扬家长？为什么又批评了家长？

3. 我为什么觉得老师是在不点名地批评我？

4. 我平时是怎样管孩子的？为什么？

5. 我为什么"看着自己穿得干干净净，不觉暗自惭愧"？

6. 老师们为什么显得很憔悴？

7. "我"为什么说"现在做小学生也不容易"？

8. 对于洗澡理发，"我"的看法是什么？

9. "我"为什么羡慕儿子？

10. "我"为何说"人生最大的快乐，莫过于重新体验到儿童的快乐"？

第八课　新枝翠叶石榴红

戴德佩

金秋十月，我来到誉满新疆的石榴之乡——叶城县。

园艺场的技术员老王听我说明来意后，爽朗地说："你来得正巧，现在正是石榴成熟的季节。走，到伯西热克乡找艾买提老人去，他一定能使你心满意足的。"

技术员老王是湖北人，六十年代初从农学院园艺系毕业。几十年来，他把青春和才智都献给了昆仑山下的园艺事业。一路上，他侃侃而谈："你知道石榴的来历吗？"不等我回答，他就如数家珍似地向我介绍了石榴的来龙去脉。

石榴原产在伊朗。两千多年来，汉代张骞出使西域，从那儿带回来石榴种子，先在新疆种植，然后才传入内地。新疆是我国石榴的故乡，而叶城又是新疆石榴的家园。

老王长期从事园艺事业，谙熟果品，他的话有根有据。我来采访前曾查过资料。晋人张华在《博物志》一书中说："汉张骞出使西域，得涂林安石榴种以归。"这里所说的"涂林"是梵语，是石榴的音译。"安"，是指当时的安国，即前苏联的布哈拉；"石"是指当时的石国，即现在的塔什干。当时这两国都是西域石榴的集中产地，因此，我国人民就把这种新传入的珍贵果品取名叫"安石榴"，简称"石榴"。

石榴是落叶灌木或小乔木，多枝丛生。一进园艺场，只见千株万树，绿叶红果，云蒸霞蔚，美不胜收。身临其境，我不禁想起了唐朝名诗人李商隐的《石榴》诗来："榴枝婀娜榴实繁，榴膜轻明榴子鲜。"放眼看去，红艳艳的石榴挂满枝头，像无数颗红宝石缀在碧绿的绒毯上，在秋阳的照射下，熠熠生光。

榴丛深处，走来一位维吾尔族老人，体魄健壮，美髯飘拂。老王给我介绍说："这就是艾买提老人，石榴栽培专家。"当老王把我想了解叶城石榴的心意转告老人后，老人随手摘下一个熟透了的石榴，双手轻轻一捏，石榴便绽开来，他把石榴递到我的面前，像唱歌似地祝福说："远方的客人来漫游，不送鲜花不敬酒；捧上一个啊娜尔，甜在心中香在口。"他用维吾尔语说的"啊娜尔"，就是"石榴"的意思。

老王不愧是行家里手。他告诉我，这是名驰遐迩的叶城大籽甜石榴，个大，皮薄，汁多，味甜，是叶城石榴中的佼佼者，常被运往北京、上海等地，招待宾朋侨胞。我细细观察着手中的石榴果实，倏地，宋朝诗人杨万里的佳句在耳边响起："雾壳作房珠作骨，水晶为粒玉为浆。"看吧，那如脂似玉的榴膜，有规则地把榴壳间隔成若干个房室。珠骨玉浆的榴籽，白里透红，相依相偎在玉帐内，嫩生生，水灵灵，叫人不忍心往嘴里放。

叶城县,地处昆仑山北麓,属北温带大陆性干燥气候区,年平均气温在九到十一摄氏度,霜期短,日照长,土质好,昼夜温差大,适宜榴树生长。榴枝栽植后,如果管理得当,四年以后就可结果,一般能结果几十年,有的可达百年之久。这里冬季寒冷,入冬前,要用干土把榴枝埋好入墩,当第二年春光明媚的时候,挖土启墩,理好榴枝,移植新苗,那以后的景象,就像一首诗所描述的那样:"春花落尽石榴开,阶前栏外遍植栽。红艳满枝染夜月,晚风轻送暗香来。"

忽然,老王诡秘地笑着问我:"你知道什么是榴火吗?"我记起了新疆兄弟民族诗人马祖常的名句"园红榴火炼",便随口答道:"榴火是指石榴花吧。"老王没有正面回答,而是脱口背出一句古诗来:"满院竹风吹酒面,两株榴火发诗愁。"我知道,这是元朝诗人曹伯启的诗句。

是啊!石榴花以它的情影娇艳而动人心魄。可以想见,每当春末夏初,南风轻拂,万千枝榴花一齐开放,接地连天,流火铄金,灿若云霞,和昆仑雪峰遥相映衬,该是何等壮观的景象呵!

石榴还可以盆栽。石榴花是观赏性花卉,有大红、粉红、黄、白四色。如果栽植一盆红白相间的石榴花放在阶前院内,花开的时候如火如荼,不仅招蜂引蝶,更能留人赏玩。千百年来,维吾尔族人民对石榴十分喜爱,许多姑娘取名"阿娜尔古丽",就是石榴花的意思,托意芳姿丽影,有不少妇女名叫"阿娜尔汗",自诩形体像石榴树那样婀娜多姿,心灵像石榴籽那样鲜洁透亮。

(摘自《新疆博闻》,有删改)

生　词

来意（名）láiyì	谙熟（动）ānshú	美髯（名）měirán
入墩（动）rù dūn	花卉（名）huāhuì	爽朗（形）shuǎnglǎng
婀娜（形）ēnuó	霜期（名）shuāngqī	诡秘（形）guǐmì
自诩（动）zìxǔ		

注　释

侃(kǎn)侃而谈:形容说话理直气壮,从容不迫。

如数家珍:像数自己家里的珍宝一样,形容对列举的事物或叙述的故事十分熟悉。

来龙去脉:比喻人、物的来历或事情的前因后果。

落叶灌木:矮小而丛生的木本植物,到冬季树叶枯黄凋落。如:荆、玫瑰等。

乔木:树干高大,干和枝有明显区别的木本植物。如松、杨等。

云蒸霞蔚(wèi):形容景色灿烂绚丽。

美不胜收:美好的东西太多,一时看不过来。

身临其境:就像亲身到了那种环境。

行家里手:内行人。

名驰遐迩(xiá'ěr):远近闻名。

如火如荼(tú):形容旺盛、热烈、或激烈。

练 习

一、根据课文内容判断正误

1.“我”去园艺场时,石榴还未到成熟季节。 （ ）

2.老王对石榴的有关情况非常熟悉。 （ ）

3.石榴是我国内地原有的植物。 （ ）

4.新疆是世界石榴的故乡。 （ ）

5.在汉语中,石榴的名称跟它的原产地有关系。 （ ）

6.园艺场种植的石榴很多。 （ ）

7.叶城的石榴只是在当地有名。 （ ）

8.石榴栽植后至少要四年才可结果。 （ ）

9.石榴枝比较耐冻,冬天可以不埋入土中。 （ ）

10.石榴不能盆栽,但可以当做观赏花卉。 （ ）

二、用汉语解释划线的词语

1.金秋十月,我来到誉满新疆的石榴之乡——叶城县。

2.你来得正巧,他在这里。

3.你知道石榴的来历吗?

4.为了了解情况,我查了不少资料。

5.老王不愧是行家里手,懂得特别多。

6.这里昼夜温差大,不适宜果树生长。

7.如果管理得当,很快就能结果。

8.我只是随口说说,没有多想。

9.花开时如火如荼,更能留人赏玩。

10.石榴花与雪峰相映衬,这景色是何等壮观啊!

三、选词填空

来意　　爽朗　　如数家珍　　谙熟　　侃侃而谈

名驰遐迩　　诡秘　　自诩　　随手　　佼佼者

1. 那些_____是朋友的人,在遇到困难时却一个都不见了。

2. 我问他钱是怎么来的,他没说话,只是_____地一笑。

3. 他说明_____后,老王热情地接待了他。

4. 老王非常开朗,到处都能听到他_____的笑声。

5. 一路上他_____,向我介绍这里的情况。

6. 新疆的瓜果真是_____啊!

7. 小李_____乐器,能演奏多种乐器。

8. 每次有客人来访,他都_____似地给客人讲解本地的特产。

9. 在这些运动员中,他是_____。

10. 小李进屋后_____把公文包放在了茶几上。

四、根据课文内容选择恰当的答案

1. "我"去叶城是因为　　　　　　　　　　　　　　　　　　（　　）

　　A. 休息　　　　　　B. 采访　　　　　　C. 避暑　　　　　　D. 探亲

2. 石榴原产于　　　　　　　　　　　　　　　　　　　　　　（　　）

　　A. 伊朗　　　　　　B. 新疆　　　　　　C. 湖北　　　　　　D. 昆仑山

3. 老王为什么让"我"去找艾买提老人?　　　　　　　　　　（　　）

　　A. 他年纪大　　　　　　　　　　　B. 他会唱歌

　　C. 他是石榴专家　　　　　　　　　D. 他很好客

4. 下面哪项不是叶城石榴的特点?　　　　　　　　　　　　（　　）

　　A. 皮薄　　　　　　B. 汁多　　　　　　C. 味甜　　　　　　D. 价格贵

5. 关于叶城县的情况下面哪一项文中没有提到?　　　　　（　　）

　　A. 位置　　　　　　B. 人口　　　　　　C. 气候　　　　　　D. 特产

6. "榴火"是指(　　　　)。

　　A. 石榴花　　　　　B. 烟火　　　　　　C. 炉火　　　　　　D. 灯火

7. 入冬后石榴枝为什么要埋入土中?　　　　　　　　　　　（　　）

　　A. 防止虫害　　　　B. 多产石榴　　　　C. 防止干枯　　　　D. 气候寒冷

8. 课文中提到的石榴花有几种颜色?　　　　　　　　　　　（　　）

　　A. 4 种　　　　　　B. 3 种　　　　　　C. 2 种　　　　　　D. 1 种

9. 下面哪项和石榴没有关系?　　　　　　　　　　　　　　（　　）

　　A. 是落叶乔木　　　B. 多枝丛生　　　　C. 开花　　　　　　D. 历史短

10. 关于石榴传播到我国没有提到的是 　　　　　　　　　（　　）

　　A. 欧洲　　　　　　B. 伊朗　　　　　　C. 西域　　　　　　D. 塔什干

五、从下面的选项中选出恰当的段落大意填在后面的括号里

1. 第1自然段：　　　　　　　　　　　　　　　　　　　（　　）

2. 第2自然段：　　　　　　　　　　　　　　　　　　　（　　）

3. 第3自然段：　　　　　　　　　　　　　　　　　　　（　　）

4. 第4自然段：　　　　　　　　　　　　　　　　　　　（　　）

A. 石榴的价值。

B. 介绍叶城的地理环境。

C. 我去叶城园艺场。

D. 老王介绍石榴的来历及特性。

E. 石榴的用途。

F. 石榴的观赏性及维吾尔族人对石榴的喜爱。

六、根据课文内容回答问题

1. "我"什么时候去的叶城？

2. 老王是什么人？

3. 石榴的来历是怎样的？

4. 叶城的石榴有什么特点？

5. 叶城的地理环境怎样？

6. 石榴作为观赏性花卉怎么样？

7. 老王是怎么解释"榴火"的？

8. 维吾尔族女性为什么爱取与石榴有关的名字？

9. 课文为什么以"新枝翠叶石榴红"为题？

10. 你的家乡有什么有名的物产？

第九课　离别的礼物

[美]弗·达尔

一个初秋的晚上,清风徐徐吹来,夜色迷人。十一岁的彼得和爷爷坐在院子里,却没心思欣赏这明净的秋夜景色,一个劲儿地直想着屋里那床毛毯。他没想到爸爸真的会把爷爷送走。现在,事情已经明摆着,爸爸给爷爷买来了离别的礼物——一床大毛毯。

今晚,是他和爷爷相处的最后一夜了。爷爷看出他的心思,说:"我去把口琴拿来,吹一支古老的曲子给你听听!"

然而,爷爷从屋里拿出来的不是口琴,而是毛毯!

"啊,这毯子真好!"老人抚摩着毯子说,"你爸真是个好人,这要花不少钱呢!寒冬到了,有了这床毛毯,在那地方就不愁冷了。那儿不会有这么漂亮的毛毯的!"爷爷总是把事情说得那么轻松。每当彼得提到离别,爷爷就说是他自己的主意。

可彼得想:"一个孤老头,离开自己的亲人,到政府盖的那幢楼房——孤老院里,和别的老头住在一起,能算是幸福吗!"他真不相信爸爸会做出这种事来。彼得难过得真想哭,但他忍住了,他已经是大孩子了。他走进屋子拿来爷爷的口琴。

爷爷吹起了一支欢乐的曲子。彼得听不进去,他呆呆地凝望着远方,想道:"爸爸就要和那个女人结婚了。不错,那女人曾吻过他,并说过要当他的好妈妈。除此之外,再没别的事了……"

乐曲突然中断了。

爷爷好像知道他在想什么似的,对他说:"你爸爸要娶的是位好姑娘。同这么漂亮的妻子在一起,他会变得年轻起来。我这老头子在这里只会碍手碍脚,整天叫唤腰酸背痛的……"停了不多会儿,爷爷接着说:"再说不久就会有婴儿诞生,我可不愿听婴儿啼哭,还是走的好。来,再吹一段我们就去睡。明天我就要带着新毯子上路了。你听听,这一段虽然有点悲伤,但今晚听起来还是蛮好听的。"

忽然传来两个人的脚步声,那是爸爸和那个脸蛋光得有点刺眼,活像个洋娃娃的女人回来了。口琴声戛然而止。

爸爸没说一句话。那女人走过来娇声娇气地对爷爷说:"明天我就不送您啦!我是来向您道别的。"

"您的心地太好了!"爷爷说着,低下头,望着地面,望着他脚边的毛毯。然后,他弯下腰,拿起毯子说:"请您看看这个,我儿子给我一条多好的毛毯做离别的礼物。"

"嗯,"姑娘摸了摸毛毯说,"这毯子真不错。"她忽然转身向着爸爸,冷冷地说:"肯定花了不少钱!"爸爸清了清喉咙,吞吞吐吐地说道:"我,我想给爸爸买一床最好的……"姑娘好像被钉在那里,两眼没离开过那床毯子,半晌,终于开腔了:"哟,还是一床双层的啊!"

"是的,"爷爷说,"是双层的,一床漂亮的毯子,给我老头做纪念!"

爸爸默默地进屋去了。那女人马上跟进去,喋喋不休地说那毯子太昂贵。爸爸像往常一样,逼得没法只好发火了。她一转身要走,正好遇到想进屋的彼得。她又转身嚷道:"不管怎么说,他无需一床双层毛毯!"爸爸望着彼得,眼里露出尴尬的神情。

彼得忍不住了,对爸爸说道:"她是对的,爷爷不需要一床双层毛毯。来,把它剪开,成为两床。"爸爸和那个女人都愣住了。

"爸爸,听我说,剪成两半,一半给爷爷,另一半保存起来。"

"这主意不坏。"爷爷温和地说,"我不需要这么大的毯子。"

"是的。"彼得又说,"一层毯子足够送走一个老头,省下一半,留着以后会用得着的。"

大家都沉默了。

好半天,爸爸走到爷爷面前,呆呆地,没有一句话。爷爷望着儿子喃喃地说:"没关系,孩子,我知道你不是这么想的……我知道。"

这时,彼得哭了,但没什么,因为爷爷、爸爸都哭了,哭成了一团……

(选自《美国短篇小说选》)

生　词

徐徐（形）xúxú	凝望（动）níngwàng	啼哭（动）tí kū
开腔（动）kāi qiāng	喃喃（象）nánnán	昂贵（形）ánguì
抚摩（动）fǔmó	诞生（动）dànshēng	半晌（名）bànshǎng
尴尬（形）gāngà	喉咙（名）hóulóng	

注　释

戛(jiá)然而止:形容声音突然中止。

娇声娇气:形容撒娇的口气或样子。

喋(dié)喋不休:说话没完没了。

练 习

一、根据课文内容判断正误

1. 一个深秋的晚上,清风徐徐吹来,夜色迷人。 （ ）

2. 彼得独自坐在院子里,用心地欣赏这明净的秋夜景色。 （ ）

3. 爷爷要被爸爸妈妈送走。 （ ）

4. 爷爷从屋里拿出口琴。 （ ）

5. 爷爷不愿住在家里,他想到养老院去。 （ ）

6. 爷爷用口琴吹一支欢快的曲子时,彼得听得入迷了。 （ ）

7. 彼得的亲生母亲去世了。 （ ）

8. 那个女人不想给爷爷这个毛毯。 （ ）

9. 彼得说:"一层毯子足够送走一个老头,剩下的一半,留着以后自己用。" （ ）

10. 最后彼得、爸爸、爷爷都哭了。 （ ）

二、用汉语解释句中划线词语

1. 一个初秋的晚上,清风<u>徐徐</u>吹来,夜色迷人。

2. 现在,事情<u>明摆</u>着,爸爸给爷爷买来的离别的礼物——一条大毛毯。

3. 有了这床毛毯,在那个地方冬天就不<u>愁</u>冷了。

4. 彼得听不进去,他呆呆地<u>凝望</u>着远方。

5. 我这老头子在这里<u>碍手碍脚</u>。

6. 口琴声<u>戛然而止</u>。

7. 那女人走过来<u>娇声娇气</u>地对爷爷说:"明天我就不送您啦!"

8. 半晌,她终于<u>开腔</u>了。

9. 那女人马上跟进去,<u>喋喋不休</u>地说那毯子太贵。

10. 爸爸望着彼得,眼里露出<u>尴尬</u>的神情。

三、选词填空

徐徐	凝望	啼哭	戛然而止	半晌
喋喋不休	尴尬	吞吞吐吐	喃喃	抚摩

1. 这个人怎么老是_____的,大家都讨厌他。

2. 老远就听见婴儿的_____声。

3. 主席站在山坡上_____着远方。

4. 突然一个耳光,他的话_____。

54

5. 微风_____吹来，真的好舒服。

6. 他想了_____才想起来。

7. 这件事令他很_____。

8. 他说话总是_____，做事也是拖泥带水。

9. 爷爷_____着我的头说："孩子，你要记住爷爷的话，好好学习。"

10. 他坐在那儿_____自语。

四、请从下列 A、B、C、D 四个答案中选择恰当的答案

1. 课文第五自然段彼得复杂的心理过程说明什么？ （　　）

    A. 他想爷爷去孤老院   B. 他不希望爷爷走

    C. 送爷爷走是他爸爸的意思   D. 爷爷自己也想走

2. 课文第八自然段告诉我们什么？ （　　）

    A. 爷爷不想在爸爸家住了   B. 爷爷觉得自己在家呆着碍事

    C. 我们都不想让爷爷住了   D. 爷爷的口琴吹得很好

3. 课文第十、十一自然段告诉我们那个女人什么了？ （　　）

    A. 那个女人确实没时间送爷爷

    B. 那个女人找借口不想送爷爷

    C. 爷爷想毛毯是爸爸和那个女人一起送的

    D. 爷爷不喜欢双层的毛毯

4. 课文第十二段到结束告诉我们什么？ （　　）

    A. 那个女人也不希望爷爷走

    B. 爸爸和我想让爷爷走

    C. 那个女人不会是个称职的母亲

    D. 我们都想让爷爷留下来

5. 从课文中可以看出什么？ （　　）

    A. 爸爸是个脾气暴躁的人   B. 爸爸是个很害羞的人

    C. 爸爸是自私自利的人   D. 爸爸是个"妻管严"

6. 从第一自然段中可以知道什么？ （　　）

    A. 彼得的心情不好   B. 爷爷感到快乐

    C. 爸爸是个心肠狠毒的人   D. 这是一个夏天的迷人的夜晚

7. 爷爷的口琴声戛然而止是因为什么？ （　　）

    A. 爷爷看见爸爸的脸光得有点刺眼

    B. 爷爷看见有个洋娃娃来了

    C. 爷爷看见那个女人回来了

D. 爷爷听见了爸爸和那个女人的脚步声

8. 关于毯子下面哪项正确？　　　　　　　　　　　　　　　　　（　　）

　　A. 是爸爸和那个女人送给爷爷的离别礼物

　　B. 是彼得给爷爷买的

　　C. 是爸爸给爷爷买的离别礼物

　　D. 是爷爷自己买的

9. 从课文中可以看出什么？　　　　　　　　　　　　　　　　　　（　　）

　　A. 爷爷从心里是不愿意离开家的

　　B. 爷爷特别喜欢去孤老院

　　C. 爷爷特别喜欢听婴儿的哭声

　　D. 爷爷特别恨爸爸

10. 根据课文内容下面哪一项不对？　　　　　　　　　　　　　　（　　）

　　A. 彼得是个善良、孝顺的孩子

　　B. 爷爷是个心地善良的老人

　　C. 爸爸是个没有主见的人

　　D. 那女人将会是个善良、贤惠的妻子

五、选择划线词的正确解释

1. 彼得坐在院子里，却没<u>心思</u>欣赏这明净的秋夜景色。

　　A. 念头　　　　　B. 脑筋　　　　　C. 想做某事的心情　　　　D. 思想

2. 彼得<u>一个劲儿</u>地直想着屋里的那床毛毯。

　　A. 不停地　　　　B. 使劲儿　　　　C. 用力　　　　　　　　　D. 一口气

3. 你听听，这段虽然有点悲伤，但今晚听起来还是<u>蛮</u>好听的。

　　A. 很　　　　　　B. 野蛮　　　　　C. 粗野　　　　　　　　　D. 不

4. "这个<u>主意</u>不坏，我不需这么大的毯子。"爷爷温和地说。

　　A. 主要意思　　　B. 主见　　　　　C. 办法　　　　　　　　　D. 主题

5. 大家沉默了好<u>半天</u>，爸爸走到爷爷面前，呆呆地没说一句话。

　　A. 半天时间　　　　　　　　　　　B. 很长一段时间

　　C. 一会儿　　　　　　　　　　　　D. 时间短

六、回答问题

1. 爸爸为什么要给爷爷买毛毯？

2. 爷爷为什么要给彼得吹口琴？

3. 彼得为什么听不进去爷爷吹的口琴？

4. 爷爷为什么要突然中断琴声？

5. 那个女人为什么说爷爷不需要双层的毛毯？

6. 爸爸为什么不替爷爷说话？

7. 彼得为什么要把毛毯剪成两半？

8. 为什么最后他们都哭了？

9. 这个故事里共出现了几个人物？从他们的对话中可以看出他们各是什么样的人？

10. 读了这篇小说后，对你有何启发？

七、复述故事大意

复述提示：故事发生的时间、地点、人物、经过，结局。

第十课　雨

张文军

雨，令人心烦的雨。天上下着，地上淌着，地理考卷上还偏偏要问："什么叫梅雨？"

"季风区因……雨带推移现象……"我无可奈何地写着，"五月，雨带排怀（徘徊）。"这两个字是不是这样写？"排怀"我知道是来回走的意思，来回走应该是足字旁吧。先不管它，往下写吧，"梅子黄熟的时候，阴雨连绵……"阴雨连绵！又是雨，还阴雨连绵。唉，真是的！鬼天气！中午上学时还好好的，这会儿阴得一条小缝都不剩。轻风吹着细雨，飘着，洒着，一会儿东，一会儿西，下得人心焦。

老师说："别向外看了。一会儿家长会给你们送雨具来的。集中精力，拿出好成绩来，才对得起顶风冒雨来给你送伞的家长。"

别人可以安心了，可我心里清楚：是不会有人来给我送伞的。最好都没人送，要淋就淋大家吧。

可送伞的来了。第一个是宋欣的奶奶。这老太太也不怕滑倒了摔着。

杨豆的爸爸也来了。老师接过雨伞放在杨豆的课桌旁。小杨豆冲着我得意地笑笑。这个坏蛋！

我心里不是滋味，转过脸望着窗外。操场上积满了白花花的水。雨点好像又大了，砸起一个个水泡，溅起的水沫雾蒙蒙的。

我爸爸是个炼钢工人，厂子离家老远，一早上班走，很晚才能回来。爸爸的工作很累，我看得出来。

妈妈是个售货员，整天和各式各样的漂亮衣服打交道。我们家也数她的穿戴最讲究。

一股凉气从窗缝挤进来，我不由自主地缩缩脖子，把挽起的袖子也放了下来。楼房顶上的排水管嗡嗡地响着，把房顶上的积水摔在水泥地上劈啪轰响。爸爸是个好工人。喏，我的书皮全是爸爸得的奖状包的。妈妈不知为什么也月月拿奖金，她不但和顾客吵架，还和爸爸三天两头地吵。什么嫌爸爸下班回来得晚了，炉子灭了，衣服脏了，皮鞋烂了，两月没看电影，半年没去公园了……三天两头地吵，烦死了。心都吵碎了，头都吵崩了，人都吵傻了。一听见他们吵，我的头就像这排水管似的嗡嗡响。

唉哟，老师来了，赶快写几句吧："这就是长江中下游地区的梅雨季节。"

我爱吃话梅糖,所以这个"梅雨"的梅字绝不会错。

爸爸老是说,我吃的话梅糖是他用汗珠子换来的,凡事有苦才有甜。他还常说:"活人,活人,没活干还能算大活人吗?"我就佩服爸爸累不嫌累,苦不叫苦的劲儿。

有一次,爸爸又回来得很晚。妈妈到了家只是擦桌子,抹凳子,拖地板,就是不做饭。爸爸回来,就只好钻到厨房里去做饭。妈却说:"每天都要在你那亲爱的电炉前多炼个把钟头,抗热功夫深了吧? 呆在厨房里也许还觉得风凉呢!"爸说:"你还别气,你这辈子是体会不到其中的乐趣的。"

什么乐趣? 我也不清楚,反正他们又你一句我一句地吵了一架。害得我作业都没完成,第二天整整趴在教室外边补了一节课。作业算是马马虎虎补上了,可新课一点也没听到。倒霉!

又来了几个家长,送来了伞、雨衣、水鞋。收到雨具的同学个个都像吃了什么兴奋药,劲头十足,鸡啄米似地在卷子上不停地写着。

我不由得向门外望望,希望我的爸爸或者妈妈能忽然出现在教室门口。不过我清楚,我的愿望是不可能实现的,不会有人来给我送伞的。

爸爸妈妈要是不吵架就好了。

爸爸整天忙忙碌碌的却很知足。妈妈有的是时间,却总觉得生活没意思。怎样才算有意思呢? 爸爸回来得很晚,睡得早,家里的电视让妈妈一个人包了。我和弟弟只能在外间听电视,还要把书本摆个样子。我要能天天看电视,就决不会说没意思。

风停了,雨却更大了,垂柳披散着长发呆立着,枝叶上挂满了雨珠,一闪一闪的像无数条金属链子,锁着,罩着,向下打着坠。柳树低垂着头,落汤鸡似的怪可怜的。

昨晚上,爸回来说工资发下来了,给爷爷送去十元钱。妈妈却嚷嚷着说:"还不完的账,啥时能填满无底洞!"爸爸生了气,俩人又吵了半夜。

有一个问题我想不明白:我们欠爷爷的账吗?

早晨,妈妈没吃饭就走,爸爸让我给她送个馍。妈却说:"滚! 恶心!"中午,妈妈没回来,可能又去姥姥家了。

雨又大了,噼噼啪啪地打在窗玻璃上。雨水不停地往下淌,留下道道水印,像是泪,止不住的泪。

我想起了爱哭鼻子的弟弟。等会儿去接弟弟,一定要把上衣护好,别弄湿了,好给弟弟披着,只有用它能给弟弟挡一阵了。

爸爸早上走时也没带雨具。也许这会儿他正在炼钢炉前抡大锨呢! 熊熊的火呼呼响着,爸爸和叔叔们的汗也似这绵绵秋雨,流啊,淌啊……

下课铃响了,沥沥啦啦的,可真难听。

同学们交了卷,各自拿着自己的雨具走出去。我仍然坐在那儿,看着我的卷子发愣。我只答上个什么叫梅雨。唉,梅雨,梅雨,倒霉的雨。

"小旺,小旺!"我听到了爸爸的喊声。

我像是被弹了起来。爸爸就站在教室门口,一手拿雨伞,一手提着水鞋,气喘吁吁的。

我急忙向门口奔去,差一点撞倒了课桌。出门喊了声"爸",我就愣住了。爸的衣服全湿了,雨水顺着裤角向下流着,脚下已是一汪积水。头发上的水珠忽闪着,沿着前额、眼角、下巴滴在前衣襟上。

爸没来得及换衣服就跑来了。

"快!换了鞋接你弟弟去。"

我急忙弯下腰,几滴泪水掉在水鞋上,我赶忙抹了一把。当我直起腰来时,又苦又涩的泪水流进了我的嘴角。我心里翻腾着,我的卷子上只答了个梅雨,我觉得我欠下了爸爸的账。

爸爸冰凉的手拉着我走进雨中。我抬眼看那垂柳,它们似乎变得更绿了。我哗哗地蹚着水向前走着。雨点打在伞上像咚咚的鼓点。我伸出手接点雨水尝尝,甜甜的,有点像话梅糖……

(选自《鸭绿江》1984 年第 8 期)

生　词

淌　　（动）tǎng	徘徊（动）páihuái	砸　　（动）zá
讲究（动）jiǎngjiū	佩服（动）pèifú	劲头（名）jìntóu
抡　　（动）lūn	涩　　（形）sè	季风（名）jìfēng
溅　　（动）jiàn	挽　　（动）wǎn	嫌　　（动）xián
忙碌（动）mánglù	衣襟（名）yījīn	翻腾（动）fānténg

注　释

无可奈何:没有办法;没有办法可想。

不由自主:由不得自己;控制不了自己。

落汤鸡:形容浑身湿透,像掉在热水里的鸡一样。

练　习

一、根据短文内容判断正误

1."我"早上一来学校就开始下雨了。　　　　　　　　　　　　　　　（　　）

2.虽然外面在下雨,但"我"的心情很好。　　　　　　　　(　)

3.宋欣的奶奶在赶往学校的路上摔了一跤。　　　　　　(　)

4.看着别人的家长送来了雨具,我心里很感动。　　　　(　)

5."我"爸爸的工作很累,妈妈的工作很轻松。　　　　　(　)

6."我"爸爸得了很多的奖状。　　　　　　　　　　　　(　)

7."我"爸爸妈妈从来不吵架,他们很恩爱。　　　　　　(　)

8."我"都好几个月没去公园玩了。　　　　　　　　　　(　)

9."我"很佩服爸爸干活不怕累、能吃苦的精神。　　　　(　)

10.妈妈认为我们欠爷爷的账。　　　　　　　　　　　　(　)

11.弟弟爱哭鼻子,所以我格外地讨厌他。　　　　　　　(　)

12.我的地理考试答得还不错,只有一道题没有答出来。(　)

13.爸接"我"的时候,"我"非常高兴,直接冲出去了。　(　)

14.地理考试我没考好,觉得很对不起爸爸。　　　　　　(　)

二、用汉语解释句中划线词语

1.天上下着,地上淌着,地理考卷上还偏偏要问:"什么叫梅雨?"

2.鬼天气!中午上学时还是好好的,这会儿阴得一条小缝都不剩。

3.雨点好像又大了,砸起一个个水泡,溅起的水沫雾蒙蒙的。

4.我不由自主地缩缩脖子,把挽起的袖子也放了下来。

5.我就佩服爸爸累不嫌累,苦不叫苦的劲儿。

6.呆在厨房里也许还觉得风凉呢!

7.也许这会儿他正在炼钢炉前抢大锹呢!

8.我心里翻腾着,我的卷子上只答了个梅雨,我觉得欠下了爸爸的账。

三、选词填空

　　　无可奈何　　徘徊　　忙碌　　精力　　不由自主
　　　劲头　　佩服　　倒霉　　溅　　嫌

1.他老是在我们宿舍周围_____。

2.要想保持旺盛的_____,就得经常锻炼身体。

3.他这个人能干,我很_____。

4.在他的再三请求下,我_____地答应了他的要求。

5.今天真_____,一出门就塞车。

6.他每次都是_____地走到这里。

7.记得我第一次炒菜时,锅里的水还没干就倒油,结果油_____了我一身。

8. 他刚参加工作时_____很足,现在却不行了,几乎每天上班都迟到。

9. 妈妈是个勤劳的人,从早到晚都在_____着。

10. 有地方住就不错了,你别_____这_____那了!

四、选择括号中合适的词语替换划线的词

1. 雨,令人心烦的雨。(厌烦、厌恶)

2. 别人可以安心了,可我心里最清楚:是不会有人给我来送伞的。(放心、舒心)

3. 这老奶奶也不怕滑倒了摔着。(不担心、不害怕)

4. 小杨豆冲着我得意地笑笑。(满意、高兴)

5. 她不但和顾客吵架,还和爸爸三天两头地吵。(天天、经常)

6. 我就佩服爸爸累不嫌累,苦不叫苦的劲儿。(钦佩、服气)

7. 我就佩服爸爸累不嫌累,苦不叫苦的劲儿。(力量、精神)

8. 每天都要在你那亲爱的电炉前多炼个把钟头,抗热功夫深了吧?(几把、一个多)

9. 我不由地向门外望望,希望我的爸爸或者妈妈能忽然出现在教室门口。

(不自觉、不自由)

10. 妈妈有的是时间,却总觉得生活没意思。(有一些、有很多)

11. 出门喊了声"爸",我就愣住了。(傻、呆)

五、请从下列 A、B、C、D 四个答案中选择惟一恰当的答案

1. 老师说话的意思是什么? ( )

    A. 不让大家往外边看   B. 希望大家好好考试

    C. 让家长来给大家送伞   D. 让大家谢谢家长

2. 对于下雨,"我"的态度是下列哪一项? ( )

    A. 喜欢   B. 不喜欢

    C. 还可以   D. 自己也不清楚

3. 小杨豆拿到了他爸爸送来的雨伞后,为什么"冲着我得意地笑笑"? ( )

    A. 小杨豆得到了好处

    B. 小杨豆感到非常满意

    C. 小杨豆得意忘形

    D. 小杨豆想告诉我"怎么样,你没有雨伞吧"

4. 爸爸和妈妈为什么经常吵架? ( )

    A. 为了我   B. 为了弟弟   C. 为很多事情   D. 为了工作

5. 爸爸认为妈妈一辈子也体会不到的乐趣是什么? ( )

    A. 生活的乐趣   B. 学习的乐趣   C. 家庭的乐趣   D. 工作的乐趣

6. 爸爸发了工资为什么要给爷爷送去十元钱？　　　　　　（　　）

　　A. 妈妈的意思　　　　　　　　B. "我"家欠爷爷的钱

　　C. 为了孝敬爷爷　　　　　　　D. 为了让爷爷买东西

7. 爸爸冒雨来接"我"说明了什么？　　　　　　　　　　（　　）

　　A. 爸爸顺便来接"我"，其实主要是去接弟弟

　　B. 爸爸很爱我们，不想让我们兄弟俩淋雨

　　C. 是妈妈叫爸爸来接"我"的

　　D. 爸爸下班早就来接我们了

8. "我"为什么觉得欠爸爸的账？　　　　　　　　　　　（　　）

　　A. "我"借了爸爸的钱还没还

　　B. "我"还没把爸爸给我的十元钱给爷爷

　　C. "我"没好好地学习，卷子答得不好，对不起爸爸

　　D. 爸爸为了接我被雨淋湿了，"我"很内疚

9. 通过这篇课文我们可以知道什么？　　　　　　　　　（　　）

　　A. 我不喜欢学习地理　　　　　B. 爸爸是一个值得尊敬的人

　　C. 下雨天让人心情不好　　　　D. 我已经习惯了爸爸妈妈的吵架

六、根据课文内容完成句子

1. 别的同学都能安心考试而我却不能是因为_____。

2. 爸爸的工作虽然很辛苦，但_____。

3. 爸爸和妈妈经常吵架，_____。

4. 我没有想到爸爸能冒雨给我送雨具是因为_____。

5. 与妈妈相比，我和弟弟可能更喜欢爸爸，是因为_____。

6. 爸爸认为妈妈不懂生活的快乐是因为_____。

7. 我和弟弟虽然很小，但在家里_____。

七、根据课文内容回答问题

1. "我"今天参加的是什么考试？

2. 为什么"我"觉得没人来给"我"送伞？

3. "我"为什么佩服爸爸？

4. 为什么爸爸和妈妈老是吵架？

5. 收到雨具的同学表现怎么样？

6. 爸爸来的时候，"我"的心情是怎么样的？

7. 爸爸接完他又去哪儿了？

8. 文章开始和结束时我的心情一样吗？为什么？

第十一课　葡萄沟　苏公塔　交河故城

远　方

走进葡萄沟时,天已正午。

满目绿阴,满目清凉。所有的燥热,所有的干渴,在进沟的那一刻,都悄然隐去了。

沟里是一条浓密的葡萄藤掩映下的路,一串串玛瑙似的葡萄垂下来,伸手可及。路边有卖各式葡萄干的小摊,还有一家家葡萄架下的露天小饭馆。

司机带我们来到一个熟悉的饭馆。和老板随意打了个招呼,脱了鞋,在铺着漂亮花布的桌前盘腿坐下。老板殷勤地先上来一盘无核白葡萄,吐鲁番葡萄干大都是用这种葡萄晾制的。我摘一粒丢嘴里,立时一股凉爽的甘甜在口中弥漫开来,甜中带着微酸。

我马上意识到,这是我有生以来吃到的最好的葡萄。吐鲁番葡萄名不虚传!

开始还有些矜持,一粒一粒摘下吃,后来觉得不过瘾,干脆举起一串,仰着脖子咬着吃,大快朵颐! 不一会儿,一大盘葡萄就风扫残云般被我们消灭了。

又吃了羊肉串、手抓饭,喝了啤酒。

饭后,我们心满意足地在沟里观光,走到尽头,意外发现了一座王洛宾音乐艺术馆。门前是这位被尊称为"西部歌王"的音乐家的头部雕塑,戴着草帽,神采奕奕,唇含微笑。底座上镌刻着一行大字"人民音乐家王洛宾"。

是的,老人无愧于这个称号,他在新疆采风创作50年,创作的西部民歌传遍了华人世界,可谓"有中国人的地方,就有王洛宾的歌",如《达坂城的姑娘》、《在那遥远的地方》、《掀起你的盖头来》等,都已成为民歌经典。

细细浏览关于老人的图片、信件、遗物,轻轻移步间,一首首脍炙人口的优美旋律已不知不觉轻轻在心中吟唱起来。

在音乐厅,一支三人小乐队为我们做了专场演出。随着一位维吾尔族少女翩翩起舞,歌手深情地唱起了那首《在那遥远的地方》:

> 在那遥远的地方
> 有位好姑娘
> 人们走过她的帐房
> 都要回头留恋地张望……

从葡萄沟出来,司机打开车里的音乐,并且把车开得飞快。和着维吾尔族歌曲,我们惬意地摇头晃脑。

途经一个葡萄园,我想看一看,就让司机停了车。走进院里,身材高大的男主人闻声迎过来,憨厚地微笑着。司机用维吾尔语和他谈了几句,他明白了意思,便领我们去园子里。大片浓荫中,饱满晶莹的累累硕果垂下来,午后的阳光透过缝隙洒落一地斑驳的碎影,忽然让我想起渔夫和富翁的对话,而在此处做一个葡萄园主人,何尝不是又一种幸福的人生?

又上了车,任由司机东拐西拐,最后停在路边的树阴下,司机一指前方:苏公塔!

哦,第一眼的感觉就是极巍峨壮观!塔身下粗上细,直指蓝天,表面以砖砌成许多种别致的花纹,为古塔增添了一种粗犷中的秀丽。

资料记载,苏公塔是在清乾隆年间,由吐鲁番郡王苏来满为报答清帝对其父额敏和卓的恩遇而修建的,又称额敏和卓报恩塔。额敏和卓原是吐鲁番地区的首领,参与了清军平定准噶尔、大小和卓叛乱的战斗,屡立战功,先后被封为辅国公、镇国公、郡王,并诏令“世袭罔替”。

走到古塔入口处,我们看到了一块石碑,上面用维、汉两种文字记载了修塔的缘由。据说塔内有螺旋型台阶可直通塔顶,遗憾的是,并不对外开放。

午后的太阳直射下来,火辣辣的,此时方才领略吐鲁番盆地的炎热。我们胡乱拍了几张照片,就撤回。直到十多分钟后,穿过郊区、葡萄田、棉田,我们又站在白花花的大太阳底下时,眼前凸现一座颇有些气势磅礴的城池,入口旁是一壮观石刻:交河故城。

《汉书·西域传》载:“车师前国,王治交河城,河水分流绕城下,故号交河。”“有户500,人口6050,胜兵1865。”车师前国是西域三十六国之一,交河为其都城,历史上几经战乱,唐代时一度成为安西都护府所在地,后毁于明初的战火中。

这是一块矗立在河谷中间的巨大黄土台地,三十多米高,须仰视可见,地势险峻,四周无所依傍,形同孤岛,历来为兵家必争之地。当地人称为“雅尔和图”,意为崖城。

与高昌故城相比,交河显然更为完整。高昌如同一个散乱的集市,空旷凄凉,曾经的繁华都已湮没在历史的烟尘中了;而交河则井然有序,建筑遗迹高大,街衢里巷完好,房屋密密麻麻,仿佛市井喧嚣刚刚退去,人声嘈杂仍依稀可闻。

正是一天中最热的时候,游人稀少。拎着一瓶矿泉水,我口干舌燥地走在古城的街道上。王宫、官署、民居、佛寺、佛塔,一一转过。

每一幢房子的屋顶都荡然无存,然而,原始的土墙仍在。塔林大都毁损,残存基座,寺庙的佛龛中还可见到残破的泥塑佛像。

千年的时光不能销蚀生命的痕迹。

而在古民居的院内,一丛丛野草又生长起来了,我惊讶于生命力的顽强,在这极度干旱贫瘠的地方。

顶着烈日走出古城时,我想,下次再来的话,一定要在黄昏时分,一个人,看凄美的如血落日。

（摘自《新晨》2004 年第 1 期）

生　词

玛瑙（名）mǎnǎo	湮没（动）yānmò	惬意（形）qièyì
晶莹（形）jīngyíng	巍峨（形）wēi'é	喧嚣（动）xuānxiāo
砌　（动）qì	矜持（形）jīnchí	吟唱（动）yínchàng
镌刻（动）juānkè	磅礴（形）pángbó	街衢（名）jiēqú
佛龛（名）fókān		

注　释

名不虚传:实在很好,不是空有虚名。

晶莹:光明而透明。

世袭罔(wǎng)替:指帝位、爵位等世代相传而不更换、不废除。

殷勤:热情而周到。

风扫残云:比喻一下子消灭干净。

脍(kuài)炙(zhì)人口:比喻好的诗文或事物,人们都称赞。

练　习

一、根据课文内容判断正误

1.走进葡萄沟满目绿阴,满目清凉,我一下就不觉得渴了。　　　　　（　　）

2.沟里是一条浓密的葡萄藤掩映下的凉爽的路,串串玛瑙垂下来。　（　　）

3.吐鲁番葡萄干都是用无核白葡萄晾制的。　　　　　　　　　　　（　　）

4.不一会儿一大盘葡萄就被风吹掉了。　　　　　　　　　　　　　（　　）

5.途径一个葡萄园时,园主邀请我们进去参观。　　　　　　　　　（　　）

6.苏公塔给人的第一感觉是巍峨壮观。　　　　　　　　　　　　　（　　）

7.据历史记载,苏公塔是清朝时由吐鲁番郡王修建的。　　　　　　（　　）

8.午后的太阳直射下来,火辣辣的,我们又到处拍了些照片才回去。（　　）

9.在棉花地边,我们看到了交河古城。　　　　　　　　　　　　　（　　）

10. 交河古城是古代车师前国的都城。 （　）

11. 交河古城比高昌古城更完整。 （　）

12. 交河古城建筑遗迹高大,街衢里巷完好,房屋密密麻麻,虽市井喧嚣刚刚退去,但人声嘈杂仍依稀可闻。 （　）

13. 艺术家王洛宾头戴草帽,神采奕奕,唇含微笑。 （　）

二、用汉语解释句中划线的词

1. 满目<u>绿阴</u>,满目清凉。

2. 一串串玛瑙似的葡萄<u>垂</u>下来,伸手可及。

3. 唐代时<u>一度</u>成为安西都护府所在地。

4. 他戴着草帽,<u>神采奕奕</u>,唇含微笑。

5. 是的,老人<u>无愧于</u>这个称号。

6. 我细细<u>浏览</u>了关于老人的图片、信件和遗物。

7. 男主人<u>憨厚</u>地微笑着。

8. 午后的阳光透过缝隙洒落一地<u>斑驳</u>的碎影。

9. 每一幢房子的屋顶都<u>荡然无存</u>。

10. 千年的时光不能<u>销蚀</u>生命的痕迹。

11. 寺庙的<u>佛龛</u>中还可见到残破的泥塑佛像。

三、选词填空

| 悄无声息 | 敏捷 | 尴尬 | 诱惑 | 耽搁 | 丑闻 | 领略 | 斑点 |
| 无疑 | 呼叫 | 凝聚 | 呐喊 | 误解 | 丑陋 | 呼吁 |

1. 我_____全体市民行动起来,创建文明示范城区。

2. 他放弃了飞行,开始航海,他_____到其中的巨大乐趣。

3. 在这一过程中,他_____增加了一分对自身的了解。

4. 当他看到桌子上有钱时,他禁不住_____,想要偷走。

5. 西红柿汁在我的夹克前面留下了棕色的_____。

6. 在星星的掩护下,美国的一架无人驾驶侦察机_____地盘旋在夜空中。

7. 你动作快一点,别把这件事_____了。

8. 几年之后,这件事几乎成了尽人皆知的_____。

9. 孩子们身强体壮,反应_____,并且异常勇敢。

10. 他感到很_____,仿佛他要对所发生的一切负责。

11. 清华学府从始建的那一刻,就_____着中美两国的共同努力,展示着中美两国的关系。

四、用合适的词语替换划线词

1. 所有的燥热、干渴,在进沟的那一刻,都悄然隐去了。(悄悄、毅然)

2. 我摘了一粒丢嘴里,立时一股甘甜在口中弥漫开来。(立刻、立夏时)

3. 吐鲁番的葡萄名不虚传。(名副其实、名不副实)

4. 开始还有些矜持,不一会儿便放开了。(拘谨、骄傲)

5. 一大盘葡萄就风扫残云般被我们消灭掉了。(很快、腐烂)

6. 为古塔增添了一种粗犷的秀丽。(粗鲁、豪放)

7. 我们胡乱拍了几张照片。(随意、胡跑)

8. 曾经的繁华都已湮没在历史的烟尘中了。(掩盖、埋没)

9. 从葡萄沟出来,司机打开车里的音乐,并且把车开得飞快。和着维吾尔歌曲,我们惬意地摇头晃脑。(舒服、颠簸)

10. 街衢里巷完好,房屋密密麻麻。(街道小巷、排水渠)

五、在 A、B、C、D 中选合适的词语替换划线的词

1. 房屋里弥漫着烟雾。
   A. 弥补　　　　　B. 弥合　　　　　C. 充满　　　　　D. 漫无边际

2. 所有的燥热,所有的干渴,在进沟的那一刻,都悄然隐去了。
   A. 隐藏　　　　　B. 隐蔽　　　　　C. 隐形　　　　　D. 退去

3. 一首首脍炙人口的优美旋律已不知不觉轻轻在心中吟唱起来。
   A. 受欢迎　　　　B. 人口多　　　　C. 好吃　　　　　D. 卖得好

4. 眼前凸现出一座有些气势磅礴的城池。
   A. 充满　　　　　B. 盛大　　　　　C. 薄弱　　　　　D. 较小

5. 他们先后被封为辅国公、镇国公、郡王,并诏令世袭罔替。
   A. 代替　　　　　　　　　　　　　B. 更换
   C. 更正　　　　　　　　　　　　　D. 不替换、不代替

6. 交河古城建筑遗迹高大,街衢里巷完好,房屋密密麻麻,仿佛市井喧嚣刚刚退去,人声嘈杂仍依稀可闻。
   A. 喧嚷　　　　　B. 宣传　　　　　C. 宣布　　　　　D. 时常

7. 大片浓荫中,饱满晶莹的累累硕果垂下来。
   A. 银色　　　　　B. 光亮、透明　　C. 晶体　　　　　D. 水珠

8. 塔林大都毁损,残存基座。
   A. 损害　　　　　B. 损坏　　　　　C. 损失　　　　　D. 毁灭

9. 老板殷勤地端上一盘无核白葡萄。
   A. 勤劳　　　　　B. 热情周到　　　C. 引起　　　　　D. 殷切

10. 人声嘈杂仍<u>依稀</u>可闻。

    A. 隐约   B. 依然   C. 稀疏   D. 稀少

六、选择正确答案完成句子

1. 吐鲁番的葡萄干_____。

2. 我马上意识到，这是我_____。

3. 走进葡萄沟我感到_____。

4. 额敏和卓原是吐鲁番地区的首领，_____。

A. 正是中午最热的时候，游人稀少

B. 先后被封为辅国公、镇国公、郡王

C. 像玛瑙似的垂下来

D. 大都由无核白葡萄晾制而成

E. 有生以来吃到的最好的葡萄

F. 所有的燥热，所有的干渴，都悄然隐去

七、回答问题

1. 走进葡萄沟给人一种什么样的感觉？

2. 吃了第一粒吐鲁番无核白葡萄后作者有一种什么样的感觉？

3. 西部歌王王洛宾有哪些作品？

4. 从葡萄沟出来后作者又进了一个葡萄园，参观后作者有何感想？

5. 苏公塔给人第一眼的感觉如何？

6. 苏公塔是由谁修建的？ 为什么修建它？

7. 交河古城给人的第一感觉是怎样的？

8. 谈谈古车师前国的人口情况。

9. 和高昌古城相比交河古城有哪些不同？

10. 交河古城的原始房屋建筑现在如何？

第十二课　新奇的球赛

王汶迟

　　晚饭前,爷爷笑眯眯地走进来,从上衣口袋里掏出一叠红红绿绿的票子。

　　"足球票!"我高兴地抢着说。

　　爷爷是个足球迷。他年轻的时候,经常参加足球赛。那时得的奖状,现在和他的技术革新能手奖状一起,并排挂在墙上。一有球赛,他场场不落。当然还带着我。"对!是足球票。这回我还要参加比赛呐!"爷爷兴高采烈、满面红光地说。

　　妈妈一面往饭桌上摆碗筷,一面劝爷爷:

　　"唉!您都 78 了,还踢什么球!别再摔着,可不是说着玩的。让他们小年轻的去踢吧!您在场外指导一下就行了。"

　　爷爷没有回答,只是神秘地笑了笑,然后从书包里拿出一卷图纸,仔细看了起来。

　　爷爷以前在核电站工作,现在虽然退休了,可还惦记着站里的工作,经常给站里当技术顾问。因此妈妈照例给我使了个眼色,我拿了一张球票,就到厨房里去帮妈妈端饭了。在这时候,是不应该打搅爷爷的。

　　晚上,室内体育场里亮如白昼。一万多个座位坐得满满的。主席台对面的大钟指到七点差五分,比赛就要开始了。

　　"快到点了,怎么运动员还坐在看台上闲聊天儿?"我旁边的一位阿姨不满地说。

　　真的,核电站队和钢铁队的运动员们占据了主席台旁边最好的座位,心安理得地坐在那儿,好像他们也全是观众似的。

　　爷爷翻穿核电站 3 号运动员服,也坐在那儿。他们每人头上都戴着一顶奇怪的帽子。帽子上还伸出几根长长的触角。

　　"观众同志们!"七点正,体育场的广播响了起来。"钢铁队是我市足球联赛的冠军队。为了准备参加全国比赛,最近他们抓紧训练,体力消耗比较大。明天还要和江苏队比赛,所以今天晚上的比赛,改由机器人来进行。反正是每一个运动员独自操纵一个机器人,所以仍旧能够表现出每个运动员的技巧和风格,同时每个运动员通过这样的比赛,也一样能够得到技巧和战术方面的锻炼……"

　　话没说完,全场轰动了起来。在一万多名观众的笑声、议论声和鼓掌声中,响起了运动员进行曲,只见两队规规矩矩的机器人,排成整整齐齐的两行,迈着不快不慢的步子,走进场地来了。

"真是一举两得的好办法!"爸爸满意地对我说,"既进行了足球赛,又试用了这两家工厂新造的备用机器人。"

"工厂里要机器人干什么?"我好奇地问。

"核电站有放射性物质。钢厂有高温车间。现在这些对人的身体有害的工作,都由机器人来做了。"爸爸回答。

"那工人叔叔干什么工作呢?"我问道。

"工人同志指挥机器人。另外,还可以腾出手来作更复杂、更费脑子的工作。"这时,球赛进入了高潮,核电站5号机器人带球通过场中央,飞起一脚,把球传给了3号机器人。3号机器人灵巧而准确地用头一顶,竟从20米外把球顶入球门。

"1∶0!"全场欢呼,掌声雷动。

"这才叫真正的'铁头'呐!"我后面一位身穿核电站工作服的工人叔叔风趣地对他旁边的人说,"3号机器人是老王师傅指导我改进的。你瞧!它多灵!"

"主要还是因为老王师傅的球艺高呗!如果叫你操纵他踢球、顶球,那还不知踢到哪儿去了呢!反正准进不了球门。"

我鼓掌鼓得手心都疼了,顾不上插嘴。

但我知道这两位叔叔的话都对。爷爷踢球得的奖状和技术革新得的奖状,不都挂在家里墙上吗!核电站的工人都尊敬地称爷爷"老王师傅",遇到什么事,也总是爱找爷爷商量。

比赛以2∶1结束。核电站队胜了。观众高兴地站起来,欢呼、鼓掌,把一顶顶的帽子往上扔……突然,"叭嗒"一声,钢铁队2号机器人直挺挺地倒在地上不动了。

全场立刻鸦雀无声。所有的人全愣住了。

只过了半分钟,钢铁队运动员和核电站运动员都大笑起来。观众们等明白过来时,也笑得前俯后仰,肚子都笑痛了。

原来是钢铁队2号运动员太兴奋了,一高兴,竟把自己头上的帽子也扔了起来。这是遥控帽子呀!他怎好随便扔呢?一扔,当然2号机器人失去了控制,倒下去了。

"哈哈哈!不用,……抢……抢……救"钢铁队2号运动员笑得上气不接下气地说。

真是一场既新奇又有趣的足球赛。

(选自《科学神话》,海洋出版社出版)

生　词

新奇（形）xīnqí	革新（动）géxīn	惦记（动）diànjì
照例（副）zhào lì	打搅（动）dǎjiǎo	触角（名）chùjiǎo
消耗（名、动）xiāohào	操纵（动）cāozòng	技巧（名）jìqiǎo
规矩（名、形）guīju	战术（名）zhànshù	腾　　（动）téng
插嘴（动）chā zuǐ	风趣（形）fēngqù	

注　释

兴高采烈:兴致高,情绪热烈。

心安理得:自信事情做得合理,心里很坦然。

一举两得:做一件事情,得到两种收获。

放射性:某些元素(镭、铀)自动把原子核中的物质放射出,而衰变成另外的
　　　　元素。

鸦雀无声:形容非常安静。

前俯后仰:形容身体前后晃动。

练　习

一、根据课文内容判断正误

1. 晚饭前,爷爷不太高兴。　　　　　　　　　　　　　　　　　（　　）

2. 爷爷非常喜欢看球赛。　　　　　　　　　　　　　　　　　　（　　）

3. 爷爷现在还在核电站工作。　　　　　　　　　　　　　　　　（　　）

4. 我经常打搅爷爷。　　　　　　　　　　　　　　　　　　　　（　　）

5. 这场比赛没意思,没有多少人看。　　　　　　　　　　　　　（　　）

6. 足球赛是在晚上七点差五分开始的。　　　　　　　　　　　　（　　）

7. 核电站里对人体有害的工作可以由机器人来做。　　　　　　　（　　）

8. 这场比赛是一场由运动员指挥的机器人比赛。　　　　　　　　（　　）

9. 爷爷踢球和技术革新都得过奖。　　　　　　　　　　　　　　（　　）

10. 爷爷亲自将球顶入了球门。　　　　　　　　　　　　　　　　（　　）

11. 钢铁队战胜了核电站队。　　　　　　　　　　　　　　　　　（　　）

12. 比赛结束时,钢铁队的2号机器人坏了。　　　　　　　　　　（　　）

二、用汉语解释句中划线词语

1. 爷爷没有回答,只是<u>神秘</u>地笑了笑。

2. 一有球赛,他<u>场场不落</u>。

3. 别摔着,可<u>不是说着玩</u>的。

4. 爷爷从上衣口袋里掏出一叠红红绿绿的<u>票子</u>。

5. 妈妈照例给我<u>使了个眼色</u>。

6. 晚上,室内体育场里亮如<u>白昼</u>。

7. 我旁边的一位阿姨<u>不满</u>地说。

8. 他们<u>心安理得</u>地坐在观众席上。

9. 这真是<u>一举两得</u>的好办法。

10. 瞧! 他多<u>灵</u>!

11. 不管你怎么踢,反正<u>准</u>进不了球门。

12. <u>只</u>过了半分钟,大家都大笑起来。

13. 2号运动员笑得<u>上气不接下气</u>。

14. 他怎么好随便<u>扔</u>呢?

15. 这真是一场既<u>新奇</u>又有趣的足球赛。

三、选词填空

打扰　　一举两得　　腾　　前俯后仰　　不满

仍旧　　随便　　　竟　　操纵　　插嘴

1. 爸爸正写材料,别去_____他。

2. 先别急,等我_____出手来就帮你。

3. 小王的笑话逗得大家都_____。

4. 既学习了知识,又能观光旅游,真是_____。

5. 他一高兴,把帽子_____也扔掉了。

6. 老王_____地说:"你怎么才来?"

7. 十年过去了,她_____在学校教书。

8. 这些书你可以选_____。

9. 我鼓掌鼓得手心都疼了,顾不上_____。

10. 运动员_____机器人进行比赛。

四、选择括号中合适的词语替换划线的词语

1. 我高兴地<u>抢</u>着说:"是球票。"(争、夺)

2. 爷爷<u>笑眯眯</u>地走进家。（微笑着、眯着眼）

3. 让他们小年轻的去踢吧！（小孩子、年轻人）

4. 虽然退休了，他仍惦记着厂里的工作。（想、记）

5. 妈妈照例给我使眼色。（照顾、照样）

6. 到点了，车怎么还没来？（地点、时间）

7. 今晚的比赛改由机器人来进行。（改换、改正）

8. 王师傅的球艺高。（高级、高超）

9. 这是遥控器，他怎么好随便扔呢？（喜欢、可以）

10. 这是一项费脑子的工作。（脑筋、脑袋）

五、根据课文内容选择正确答案

1. 爷爷是什么时候回家的？ （　　）

    A. 早晨   B. 中午   C. 下午   D. 晚饭前

2. 爷爷从上衣口袋里掏出了什么？ （　　）

    A. 钱   B. 球票   C. 电影票   D. 参观票

3. 爷爷这次想 （　　）

    A. 看比赛   B. 指导比赛   C. 参加比赛   D. 当裁判

4. 球赛是在（　　）进行的。

    A. 中午   B. 晚上   C. 下午   D. 早晨

5. 运动员为什么戴帽子？ （　　）

    A. 控制机器人   B. 防雨   C. 防撞   D. 舒服

6. 明天钢铁队要和哪个队比赛？ （　　）

    A. 市足球队   B. 核电站   C. 江苏队   D. 机器人

7. 文中没有提到机器人能做的事是 （　　）

    A. 在高温车间工作   B. 在有放射性物质的地方工作

    C. 可以进行足球比赛   D. 可以演奏乐器

8. 比赛一共进了几个球？ （　　）

    A. 1个   B. 2个   C. 3个   D. 4个

六、选择正确答案完成句子

1. 爷爷没有回答，_____。

2. 运动员们心安理得地坐在那儿，_____。

3. 明天还要和其他队比赛，_____。

4. 如果叫你操纵他踢球、顶球，_____。

 A. 但我知道这两位叔叔的话都对。

B. 所以仍旧能够表现出每个运动员的技巧和风格。

C. 所以今晚的比赛改由机器人来进行。

D. 好像他们也全是观众似的。

E. 只是神秘地笑了笑。

F. 那还不知踢到哪儿去呢!

七、回答问题

1. 妈妈为什么给"我"使眼色?

2. 比赛快开始了,运动员们为什么还坐在主席台旁不上场?

3. 运动员头上戴的帽子有什么作用?

4. 这场足球赛为什么既神奇又有趣?

5. 你认为机器人将来能完全代替人吗?

6. 爷爷从上衣口袋掏出了什么?

7. 爷爷年轻的时候喜欢干什么?

8. 妈妈为什么要劝爷爷?

9. 爷爷现在是干什么的?

10. 我旁边的阿姨为什么不满?

11. 为什么比赛要改由机器人进行?

12. 工厂里要机器人干什么?

13. 第一个球是怎么进的?

14. 这次比赛哪个队胜了?

15. 为什么钢铁队 2 号队员说"不用抢救"?

第十三课　时间储蓄卡

刘兴诗

漫长的星期天,真不好过呀!

亮亮做完了作业,吃午饭还早呢。加上下午和晚上,还有整整大半天,该怎么消磨才好?

"跳房子"吧!

那是小女孩的游戏,亮亮才不和她们一起玩呢。

玩电子游戏机。

老师早说过了,别泡在里面,那可不好!

踢足球吧!

院子里只有他一个像样的男孩。剩下的全是小姑娘和拖鼻涕的毛孩子,他和谁踢呀?

干什么都不成,亮亮只好顺着大街漫无目的地荡来荡去。走腻了,就坐下来,背靠着屋角晒太阳。街上的行人和汽车来来去去,像是一部乏味的电视剧一样,又长又平淡,总也看不完。暖洋洋的太阳照在身上,晒着晒着,就想打瞌睡了。

唉,这个漫长的星期天真难挨啊!

亮亮半眯着眼睛,昏沉沉地正要睡着了,耳畔忽然传来一个声音。

"喂,孩子,你在这儿干什么?"

亮亮睁开眼睛一看,原来是一个笑眯眯的老伯伯。

"我什么也没有干呀!"亮亮说。

"大好时光,什么也不干,多可惜。"老伯伯说。

"没有事情干,叫我怎么办呢?"亮亮无可奈何地辩解道。

"存进银行吧,留着以后慢慢用。"老伯伯挺和气地劝他。

"银行?"

亮亮骨碌碌转着大眼睛,心里不明白,这和银行有什么关系。

"我没有钱,只有用不完的时间,怎么存银行呀?"他莫名其妙地望着这个奇怪的老伯伯。

"我说的就是时间,"老伯伯说,"把暂时没有用的时间存起来,以后要用的时候再取来用。"

"时间也能存吗?"亮亮觉得非常奇怪。

"可以呀!"老伯伯说,"我就是这个银行的工作人员,帮你办理吧。"

亮亮转过身子,这才瞧见自己正好坐在一个银行门口。上面写着四个大字:时间银行。

老伯伯问他:"你的多余的时间,存活期,还是定期?"

亮亮好奇地问:"时间也能这样存吗?"

"可以的,"老伯伯说,"如果你拿不定主意,干脆办零存整取吧!把每天多余的时间都存起来,要用的时候一起取出来,多好!"

"好的! 就这样办。"亮亮高兴地说,可是心里还有些不明白。他问:"时间看不见,摸不着,怎么存银行呢?"

"这好办!"老伯伯给他一张亮闪闪的金属储蓄卡说,"你把它放在衣兜里。存的时候,只消按一下按钮就得啦。要取,按两下按钮。"

噢,原来这样简单。

亮亮接过来一看,只见在薄薄的时间储蓄卡上写着两行红字:

　　　　寸金难买寸光阴,

　　　　爱惜时间爱生命。

他说:"让我试一下,先把今天多余的时间存起来吧。"

他边说,边轻轻按了一下按钮。说也奇怪,耳边只听见呼的一声,天就黑了,到了吃晚饭的时间。摸了一下身子,一点也不疼,存时间比存钱还方便。

看一下手里的时间储蓄卡,上面闪现出一串新数字:"结存 5 小时 36 分 48 秒"。亮亮高兴得跳了起来。

妈妈问他:"今天你为什么这样高兴?"

亮亮掏出时间储蓄卡,在她的眼前晃了一下说:"瞧,这是什么?"

"你哪来的银行存款?"妈妈奇怪地问他。

"我没有存款,只有存进银行的时间。"亮亮一五一十告诉妈妈是怎么一回事。

妈妈高兴了,说道:"时间比钱更宝贵,你好好存起来吧!"

亮亮开始存时间了。

上学的路上多余 5 分钟,存起来!

下课的时候,多余 2 分钟,也存起来!

同学们只瞧见他伸手在衣兜里不停地揿呀揿,不知道他在干什么。

"你的衣兜里有一只小虫子吧?"一个同学问他。

"是不是一块糖?"另一个同学问。

"都不是的,我在存时间呢。"亮亮说。

"嘻嘻,你骗人,时间怎么能存呢?"大家嘻嘻哈哈嘲笑他,不管亮亮怎么解释也不相信。

有人说："就算你能够把时间存起来。要用，怎么取出来呀？"

听了他的话，亮亮心里也犯疑：是呀！自己只顾傻乎乎把看不见的时间往里存，谁知道是真是假。那个不认识的老伯伯，会不会是和我开了一个大玩笑？

他决定支取一些时间来试一下。如果没法兑现，就是假的了。

他正做一道令人头疼的数学题，快要下课了。时间眼看就不够。他立刻伸手在衣兜里轻轻揿了两下，奇迹立刻发生了。

瞧一下手表，表上的指针忽然飞快往后倒退了大半圈。他一下子就多了半个多小时，顺顺当当做完了那道题，真妙啊！

转身看旁边一个同学，正咬着笔杆发愁。他的时间也不够了，急得要命呢！

"别急，"亮亮安慰他，"我借给你十分钟吧！"

"借给我十分钟？"那个同学像听见童话故事一样诧异，"你以为借时间，像借一块橡皮一样吗？别给我开玩笑啦。"

"这是真的，"亮亮说，"你把这张时间储蓄卡放在衣兜里揿两下，就有时间了。"

那个同学半信半疑地接过来，赶紧塞进衣兜，贴着身子使劲揿了两下。下课铃响了，什么奇迹也没有发生。

"你骗人！"他气恼地把薄薄的时间储蓄卡扔回去，冲着亮亮大声嚷道。教室里的同学们都听见了，嘻嘻哈哈嘲笑亮亮，谁也不听他的辩解，他气得快要哭了。

第二天，他跑到时间银行问老伯伯。

老伯伯告诉他："自己的时间，只能存着给自己用，不能借给别人。如果大家都把时间借来借去，岂不乱套了吗？"

噢，原来是这样一回事。

亮亮对同学们说："你们也存时间吧。存着给自己用，比存钱还有用。"

"嘻嘻！说谎话，鼻子会变长。"

同学们谁也不信他的话，把他当成说谎的孩子。亮亮说不清楚，真委屈呀！

"你们总会相信的，"他嚷道，"我的鼻子不会变长，有用的时间会变得比你们都长。"

亮亮不和他们争辩了，自己埋头存时间，把多余的时间一分一秒都存进衣兜里的储蓄卡。

日子一天又一天过去，转眼就快要过年了。看一下时间卡的记录，高兴得跳了起来。

瞧，上面这样写着：

结存 61 天 17 小时 9 分 29 秒

啊哈，他的努力没有白费。一年算下来，多了整整两个月。对他来说，一年变成了 14 个月！实在太不可思议了。

现在正是寒假，同学们都在忙着制订自己的假期计划。寒假没有暑假长，过了年转眼就开学，甭想到别的地方去玩了

亮亮可不一样；他有的是时间。北方太冷了，过了年，跟着爸爸妈妈到海南岛泡海水，躺在沙滩上晒太阳，整整玩了两个月，带回许多美丽的贝壳和照片。同学们看了，都羡慕得要命。

现在，谁也不怀疑亮亮的话了，争先恐后向他打听："快告诉我们，时间银行在哪儿？我们也要去存多余的时间。"

（本文选自《美洲来的哥伦布》，湖南教育出版社 1999 年版）

生　词

储蓄（名、动）chǔxù

整整（形）zhěngzhěng

腻　（动）nì

平淡（形）píngdàn

辩解（动）biànjiě

诧异（动）chàyì

制订（动）zhìdìng

撳　（动）qìn

定期（名）dìngqī

兑现（动）duìxiàn

漫长（形）màncháng

消磨（动）xiāomó

乏味（形）fáwèi

挨　（动、介）āi

干脆（形）gāncuì

委屈（形、动）wěiqū

羡慕（动）xiànmù

活期（形）huóqī

犯疑（动）fànyí

注　释

跳房子：一种儿童游戏，在地上画几个方格，一只脚着地，沿地面踢片，依次序经过各格。

泡：故意消磨时间。

荡来荡去：无事走来走去，闲逛。

莫名其妙：名：说出。无法说出它的奥妙。指事物或道理很奇怪。有时也用以讽刺事物不合理。

半信半疑：又相信，又有点怀疑。

不可思议：道理神秘奥妙，不可想像或用言语说明。

争先恐后：争着向前，惟恐落后。

毛孩子：毛：小。"毛孩子"是对人的一种看不起的称呼。

无可奈何:没有办法;没有办法可想。

练 习

一、根据课文的内容判断正误

1. 星期天,亮亮吃完午饭出去逛街。   （   ）
2. 院子里的小姑娘不和他踢球。   （   ）
3. 亮亮什么也干不成只好顺着大街漫无目的地走。   （   ）
4. 老师不让亮亮玩电子游戏机。   （   ）
5. 亮亮背靠着屋角在看一部乏味的电视连续剧。   （   ）
6. 亮亮在银行门口遇见一位老爷爷。   （   ）
7. 老伯伯劝亮亮存钱。   （   ）
8. 办理存时间的手续很复杂。   （   ）
9. 亮亮得到了一个纸做的储蓄卡。   （   ）
10. 同学们从开始就相信亮亮的话。   （   ）
11. 自己存的时间只能自己用。   （   ）
12. 亮亮利用自己存的时间去了海南岛。   （   ）
13. 亮亮把时间借给了同学,那位同学感激不尽。   （   ）
14. 亮亮的同学都准备存时间。   （   ）
15. 亮亮的妈妈知道亮亮存钱了很高兴。   （   ）

二、用汉语解释句中划线的词

1. 加上上午和晚上,还有整整大半天,该怎么消磨呢?
2. 院里只有他一个像样的男孩儿。
3. 干什么都不成,亮亮只好顺着大街漫无目的地荡来荡去。
4. 这个漫长的星期天真难挨啊!
5. 老伯伯挺和气地劝他。
6. 把暂时没有用的时间存起来,以后要用的时候再取出来用。
7. 时间比钱更宝贵,你好好存起来吧。
8. 他决定支取一些时间来试一下。
9. 他一下子就多了半个小时,顺顺当当做完了这道题。
10. 亮亮掏出储蓄卡,在妈妈的眼前晃了一下。
11. 过了年转眼就开学了。
12. 他正在做一道令人头疼的数学题。

13. 过了年转眼就开学了,<u>甭</u>想到别的地方去玩了。

14. 啊哈,他的努力没有<u>白费</u>。

15. 对他来说,一年变成了 14 个月! <u>实在</u>太不可思议了。

三、选词填空

| 无可奈何 | 只顾 | 委屈 | 不可思议 | 腻 | 乏味 |

| 平淡 | 甭 | 消磨 | 羡慕 | 兑现 | 一五一十 |

1. 事情没弄清楚,_____ 了他很长时间。

2. 这篇文章没看头,_____ 得很。

3. 这出戏像杯白开水,实在 _____ 无味。

4. 你怎么 _____ 起别人的名誉地位来了?

5. 我 _____ 地放弃了原来的打算。

6. 他把当时的情景 _____ 地描述出来了。

7. 他 _____ 看书,连头也不抬。

8. 你这样 _____ 青春,多可惜呀!

9. 世界上 _____ 的事情实在太多了。

10. 你就 _____ 劝他了,他决定了的事不会改。

11. 这些游戏我已经玩儿 _____ 了,不想再玩儿了。

12. 你现在就可以拿支票到银行 _____ 现金了。

四、选择括号中合适的词语替换划线的词

1. 一年算下来,多了<u>整整</u>两个月。(整个、足足)

2. 亮亮不和他们<u>争辩</u>了。(争论、分辨)

3. 他<u>立刻</u>伸手在衣兜里轻揿了两下,奇迹立刻发生了。(立即、顿时)

4. 自己<u>只顾</u>傻乎乎地把看不见的时间往里存,谁知道是真是假。(尽管、只管)

5. "你骗人!"他<u>气恼</u>地把薄薄的时间储蓄卡扔回去,冲着亮亮大声嚷道。

(发火、愤怒)

6. 时间比钱更<u>宝贵</u>,你好好存起来吧。(贵重、珍贵)

7. 亮亮<u>好奇</u>地问:"时间也能这样存吗?"(惊奇、奇怪)

8. 如果<u>没法</u>兑现,就是假的。(没主意、无法)

9. 存的时候,只<u>需</u>按一下按钮就得啦。(需要、必须)

10. 大好时光什么也不干,多<u>可惜</u>!(遗憾、惋惜)

11. 还有整整大半天,怎么<u>消磨</u>呀?(打发、消耗)

12. 老伯伯挺和气地<u>劝</u>他。(劝解、劝说)

13. 爱惜时间就是爱惜生命。(爱护、珍惜)

14. 教室里的同学们都听见了,嘻嘻哈哈嘲笑亮亮,谁也不听他的辩解,他气得快
    要哭了。(歧视、笑话)

15. 转身看旁边一个同学,正咬着笔杆发愁呢。(犯愁、发呆)

五、从 A、B、C、D 四个答案中选择划线词的正确解释

1. 走腻了,就坐下来,背靠着屋角晒太阳。 （ ）
   A. 腻烦　　　　　B. 油腻　　　　　C. 劳累　　　　　D. 疲倦

2. 街上的行人和汽车来来去去,像是一部乏味的电视剧,又长又平淡。 （ ）
   A. 有趣　　　　　B. 风趣　　　　　C. 枯燥　　　　　D. 干枯

3. 唉,这个漫长的星期天真难挨啊! （ ）
   A. 忍受　　　　　B. 遭受　　　　　C. 熬　　　　　　D. 受

4. 如果你拿不定主意,干脆办零存整取吧。 （ ）
   A. 立即　　　　　B. 啰嗦　　　　　C. 索性　　　　　D. 直爽

5. "你的衣兜里有一只小虫子吧?"一个同学问他。 （ ）
   A. 衣服　　　　　B. 围兜　　　　　C. 麻袋　　　　　D. 口袋

6. 那个同学像听见童话故事一样诧异,"你以为借时间,像借一块橡皮吗?"（ ）
   A. 怪异　　　　　B. 奇怪　　　　　C. 不同　　　　　D. 异样

7. 那个同学半信半疑地接过来,赶紧塞进衣兜,贴着身子使劲揿了两下。 （ ）
   A. 十分相信　　　B. 将信将疑　　　C. 毫不犹像　　　D. 毫不相信

8. 一年变成 14 个月了! 实在太不可思议了。 （ ）
   A. 可想而知　　　B. 不可一世　　　C. 不堪设想　　　D. 一想便知

9. 亮亮也说不清楚,真委屈呀。 （ ）
   A. 高兴　　　　　B. 得意　　　　　C. 冤枉　　　　　D. 着急

10. 同学们都忙着制订自己的假期计划。 （ ）
    A. 制造　　　　　B. 预订　　　　　C. 装订　　　　　D. 拟订

11. 漫长的星期天真不好过呀。 （ ）
    A. 做过　　　　　B. 过去　　　　　C. 过来　　　　　D. 度过

12. 干什么都不成,亮亮只好顺着大街漫无目的地走。 （ ）
    A. 沿着　　　　　B. 照着　　　　　C. 跟着　　　　　D. 顺便

13. "没有事情干,叫我怎么办呢?"亮亮无可奈何地辩解到。 （ ）
    A. 辩论　　　　　B. 解释　　　　　C. 反驳　　　　　D. 议论

14. 老伯伯说:"把暂时没有用的时间存起来。" （ ）
    A. 暂且　　　　　B. 临时　　　　　C. 短期　　　　　D. 一时

15. 快下课了,时间眼看就不够了。　　　　　　　　　　　　（　　　）

    A. 眼睁睁　　　　　B. 眼光　　　　　　C. 马上　　　　　D. 顿时

六、根据课文内容选择正确答案

1. 亮亮是怎么消磨时间的?　　　　　　　　　　　　　　　（　　　）

    A. 玩儿跳房子的游戏　　　　　　　B. 玩儿电子游戏机

    C. 跟毛孩子们踢足球　　　　　　　D. 漫无目的地闲逛

2. 亮亮为什么坐下来,背靠着屋角晒太阳?　　　　　　　　（　　　）

    A. 因为他瞌睡了　　　　　　　　　B. 因为他变得昏沉沉的

    C. 因为觉得没意思　　　　　　　　D. 因为想看电视剧了

3. 老伯伯认为他这样消磨时间:　　　　　　　　　　　　　（　　　）

    A. 太珍贵了　　　　　　　　　　　B. 从未有过

    C. 与银行有关　　　　　　　　　　D. 太遗憾了

4. 老伯伯认为把什么存起来最好不过了?　　　　　　　　　（　　　）

    A. 钱　　　　　　　B. 银行　　　　　　C. 精力　　　　　D. 时间

5. 这张时间储蓄卡是用什么做的?　　　　　　　　　　　　（　　　）

    A. 用金子做的　　　　　　　　　　B. 用金属做的

    C. 用纸做的　　　　　　　　　　　D. 用木头做的

6. 母亲认为亮亮存时间是:　　　　　　　　　　　　　　　（　　　）

    A. 有利有弊的　　　　　　　　　　B. 是个不可弥补的错误

    C. 值得表扬的　　　　　　　　　　C. 错误的选择

7. 亮亮每天放在口袋里的是:　　　　　　　　　　　　　　（　　　）

    A. 虫子　　　　　　B. 糖　　　　　　　C. 存卡　　　　　D. 时间

8. 同学们认为说谎的孩子会:　　　　　　　　　　　　　　（　　　）

    A. 经常受委屈　　　B. 有奇迹发生　　　C. 鼻子变长　　　D. 去海南岛

9. 马上就要到什么节日了?　　　　　　　　　　　　　　　（　　　）

    A. 新年　　　　　　B. 元旦　　　　　　C. 寒假　　　　　D. 春节

10. 亮亮从海南岛没有带回来什么?　　　　　　　　　　　　（　　　）

    A. 沙滩　　　　　　B. 贝壳　　　　　　C. 照片　　　　　D. 自己

七、请你快速阅读文章,根据文章内容,用简单的文字回答问题,答案要用汉字书写在横线上（不得超过 8 个字）

1. 亮亮是怎么打发时间的?　_____。

2. 今天的太阳怎么样?　_____。

3. 老伯伯是哪家银行的？ _____。

4. 亮亮办的是定期还是活期？ _____。

5. 亮亮拿出什么给妈妈看？ _____。

八、每段话中有 3—5 个空儿，请根据语境要求，从 A、B、C、D 四组答案中，选择一组最恰当的答案

1. 街上的行人（ ），像是一部（ ）的电视剧一样，又长又平淡，（ ）也看不完。

    A. 来来往往　枯燥　老　　　　　B. 过来过去　无味　总是

    C. 走来走去　没意思　常常　　　D. 上来下来　没味道　时常

2. 他正做一道令人（ ）的数学题，快要下课了。时间（ ）就不够了。他立刻伸手在衣兜里轻轻按了两下，奇迹（ ）发生了。

    A. 讨厌　将要　即刻　　　　　　B. 伤脑筋　马上　立马

    C. 难为　即将　立即　　　　　　D. 为难　眼前　马上

第十四课　在那颗星子下

——记我的中学时代

舒　婷

母校的门口是一条笔直的柏油马路,两旁凤凰木夹阴。夏天,海风拂下许多花瓣,让人不忍一步步踩下。我的中学时代就是笼在这一片花雨殷殷的梦中。

我哭过、恼过,在学校的合唱队领唱过,在恶作剧之后笑得喘不过气来过。等我进入中年回想这种种,却有一件小事,像一只小铃,轻轻然而分外清晰地在记忆中摇响。

初一那年,我们有那么多学科,只要把功课表上所有的课程加起来就够吓人的,有十一门课,当然,包括体育和周会。仅那个崩开线的大书包,就把我们勒得跟登山运动员那样善于负重。我私下又加了近十门课:看电影、读小说、钓鱼、上树……我自己也不知道,究竟是把读书当玩了,还是把玩当作读书。

学校规定,除了周末晚上,学生们不许看电影,老师们要以身作则。所以我大摇大摆屡屡犯规,都没有被当场逮住。

英语学期考试前夕,是星期天晚上,我串联了另外三个女同学去看当时极轰动的《五朵金花》。我们咂着冰棍儿东张西望,一望望见了我们的英语老师和她的男朋友。他们在找座位。我努力推测她看见了我们没有,因为她的脸那么红,红得那么好看,她身后的那位男老师长得(我毫无根据地认定他也教英语)比我们的班主任辜老师还神气。

电影还没散场,我身边的三个座位一个接一个空了。我的三个"同谋犯"或者由于考试的威胁,或者由于良心的谴责,把决心坚持到底的我撂在一片惴惴然的黑暗之中。

在出口处,我和林老师悄悄对望了一眼。我撮起嘴唇,学吹一支电影里的小曲(其实我根本不会吹口哨,多少年苦练终是无用)。在那一瞬间,我觉得她一定觉得歉疚。为了寻找一条理由,她挽起他的手,走入人流中。

第二天我一觉醒来,天已大亮。老外婆舍不得开电灯,守着一盏捻小了灯芯的油灯打瞌睡,却不忍叫醒我起来早读。我跌足大呼,只好一路长跑,幸好离上课时间还有十分钟。

翻开书,眼前像在最拥挤的中山路骑自行车,脑子立即作出判断,哪儿人多,哪儿有空当可以穿行,自然而然有了选择。我先复习状语、定语、谓语这些最枯燥的难点,然后是背单词。上课铃响了,b—e—a—u—t—i—f—u—l,beau—tiful,美丽的。"起立!""坐下。"赶快,再背一个。老师讲话都没听见,全班至少有一半人嘴里像我一样咕噜咕噜。

考卷发下来,我发疯似地赶着写,趁刚才从书上复印到脑子里的字母还新鲜,把它们像活泼的鸭群全撺到纸上去。这期间,林老师在我身旁走动的次数比往常多,停留的时间似乎格外长。以致我和她,说不准谁先抗不住,就那样背过气去。

成绩发下来,你猜多少分? 一百一十三分! 真的,附加两题,每题十分,我全做出来了。虽然 beautiful 这个单词还是错了,被狠狠扣了七分,从此我也把这个叛逃的单词狠狠揪住了。

那一天,别提我走路时膝盖抬得有多高。

慢!

过几天是考后评卷,我那林老师先把我一通夸,然后要我到黑板前示范,只答一题,我便像根木桩戳在讲台边不动了。她微笑着,惊讶地,仿佛真不明白似的,在 50 双眼睛前面,把我刚刚得了全班第一名的考卷,重新逐条考过。你猜,重打的分数是多少? 47 分。

课后,林老师来教室门口等我,递给我成绩单,英语一栏上,仍然是叫人不敢正视的"优"。

她先说:"你的强记能力,连我也自叹不如。以前,我在这一方面也是很受我的老师称赞的。"沉默了一会儿,只听见一群相思鸟在教室外的老榕树上幸灾乐祸。她又说:"要是你总是这么糟蹋它,有一天,它也会疲累的。那时,你的脑子里还剩了些什么?"

还是那条林阴道,老师纤细的手沉甸甸地搁在我瘦小的肩上。她送我到公园那个拐弯处,我不禁回头深深望了她一眼。星子正从她的身后川流成为夜空。最后她自己也成为一颗最亮的星星,在我记忆的银河中,我的老师。

（选自《硬骨凌霄》,珠海出版社）

生　词

抒　　（动）lǔ	清晰（形）qīngxī	屡屡（副）lǚlǚ
推测（动）tuīcè	威胁（动）wēixié	勒　　（动）lēi
咂　　（动）zā	谴责（动）qiǎnzé	撂　　（动）liào
惴　　（动）zhuì	撮　　（动）cuō	歉疚（动）qiànjiù
揪　　（动）jiū	糟蹋（动）zāotà	

注　释

红殷殷:带黑的红色。

恶作剧:开玩笑过分、使人难堪的行动。

崩开线:缝纫的线开了。

以身作则:以自己的行动做榜样。

背过气:喘不过气而昏厥。

跌足:跺脚。形容惋惜、可惜的样子。

叹不如:叹息自己不如别人。

幸灾乐祸:别人遭到灾祸时自己心里高兴。

练　习

一、根据课文内容判断正误

1.初一时因为爱好体育,我经常背着那个崩开线的大书包去爬山。　　（　　）

2.初一时的课程很重,总共有十一门主课。　　（　　）

3.初一时我很喜欢看小说。　　（　　）

4.学校规定除周末以外老师也不能看电影。　　（　　）

5."我们"是在电影院看见了英语老师和她的男朋友的。　　（　　）

6.英语老师发现了我们,因为她的脸红红的。　　（　　）

7.因《五朵金花》没意思,所以"我"身边的三个座位一个接一个空了。　　（　　）

8.因为我有复印的材料所以我考了113分。　　（　　）

9.我的强记能力好得惊人,连我的老师也自叹不如。　　（　　）

10.考试期间林老师在我身边走动的次数比往常多的原因是怕我偷看。　（　　）

11.第二天早晨因为外婆没及时叫我,所以我没有晨读。　　（　　）

二、用汉语解释句中划线的词语

1.等我进入中年回想这种种,却有一件小事,像一只小铃,轻轻然而分外清晰地在记忆中摇响。

2.所以我大摇大摆屡屡犯规,都没有被当场逮住。

3.我努力推测她看见了我们没有。

4.她身后的那位男老师长得比我们的班主任辛老师还神气。

5.我先复习状语、谓语这些最枯燥的难点,然后是背单词。

6. 我的中学时代就是<u>笼</u>在这一片花雨殷殷的梦中。

7. 把它们像活泼的鸭群全<u>撵</u>到纸上去。

8. 我便像根木桩<u>戳</u>在讲台边上不动了。

9. 从此我也把这个<u>叛逃</u>的生词狠狠揿住了。

10. 我们<u>咂</u>着冰棍儿东张西望。

三、选词填空

谴责	幸灾乐祸	不解之缘	善于	无非
别提	恨	糟蹋	惴惴不安	沉甸甸

1. 明天就要公布分配方案了,我一直感到_____。

2. 全世界人民都在_____恐怖主义行为。

3. 我考试得了满分,_____我有多高兴了。

4. 在学习上他很_____动脑筋。

5. 那一次我干活时出了一点错,那些平时_____我的人,这时便幸灾乐祸起来。

6. 看到这里发生的一切,我的心里_____的。

7. 这场冰雹_____了不少粮食。

8. 对犯错误的同志不给予帮助,反而_____,这就不是与人为善的态度。

9. 那就是我跟文学结下_____的开端。

10. 院子里种的_____是风仙花和鸡冠花。

四、选择括号中合适的词语替换划线的词

1. 夏天,海风<u>捋</u>下许多花瓣,让人不忍一步一步踩下。（扯下、抹下）

2. 我<u>私下</u>又加了近十门课:看电影、读小说,钓鱼,上树等等。（暗地里、私人）

3. 所以我大摇大摆<u>屡屡</u>犯规,都没被当场逮住。（次次、一次又一次）

4. 在那<u>一瞬间</u>,我觉得她一定觉得歉疚。（极短的时间内、一会儿时间）

5. 还是那个林阴道,老师把手沉甸甸地<u>搁</u>在我瘦小的肩上。（扔、放）

6. 她送我到公园拐弯处,我<u>不禁</u>回头深深望了她一眼。（由不得、不由得）

7. 你要爱护自己,不要<u>糟蹋</u>自己的身体。（浪费、不爱惜）

8. 听了这番话他也感到<u>沉甸甸</u>的了。（沉重、酸酸的）

9. 仅那个<u>崩</u>开线的大书包,就会把你吓一跳。（裂、撕）

10. 那时的功课把我们<u>勒</u>得喘不过气来。（紧、压）

五、选择画线词语的正确解释

1. 等我进入中年回想这种种,却有一件小事,像一只小铃,轻轻然而分外清晰地在记忆中<u>摇响</u>。   （   ）

    A. 回想   B. 摇动   C. 响起   D 动摇

2. 所以我<u>大摇大摆</u>屡屡犯规,都没有被当场逮住。   （   ）

    A. 满不在乎   B. 大胆

    C. 摇晃   D. 一次又一次

3. 在那<u>一瞬间</u>,我觉得她一定觉得歉疚。   （   ）

    A. 很长时间   B. 半天

    C. 转眼之间   D. 比较长的时间

4. 沉默了一会儿,只听见一群相思鸟在教室外的老榕树上<u>幸灾乐祸</u>。   （   ）

    A. 别人遇到困难时想帮别人   B. 灾难

    C. 别人遇到困难时自己很高兴   D. 幸运

5. 老大爷不停地<u>捋</u>着胡子想着问题。   （   ）

    A. 拽   B. 顺着抹   C. 顺着辫   D. 梳

6. 考卷发下来,趁刚才从书上复印到脑子里的字母还新鲜,把他们像活泼的鸭群全<u>撵</u>到纸上去。   （   ）

    A. 追   B. 赶   C. 跑   D. 夺

7. 我便像根木桩<u>戳</u>在讲台边上不动了。   （   ）

    A. 站   B. 种   C. 叉   D. 躺

8. 老师<u>纤细</u>的手沉甸甸地<u>搁</u>在我的肩上。   （   ）

    A. 仔细   B. 非常细   C. 纤维   D. 纤手

9. 她<u>挽</u>起他的手,走入人流。   （   ）

    A. 抓   B. 牵   C. 拉   D. 搁

10. 从此我也把这个叛逃的生词狠狠<u>揪</u>住了。   （   ）

    A. 抓   B. 牵   C. 拉   D. 搁

六、根据课文内容选择正确答案

1. 从课文的内容我们可以了解到作者主要写的是: （   ）

    A. 大学时代   B. 中学时代

    C. 班主任辜老师   D. 英语老师和她的男朋友

2. 本文告诉我们"我"在学校里: （   ）

    A. 经常违规   B. 遵守纪律

    C. 学习很好   D. 非常努力

3. 从文章内容可以判断学生们： （　　）

　　A. 几乎每天都能看电影　　　　　B. 一周只能看一次电影

　　C. 除了周末晚上,不能看电影　　D. 老师经常跟学生一起看电影

4. 从课文内容我们可以知道林老师是一个： （　　）

　　A. 非常马虎的老师　　　　　　　B. 非常认真的老师

　　C. 想方设法报复学生的老师　　　D. 爱看电影的老师

5. "那一天,别提我走路时膝盖抬得有多高。"这句话的意思是： （　　）

　　A. 那天我很有劲　　　　　　　　B. 那天我很高兴

　　C. 那天我很得意　　　　　　　　D. 那天我很轻松

6. "最后她自己也成为了一颗最亮的星星。"这句话的意思是： （　　）

　　A. 老师是我人生道路上的一盏明灯　B. 老师喜欢星星

　　C. 老师成为了星星　　　　　　　D. 我爱星星

7. 考后评卷,为什么作者才得了 47 分。 （　　）

　　A. 当时是偷看的　　　　　　　　B. 作者很着急

　　C. 作者强记后又忘了　　　　　　D. 作者没复习

8. 在电影院里英语老师的脸为什么那么红？ （　　）

　　A. 她在谈恋爱　　　　　　　　　B. 学校规定周末晚上不能看电影

　　C. 她化妆了　　　　　　　　　　D. 天气非常热

9. 电影还没结束为什么我身边的座位一个接一个空了？ （　　）

　　A. 明天有考试　　　　　　　　　B. 害怕被老师看到

　　C. 电影没意思　　　　　　　　　D. 学习去了

10. 从本文可以知道,作者对老师是： （　　）

　　A. 讨厌的　　　　B. 怀念的　　　　C. 害怕的　　　　D. 纪念的

七、回答问题

1. 本来有十一门课,"我"暗暗又加了哪些课？

2. "我"遵守学校的规章制度吗？

3. 在电影院林老师看见"我"了没有？

4. 成绩发下来的那天,"我"走路时膝盖抬得很高,这是为什么？

5. 林老师要我示范,我为什么只得了 47 分？

6. "我"写的是什么年代的故事？

7. 老师对作者的一生有何影响？

八、简单复述课文大意

第十五课　儿子的研究报告

——我所看到的美国小学教育

高　纲

　　当我把九岁的儿子带到美国，送他进了那所离公寓不远的美国小学的时候，我终日忧心忡忡。

　　这是一种什么学校啊！学生可以在课堂上放声大笑，每天最少让学生玩两个小时，下午不到三点就放学回家，最让我开眼的是根本没有教科书。那个金发碧眼的女老师看了我儿子带去的中国小学四年级的课本后说："我可以告诉你，六年级前，他的数学是不用再学了！"

　　不知不觉一年过去了。儿子的英语长进不少，放学之后也不直接回家了，而是常去图书馆，不时就背回一大书包的书来。问他一次借这么多书干什么，他一边看着那些借来的书一边打着微机，头也不抬地说："作业。"

　　一看儿子打在计算机屏幕上的标题，我真有些哭笑不得——"中国的昨天和今天"，这样天大的题目，即使是博士，敢去做吗？于是严声厉色问儿子谁出的主意，儿子坦然相告：老师说美国是移民国家，让每个同学写一篇介绍自己祖先生活的国度的文章。要求概括这个国家的历史、地理、文化，分析它与美国的不同，说明自己的看法。

　　过了几天，儿子完成了这篇作业。没想到，打印出的是一本二十多页的小册子。从九曲黄河到象形文字，从丝绸之路到五星红旗……热热闹闹。我没表扬，也没评判，因为我自己有点发懵，一是我看到儿子把这篇文章分出了章与节，二是在文章最后列出了参考书目。我想，这是我读研究生之后才运用的写作方式，那年，我 30 岁。

　　不久，儿子的另一作业又来了。这次是《我怎么看人类文化》。如果说上次的作业还有边际可循，那这次真可谓不着边际了。儿子很真诚地问我："饺子是文化吗？"为了不误后代，我只好和儿子一起查阅权威的工具书。真是费了番气力，我们才总算完成了从抽象到具体又从具体到抽象的反反复复的折腾，儿子又是几个晚上坐在微机前煞有介事地做文章。在美国教育中已经变得无拘无束的儿子，无疑是把文章做出来了，这次打印出来的是十页，文章后面又列着那一本本的参考书。他洋洋得意地对我说："你说什么是文化？其实特简单——就是人创造出来让人享受的一切。"那自信的样子，似乎他发现了别人没能发现的真理。后来，孩子把老师看过的作业带回来,上面有老师的批语:"我布置本次作业的初衷是让孩子们开阔眼界,活跃思维,而读他们作业的结果,往往是我进入了我希望孩子们进入的境界。"问儿子这批语是什么意思,儿子说,老师没为我们骄傲,但是她为我们震惊。"是不是?"儿子问我,我无言以对,我觉得这孩子怎么一下子懂了这么多事?再一想,也难怪,连文化的题目都敢做的孩子还有不敢断言的事情吗?

儿子六年级快结束的时候,老师留给他们的作业是一串关于"二次大战"的问题:"你认为谁对这场战争负有责任?""你认为纳粹德国失败的原因是什么?""如果你是杜鲁门总统的高级顾问,你将对美国投放原子弹持什么意见?""你是否认为当时只有投放原子弹一个办法去结束战争?""你认为今天避免战争的最好方法是什么?"……看着12岁的儿子为完成这些作业兴致勃勃地看书查资料的样子,我不禁想起当年我学二战史的样子:按照年代事件死记硬背,书中的结论明知迂腐也当成圣经去记,不然,怎么通过考试去奔光明前程呢?

儿子小学毕业的时候,已经能够熟练地在图书馆利用计算机和缩微胶片系统查找他所需要的各种文字和图像资料了。有一天我俩为狮子和豹的觅食习性争论起来,第二天,他就从图书馆借来了美国国家地理学会拍摄的介绍这种动物的录像带,拉着我一边看,一边讨论。孩子面对他不懂的东西,已经知道到哪里去寻找答案了。

儿子的变化促使我重新去看美国的小学教育。我发现,美国的小学虽然没有在课堂上对孩子们进行大量的知识灌输,但是,他们想方设法把孩子的眼光引向校园外那个无边无际的知识的海洋。他们要让孩子知道,生活的一切时间和空间都是他们学习的课堂;他们没有让孩子们去死记硬背大量的公式和定理,但是,他们煞费苦心地告诉孩子们怎样去思考问题,教给孩子们面对陌生领域寻找答案的方法;他们从不用考试把学生分成三六九等,而是竭尽全力去肯定孩子们的一切努力,去赞扬孩子们自己思考的一切结论,去保护和激励孩子们所有的创造欲望和尝试。

儿子的研究报告给我出了一个新题目。我不由得在想,我们民族的文明确有着历史上的辉煌,但是面对需要每个人都发挥创造力的现代社会,我们或许需要反思这种孕育了我们自身的文明。

(本文选自《我在北极光下》,中国教育出版社 2002 版)

生　词

发懵（动）fāměng　　　　折腾（动）zhēteng　　　　纳粹（名）Nàcuì

迂腐（形）yūfǔ　　　　　觅　（动）mì

注　释

忧心忡忡:心情沉重,很忧愁的样子。

哭笑不得:哭也不是,笑也不是,形容十分尴尬。

严声厉色:指十分严肃地说。

折腾:指反复做(某事)。

煞有介事:像真的有那么回事。这里指大模大样,一本正经。

纳粹:指第一次世界大战后兴起的德国国家社会党,是以希特勒为首的最反
　　　动的法西斯政党。

兴致勃勃:形容非常有兴趣。

煞费苦心:费尽心思。

练　习

一、根据短文的内容判断正误

1. 我把儿子送进美国小学,因为学校离公寓不远,所以我十分放心。　　　　(　　)

2. 这是一所很自由的学校,学生在课堂上可以放声大笑。　　　　(　　)

3. 美国小学没有教科书,六年级以后才有。　　　　(　　)

4. 那个金发碧眼的女老师看了我儿子带去的中国小学四年级的课本后,认为我儿
　子的数学不好。　　　　(　　)

5. 一年过去了,儿子的英语长进不少,但别的科目没长进。　　　　(　　)

6. 儿子的作业"中国的昨天和今天"题目很大。　　　　(　　)

7. 儿子的作业"中国的昨天和今天"运用的写作方法,是"我"研究生毕业以后才运
　用的写作方法。　　　　(　　)

8. 儿子认为,文化就是人创造出来让人享受的一切。　　　　(　　)

9. 老师对儿子的第二次作业给予了很高的评价。　　　　(　　)

10. "我"学"二战历史"时的方法与儿子现在的方法一样。　　　　(　　)

11. 美国的小学教育没有对孩子们进行大量的知识灌输。　　　　(　　)

12. 作者认为我们民族的文明的确有着历史的辉煌,但面对需要每个人发挥创造
　力的时候,需要反思我们的教育。　　　　(　　)

二、用合适的词语替换划线词语

1. 每天<u>至少</u>让学生玩两个小时。　　　　(　　)

　　A. 多少　　　　　　B. 最少　　　　　　C. 很多　　　　　　D. 很少

2. 最让我开眼的是根本没有教科书。 （　　）

    A. 长见识   B. 睁开眼   C. 开口   D. 征服

3. 儿子不时背回一大书包书。 （　　）

    A. 时间   B. 经常不断   C. 偶尔   D. 偶然

4. 儿子坦然相告：这是我的作业。 （　　）

    A. 坦荡   B. 坦诚   C. 认真   D. 实在

5. 你对美国投放原子弹持什么态度。 （　　）

    A. 持有   B. 坚持   C. 持续   D. 支持

6. 有一天我俩为狮子和豹的觅食习性争论起来。 （　　）

    A. 寻找   B. 生育   C. 生产   D. 制作

7. 儿子英语长进不少。 （　　）

    A. 进步   B. 退步   C. 进来   D. 长大

8. 我读着他的信，越读越觉得不对劲儿。 （　　）

    A. 不正确   B. 不正常   C. 不习惯   D. 没意思

9. 他竟为这事流泪了。 （　　）

    A. 居然   B. 究竟   C. 终于   D. 总算

10. 儿子干出来的活就是地道。 （　　）

    A. 够标准   B. 一般   C. 特别   D. 不合格

11. 我对儿子的学习一向不关心。 （　　）

    A. 从此   B. 从来   C. 偶尔   D. 有时

12. 下课了，同学们陆续走出了教室。 （　　）

    A. 左右   B. 前后   C. 先后   D. 连续

13. 于是我严声厉色地问儿子，这是谁的主意？ （　　）

    A. 很严格   B. 很严肃   C. 很严谨   D. 很严禁

三、选词填空

    一时   折腾   放声大笑   抽象   忧心忡忡   开阔   大不了

    严声厉色   无拘无束   一下子   费   兴致勃勃   迂腐   具体

1. 我_____想不起来他的名字了。

2. 我这个人做什么事总是放不开，每次考完试后我总是_____。

3. 今天老师批评他了，因为他在课堂上_____。

4. 今天张平没背课文，老师_____地批评了张平。

5. 这也不是什么_____的事，不要担心。

6. 我的童年是在_____中度过的。

7. 我_____了很大力气，才把这项工作做完。

8. 我_____明白了他说的话。

9. 昨晚孩子病了_____了我一夜。

10. 美国的教育真让我_____了眼界。

11. 这个问题太_____了，我搞不懂。

12. 这个问题我们再谈_____一点。

四、用括号中合适的词语替换划线的词

1. HSK 考试结束后，我终日忧心忡忡。（终于、整天）

2. 听了领导的话后，我无言以对。（没有回答、无话可答）

3. 处理这些琐事真是没有规律可循。（可遵循、可执行）

4. 他把电视机拆了又装，装了又拆，折腾了好几回。（折磨、反复做）

5. 他当上领导没几天就煞有介事地开起会来。（认认真真、一本正经）

6. 李老师做什么事都太迂腐。（保守、迂回）

7. 我一看到物理题就发懵。（发呆、犯糊涂）

8. 儿子不时从图书馆背回一大包书来。（借、取）

9. 我们或许需要反思这种孕育了我们自身的文明。（抚育、培育）

10. 文章的后面又列着一本本参考书。（写着、放着）

五、从 A、B、C、D 四个答案中选择划线词的正确解释

1. 不知不觉一年过去了。 （　　）

　　A. 很快　　　　B. 很慢　　　　C. 没感觉　　　　D. 没效果

2. 他根本没有告诉我这件事。 （　　）

　　A. 基本　　　　B. 从来　　　　C. 压根儿　　　　D. 起码

3. 他还有什么不敢断言的呢？ （　　）

　　A. 否定　　　　B. 判断　　　　C. 肯定　　　　D. 推论

4. 看着这些东西我真有点哭笑不得。 （　　）

　　A. 哭泣　　　　B. 讥笑　　　　C. 嘲笑　　　　D. 尴尬

5. 听到自己的考试成绩时我真有点发懵。 （　　）

　　A. 不知所措　　B. 不知不觉　　C. 头疼　　　　D. 发呆

6. 这次儿子无疑是把文章做出来了。 （　　）

　　A. 毫不犹豫　　B. 毫无疑问　　C. 不可能　　　D. 有疑问

7. 我布置作业的初衷是让孩子开阔眼界。 （　　）

　　A. 最初的愿望　　B. 最初的决心　　C. 最初的看法　　D. 最初的目的

8. 我<u>不禁</u>想起我学二战史时的情况。　　　　　　　　　　　　（　　）

    A. 禁止　　　　　　B. 不止　　　　　　C. 不由得　　　　　D. 想不到

9. 儿子的变化<u>促使</u>我重新去看美国的小学教育。　　　　　　　　（　　）

    A. 催促　　　　　　B. 发展　　　　　　C. 命令　　　　　　D. 推进

10. 他们<u>煞费苦心</u>地告诉孩子怎样去思考问题。　　　　　　　　　（　　）

    A. 苦口婆心　　　　B. 费尽心思　　　　C.用力　　　　　　D. 煞有介事

六、选择下列各段的段落大意，填在后面的括号里

1. 第 2 自然段：　　　　　　　　　　　　　　　　　　　　　　　（　　）

2. 第 3 自然段：　　　　　　　　　　　　　　　　　　　　　　　（　　）

3. 第 4 自然段：　　　　　　　　　　　　　　　　　　　　　　　（　　）

4. 第 5 自然段：　　　　　　　　　　　　　　　　　　　　　　　（　　）

A. 儿子学二战史的方法。

B. 对美国的小学教育迷惑不解。

C. 儿子常去图书馆借书，参考这些书做作业。

D. 儿子（作业的）写作方式。

E. 作者认为儿子的作业题目太大。

F. 儿子的变化促使我去思考美国的教育。

七、发回答问题

1. 那个女老师为什么说我儿子六年级以前不用学数学了？

2. "这是一所什么学校啊！"这句话包含什么意思？

3. 作者为什么看到他儿子作业的标题"中国的昨天和今天"时哭笑不得？

4. 儿子的作业"中国的昨天和今天"包括哪些内容？

5. 儿子的第一次作业的写作方式是怎么样的？ 作者什么时候才开始运用此写作
   方式？

6. 儿子认为什么是文化？

7. 老师布置作业的初衷及结果是什么？

8. 作者童年是怎么样学二战史的？

9. 儿子小学毕业时已能够熟练运用哪些学习工具了？

10. 美国的小学教育与中国的有什么异同？ 哪些地方值得我们学习？

八、复述课文大意

第十六课　假如那次没搞错

张　彦

做完课间操，只听得领操老师一声"解散"，同学们哄的一声往四下里跑。跑在最前面的是张坚。你问他干吗要跑得这么快，有什么要紧事等着他？不，也许这只是他的一种癖好，或者说只是松松筋骨罢了。现在，当张坚回头一看没什么人追赶他的时候，便感到无聊起来。进教室去吗？还早，待响了预备铃，再一步一挨回去也不迟。瞧，布告板旁围着一大堆人呢，又有什么新鲜消息了？张坚也不想多费脑筋去猜，就往人多处钻去。

"嘻嘻，张坚，有你的名字呢。"他的邻座吴三查向他扮了个鬼脸，神色有点暧昧，"学校里叫你参加英语比赛去。"

"撒谎的给三个凿栗！"张坚不相信。

"三个就三个，不撒谎给你三个！"矮墩墩的吴三查一晃大脑袋，瞪着黑黑的大眼珠，一本正经地说。

张坚好不容易挤进人丛一看，天啊，上面果真有自己的大名：弓长张，坚强的坚。一字不错，一画不少。张坚眨巴着眼，聚精会神地读了一遍布告上面的文字。不错，两个星期后，将在五中举行一次全市初二学生英语比赛，包括张坚在内的十名初二学生将代表学校去参加比赛。叫他张坚去代表学校？这，……张坚还来不及细想，只听见耳边嘻嘻一声笑，头上已被磕了三个不轻不重的"栗子暴"。他倏地钻出人丛去追，可是吴三查已往教室方向跑去了。

"这……这怎么办呢？"张坚才跑了几步就放慢了步子，他没心思去追。"要不，去跟班主任老师说，除了初一学字母时考过一回九十分，我可从来没有得过一回好分数……不！……"

上课铃响了，张坚发觉自己已经不知不觉来到了教室门口。

这是堂语文课，谢老师正在津津有味地讲授《连升三级》。

"……能不能去请爸爸帮个忙？"张坚简直有点魂不守舍，呆呆地想自己的心事，"不，说也白搭，他从没念过英语，连读张中文报纸也——"

学生们哄地一声笑起来，大概是有什么好笑的事吧。放在往日，张坚准会趁这机会放怀乐一乐的，可是——他将手摸进书包，窸窸窣窣地摸出上堂课刚发下的小测验英语卷子来，揉平了，摊在两膝上看起来。

"68"，试卷上大大的红字写着。张坚低下头，一道一道题检查起来。这在他是破天荒的,以往考卷发下来,他总是瞟一眼分数然后往抽屉里一塞了事。嗯,这儿是语法错了,扣掉三分;这儿原来是该写复数的,他写了单数,扣二分……这儿呢?压根儿没记单词,考前那天晚上他在干什么来着?喔,看电影……

"其实英语也没什么难,"张坚暗暗肚里盘算,"语法什么的我能懂,只是我懒得去记单词罢了……"

他瞥了一眼谢老师。老师讲得神采飞扬,可他却没听清她在讲些什么。

"喂,咱俩是不是老朋友了?"他用肘捅捅边上的吴三查,眼睛盯着谢老师,悄悄地问着。

"谁说不是!"吴三查小声地回答。

"那,去把初一时念过的英语书找出来我用用,我搬家的时候全丢了……"这是实话,因为张坚确是刚转学来的。

"school,S,c,h,o,o,l,school。四哥儿,第四个哥儿,这是学校。英国人也真有趣,第四个哥儿怎么会是学校? ……嗯,不去管它……teacher,t,e,a,c,h,e,r,teacher,老师……"张坚自言自语地唠叨着,然后将字母一个一个描在练习本上。

这几天,张坚可真活受罪。他不得不挤掉他通常用来玩儿的时间,忍着性子坐在自己的小桌子边,一遍又一遍地背那些枯燥乏味的英语单词。

"嘻嘻,张坚,你想考外国状元去是不是?"吴三查一脸油汗,踮着脚,从窗口探进脑袋来,看来玩得正惬意。"来,斗弹子去,我已经赢了阿强二粒。"

张坚禁不住这诱惑,犹犹豫豫地站了起来,才向门口挪了两步,想起那张布告,又站住了,折回身来坐下。

他叹了一口气,拖过从吴三查那儿借来的那本破破烂烂的初一英语课本,叽里咕噜地背起单词来……

张坚也真有股韧劲儿,他就这样苦读了两个星期。

离英语比赛开始还有十分钟,参加比赛的各校学生都已端端正正地坐在五中大教室里了。通常非常准时的十二中带队的教导主任胡老师,因为路上被一位家长拖住唠叨了一刻钟,好不容易才脱身出来。他急急忙忙地走到大教室窗口,看看自己学校的那几名"选手"是否已按昨天学校里的通知到齐了。因为五中位于市中心,为了免去无谓的奔波,他决定不再在学校里集合。

"糟糕!"当胡老师看见里面张坚那矮矮胖胖的身影,不由倒抽一口冷气,"都怪我少说一句话! 都怪我少说一句话!"

原来十二中初二年级六个班中有两个张坚:一个是身材高、脸孔白皙的张坚;另一个则是胖墩墩、脸孔黧黑的矮个张坚。两个人虽同名同姓,可是成绩却大不相同:高个儿张坚(这是老师们私下里叫的,以示区别于另一个张坚)是一个三好学生,学习成绩突出,当然英语也不例外,次次考试都名列前茅;而矮个儿张坚呢,各科成绩平平,英语也常常只能拿个及格。

两个星期前,全校公布参加初二英语竞赛学生名单时,名单上只写了"张坚"二字,未曾注明由哪个张坚参加。

"胡老师,我们年级新转来一个,共有两个张坚,"一位老师提醒说,"得注明一下吧?"

胡老师推推眼镜笑了:"人贵有自知之明嘛,矮个儿张坚会知道自己没有资格代表学校参加比赛的,还用多费笔墨吗?"

就这样,这布告张贴了出去。事也凑巧,贴布告那天,高个儿张坚正好有点发烧,没来上学。第二天是星期日。第三天来上学,这布告已掉了,所以他压根儿就不知道有这回事。胡老师呢,也因为平日高个儿张坚成绩突出,对他也就格外放心。前天,教外语的王老师在走廊里遇见高个儿张坚,随口问:"张坚,英语准备得怎么样了?"高个儿张坚只当是在问他阶段考准备情况,就红着脸回答:"我准备好了。"

整个事情就这样阴错阳差凑合在一起了。

"糟了! 糟了!"胡老师连连推着眼镜,心中暗自叫苦不迭。想换人,但电铃响了,退路已经切断。

考场上静得有点异样,矮个儿张坚很像有把握地趴在桌上刷刷地写;窗外,胡老师心里却像搅了个蚂蚁窝。他暗自叹着气,时不时去扫一眼。终于,他推了下眼镜,怏怏地踱了开去,同别校的带队老师去嘀咕自己这一次的"失误"了。

两天后,通知下来,十二中总成绩名列第三,其中一等奖一人,二等奖二人,三等奖四人。张坚的名字赫然在二等奖获得者之列。胡老师傻眼了。

"我从不相信奇迹,"胡老师推推眼镜,喃喃地说,"我们宁可失去名次,也不能弄虚作假……他们一定是搞错了。"

他特地到教育局去查阅了张坚的试卷。真令人难以置信,这样不简单的题目,卷面上竟确是"89",一核分数,丝毫不差!

也许是这次比赛唤醒了他的自信心,也许是他摸索到了学习的方法,也许是他尝到了胜利的欢快,总之,从此张坚的各科成绩慢慢上去了。一年后,他以令人满意的成绩考上了重点高中。

然而,假如那次没搞错,这位张坚至今会怎么样? 他会依然是个毫不出色的学生吗?

也许,许许多多这个年纪的学生,他们的自信心处于混混沌沌之中,有谁去启示它,唤醒它,去揩拭它上面的灰尘? 老师? 同学? 他自己? 还是像张坚一样,依靠偶然事件?

(选自《当代少年》1984 年第 5 期)

生　词

癖好（名）pǐhào　　　　暧昧（形）àimèi　　　　枯燥（形）kūzào

盘算（动）pánsuan　　　唠叨（动）láodao　　　诱惑（名）yòuhuò

乏味（形）fáwèi　　　　惬意（形）qièyì　　　　奔波（名）bēnbō

韧劲儿（名）rènjìnr　　　无谓（形）wúwèi　　　怏怏（形）yàngyàng

白皙（形）báixī　　　　黧黑（形）líhēi　　　　赫然（副）hèrán

踱　　（动）duó　　　　失误（名）shīwù　　　　揩拭（动）kāishì

混沌（名）hùndùn　　　唤醒（动）huànxǐng

注　释

扮鬼脸：故意作出令人发笑的表情。

凿栗：一种惩罚人的方法，弯曲手指用骨节处在脑袋上使劲敲。

聚精会神：集中精神；集中注意力。

津津有味：形容有滋味、有趣味。

魂不守舍：灵魂离开了躯壳。形容精神恍惚，心神不定。也形容惊恐万分。

破天荒：比喻事情第一次出现。

神采飞扬：形容人的精神非常饱满的样子。

压根儿：从根本上。

活受罪：活着而遭受灾难，表示抱怨或怜悯（大多是夸张的说法）

自言自语：自己跟自己说话。

名列前茅：指名次列在前面。

人贵有自知之明：人应该有透彻地了解自己（多指缺点）的能力。

阴错阳差：比喻因为偶然因素而造成了差错。

叫苦不迭：不断叫苦，形容痛苦得很。

练　习

一、根据短文内容判断正误

1. 做完课间操，张坚跑得最快是因为有急事要做。　　　　　　　　（　　）

2. 布告板上通知张坚参加语文比赛。　　　　　　　　　　　　　（　　）

3. 参加英语竞赛的事是吴三查骗张坚的。　　　　　　　　　　　（　　）

4. 张坚和吴三查打赌，结果吃了三个凿栗。　　　　　　　　　　（　　）

5. 语文课上,张坚认真地听老师讲课。 （　　）

6. 张坚的爸爸很有文化。 （　　）

7. 张坚平时活泼开朗。 （　　）

8. 张坚把英语试卷叠好了放在书包里。 （　　）

9. 以往张坚没把英语考试放在心上。 （　　）

10. 张坚决定学好英语。 （　　）

11. 张坚学英语非常认真,硬是背了两星期单词。 （　　）

12. 胡老师觉得哪个张坚考英语都无所谓。 （　　）

13. 另一个张坚同时也在准备英语考试。 （　　）

14. 胡老师不相信这个张坚能获奖。 （　　）

15. 一次误会唤醒了张坚的自信心,从此他成为一个好学上进的学生。 （　　）

二、用汉语解释句中划线词语

1. 不,也许这只是他的一种<u>癖好</u>,或者说只是<u>松松筋骨</u>罢了。

2. 现在,当张坚回头一看没什么人追赶他的时候,便感到<u>无聊</u>起来。

3. 张坚头上已被<u>磕</u>了三个不轻不重的"栗子暴"。

4. 张坚<u>自言自语</u>地唠叨着,然后将字母一个一个描在练习本上。

5. 这几天,张坚可真<u>活受罪</u>。

6. "<u>糟糕</u>!"当胡老师看见张坚那矮胖的身影,不由得<u>倒抽一口冷气</u>。

7. 人贵有<u>自知之明</u>嘛。

8. 整个事情就这样<u>阴错阳差</u>凑合在一起了。

9. 张坚的名字<u>赫然</u>在二等奖获奖者之列。

10. 我们宁可失去名次,也不能<u>弄虚作假</u>,他们一定是搞错了。

三、选词填空

| 癖好 | 暧昧 | 压根儿 | 费脑筋 | 无聊 |
| 盘算 | 犹犹豫豫 | 糟糕 | 津津有味 | 奇迹 |

1. 你整天这么_____,就不能找点事干么?

2. 他的态度实在太_____,我真不知道该怎么办。

3. 个人有个人的_____,不能强求。

4. 万里长城是世界建筑史上的伟大_____。

5. 真_____,我把钥匙锁在房里了。

6. 你以后做事要果断些,不要总是_____。

7. 他总是还没到月底就_____着下月的工资怎么花。

8. 事到如今,你还在骗人,你＿＿＿＿就没把钱还给人家。

9. 这么简单的题还需要＿＿＿＿吗?

10. 他特别爱看书,只要是书,他都看得＿＿＿＿。

四、用合适的词语替换划线词语

　　啰嗦　　优秀　　闷闷不乐　　整整齐齐

1. 参加比赛的学生都已<u>端端正正</u>地坐在五中大教室里了。

2. 通常非常准时的十二中带队的教导主任胡老师,因为路上被一位家长拖住<u>唠叨</u>了一刻钟,好不容易才脱身出来。

3. 高个儿张坚是一个三好学生,学习成绩<u>突出</u>,当然英语也不例外。

4. 终于,他推了一下眼镜,<u>快快</u>地踱了开去。

五、选择下列划线词语的正确解释

1. 还早,待响了预备铃,再<u>一步一挨</u>回去也不迟。　　　　　　（　　）

　　A. 慢慢地走　　　　B. 走一步停一步　　　　C. 走走停停　　　　D. 奔跑

2. 胡老师<u>傻眼</u>了。　　　　　　　　　　　　　　　　　　　　（　　）

　　A. 变傻了　　　　　　　　　　　　B. 眼睛病了

　　C. 比喻没办法了　　　　　　　　　D. 比喻遇到困难了

3. 胡老师心里却像<u>搅了蚂蚁窝</u>。　　　　　　　　　　　　　　（　　）

　　A. 形容很乱　　　　　　　　　　　B. 形容很难受

　　C. 形容很痛苦　　　　　　　　　　D. 形容很紧张

4. 因为平日里高个儿张坚成绩突出,对他也就<u>格外</u>放心。　　　（　　）

　　A. 外边　　　　B. 放在外边　　　　C. 非常　　　　D. 有一点

5. 张坚才跑了几步就放慢了脚步,他没<u>心思</u>去追。　　　　　　（　　）

　　A. 念头　　　　　　　　　　　　　B. 脑筋

　　C. 思想　　　　　　　　　　　　　D. 做某件事的心情

6. 不,说也<u>白搭</u>,他从没念过英语。　　　　　　　　　　　　（　　）

　　A. 白色　　　　B. 没有用　　　　C. 耽误时间　　　　D. 作用大

7. 放在往日,张坚准会<u>趁</u>着机会放怀乐一乐的。　　　　　　　（　　）

　　A. 利用　　　　B. 富有　　　　C. 抓住　　　　D. 握紧

8. "其实英语也没什么难,"张坚暗暗肚里<u>盘算</u>。　　　　　　　（　　）

　　A. 计算　　　　　　　　　　　　　B. 打算

　　C. 心里紧张、难过　　　　　　　　D. 心里计划和算计

六、根据课文内容，从 A、B、C、D 四个答案中选择恰当答案

1. 告示板旁为什么围着一大堆人？ （　　）

    A. 有新消息发布   B. 在玩游戏

    C. 观看参加英语比赛的名单   D. 观看参加追赶比赛的名单

2. 对于参加英语比赛的事，张坚的态度是什么？ （　　）

    A. 不敢相信   B. 决心参加   C. 不想参加   D. 无所谓

3. 课文第六自然段描写了张坚复杂的心理过程说明了什么？ （　　）

    A. 张坚决心去找老师把事情说清楚

    B. 张坚平时的英语成绩很好，这次考试根本不在乎

    C. 他不相信吴三查说的话

    D. 张坚一时没了主意，不知该怎么办好

4. 对于这次比赛，张坚是怎样做的？ （　　）

    A. 自己平时英语成绩不太好，因而对这次考试也没有信心

    B. 自己从未认真对待过英语考试，而且讨厌学英语

    C. 认真分析了自己英语成绩不好的原因，并决定准备参加英语比赛

    D. 让吴三查和爸爸帮助自己学英语

5. "张坚禁不住这诱惑，犹犹豫豫地站了起来，才向门口挪了两步，想起那张布告，又站住了，折回身来坐下。"这句话是什么意思？ （　　）

    A. 这说明张坚学习英语的决心并不坚定

    B. 张坚在游戏与学习当中，最终选择了后者，他不甘落后，要考出好的成绩来

    C. 张坚很后悔决定参加英语考试，占用了他玩的时间

    D. 张坚想了想，他不喜欢斗弹子，所以没去

6. 为什么安排考试的胡老师明知初二年级有两个张坚，却没有在布告栏上说明？ （　　）

    A. 两个张坚区别很明显，大家一看就明白让谁去参加考试

    B. 胡老师把照片贴在了布告板上

    C. 平时学习成绩不太好的张坚根本没资格参加考试

    D. 胡老师认为平时学习成绩不太好的张坚不会去考试

7. 高个儿张坚为什么没来参加考试？ （　　）

    A. 因为他不知道比赛的事   B. 因为他想帮助矮个儿张坚

    C. 因为他生病了   D. 因为他不知道比赛地点

8. 明明知道来错了人，胡老师为什么没有换人？ （　　）

    A. 因为哪个张坚参加比赛都一样

    B. 因为想要换人时间已经来不及了

C. 因为胡老师想给这个张坚一个机会

D. 因为张坚非要参加比赛,胡老师也拿他没办法

9. 胡老师为什么特地去区教育局查阅张坚的卷子? （　　）

  A. 他害怕成绩搞错了　　　　　　　　B. 张坚的成绩太低了

  C. 他不相信张坚的成绩　　　　　　　D. 为了学校的名誉

10. 张坚为什么能得二等奖? （　　）

   A. 考试题目比较简单　　　　　　　　B. 成绩弄错了

   C. 发生了奇迹　　　　　　　　　　　D. 张坚努力的结果

11. 张坚的成绩为什么慢慢上去了? （　　）

   A. 比赛唤醒了他的自信心　　　　　　B. 摸索到了好的学习方法

   C. 尝到了胜利的欢快　　　　　　　　D. 以上三者都是

12. 这个故事告诉我们什么? （　　）

   A. 一次偶然的事能改变人的一生

   B. 自信心很重要

   C. 老师应该学会唤醒学生的自信心

   D. 只要有自信,加上努力,就能取得成功

六、回答问题

1. 做完课间操,张坚为什么跑在最前面?

2. 布告板上有什么消息吸引了一群同学?

3. 吴三查和张坚是什么关系? 他对张坚说了什么?

4. 张坚相信吴三查的话了吗?

5. 张坚在语文课上是怎样的一种心情? 他最终做出了什么决定?

6. 吴三查愿意帮助张坚吗? 他是怎么帮的?

7. 在背诵枯燥无味的单词中,张坚坚持下来了么?

8. 为什么胡老师在考场上见到矮胖的张坚时"不由得倒抽一口冷气?"

9. 十二中初二年级中的两个张坚有什么区别?

10. 为什么后来胡老师又"推推眼镜笑了?"

第十七课　暑假生活

罗　兰

在所有的假期中，我最喜欢暑假。因为它丰富、鲜明，有水样的清晨，梦样的黄昏，和蜜样的夜晚。而且它又是这样的长，长得足够让你对它有深入的认识和坚固的感情。

上学的时候，只待期考一完，那一颗心就完全溶入那夏日的蓝空、浓郁的树木、繁茂的花和每一个每一个晴夜，以及那夜空上挤满着的眨眼的星。

同学们先先后后地把行李捆好，放进贮藏室，家在本市的同学，一个一个地回去了。校园顿时空下来。空了的校园，在白日，那蓝天格外地宽朗，那花木格外地幽深。球场静着，琴室静着，课堂空着，宿舍的门关着，而我们要到明天才可以赶火车回家。

兄弟姐妹中，我和大弟最谈得来。只要我一回家，我们的暑假节目就宣布开始。而最使我们开心的就是假期带给我们的那无限的自由。

过腻了看着时钟行事的日子，到了暑假，我们就大胆地把时钟抛在一旁。我们要享受完全不受时钟控制的生活。

第一样，我们先从晚睡开始。

每天晚上，我们经常的活动包括散步、看公司为同仁眷属放映的露天电影，在前面的运动场上温一温童年的旧梦，或坐在院子里听父亲讲他幼年的故事。

到了午夜，人们都回房去睡了，最后总是剩下我和大弟，坐在院子里的藤椅上，聊天、看星。

大弟是个喜欢幻想的孩子。他常说，天上的星星是一些孩子眼睛。当我们望着他们的时候，他们也望着我们。所以，我们的眼睛也是星星。

他坚持尽量晚一点睡，为让天上的孩子看见我们这四颗星——我们的眼睛。

有时，或由于天热，或由于贪玩，我们只睡短短的一刻，就又起来寻思消磨夏夜的方法。

我们最常做的是画图或雕刻。大弟喜欢工艺，他手边总有一些木块、橡皮或晒硬的肥皂，我们一面聊天，一面画些不成格局的画，或雕刻一些奇形怪状的东西，觉得十分快乐。

这样一面聊天，一面玩，短短的夏夜，常会在不知不觉中过去。

眼看着天色由深浓的蓝黑转为灰淡，星星与天色逐渐合而为一，拂晓的凉风初透，我们悄悄推门出来，轻轻地踏着草上的露水，走出静寂的院落。天上是朦胧的曙光，空间里一片轻匀的淡灰，房屋树木，现出模糊的轮廓。人们还都在睡，而我们醒着。

"走！打网球去！"大弟提议。

我同意，轻轻地拿下球拍，带着网球，向球场跑去。

网球场两端的铁丝护网在曙色朦胧中静静地耸立着。场地沾着露水。我们迈过那深深的草，开始打球。

那轻捷的网球和球拍的弦，弹出爽利的单音，与网球触地的声音交织着，在拂晓时分的静寂里。

开始几下，总是失手。光线不够，两个人笑着跑去捡球。天却是亮得很快，打不到几回合，天幕就已拉开，露出清晨淡淡的薄蓝。而我们的球就越打越快起来。

待太阳露面，空间闪着金黄，树木显出阴影，鸟儿们开始啁啾的时候，我们已经出了一身的汗，玩得尽兴，而决定回家了。

家的绿门虚掩。我们像小偷一般轻手轻脚地把自己洗干净，溜进睡房。等母亲叫我们起来吃早点，骂我们懒惰虫的时候，我们只在心里偷偷地笑。

在这工厂宿舍的家里玩得腻了，我们几个人就组织个小团体，回乡下的老家去"野"上几天。

老家的夏日又别是一番风味。

那古老的院子静沉沉的，种着各种花。屋子里永远那么阴凉，而我们所欣赏的却是在藤萝架下下棋，和大吃自己后园结的瓜果。

当黄昏来临，晚饭过后的那段时间。我们喜欢乘渡船过河，到对岸的田庄去玩。河风的清凉，和田庄的野趣，常使我们流连忘返。

夏日傍晚的田庄上，我们欣赏那广阔的平原，无边的田畴，古老的野树，以及点缀悠闲黄昏的归鸦。

我们在田野的小路上走着，随手采撷一些花草，或捕捉一两只小虫，研究一下，再把它们放掉。这时，天边晚霞千变万化，由绚烂归于平淡，暮色四合，晚风渐起，我们才慢慢回到河岸，乘渡船回家。而暑假中的雨天，又别有一番情致。

无论天气怎样地热，下雨的时候，空气中就带着秋凉。那一点凉，使人在爽快之中，挥不去的是那一抹淡淡的感伤。而这一抹淡淡的感伤就充满了诗意。

在滴滴的檐溜声中，在银白晶莹的雨帘之内，在那古老的四合房里，我喜欢坐在窗下，听雨、读诗。把古人诗句和眼前的雨景秋情，以及那点远离尘世的怡然的感觉糅合在一起。这时，我常想起李白那"弃我去者，昨日之日不可留，乱我心者，今日之日多烦忧，长风万里送秋雁，对此可以酣高楼"的诗句。我也喜欢背诵贾岛那首"松下问童子，言师采药去，只在此山中，云深不知处"，或王维的"终南有茅屋,前对终南山,终年无客常关闭,终日无心常自闲,不妨饮酒复垂钓,君但能来相往还"。

那诗中隐者的心情,常使我油然而生遁世之念。

而乡下家中那一片深沉的宁静,和那与世无争的安详,以及那自耕自食,简单朴素的生活,都更能使我真正远离世间的纷争与攘夺。使我体味到,一个人在积极时可以有机会给他进取,在消极时可以有余地供他退休,是一种何等理想的人生!而当你有这样一个属于大地的家园时,你就可以毫无困难地享有这种生活。

我那时的每一个暑假,就都在如此欢乐自由而又充满闲情诗意的气氛中度过。那样的暑假,给人精神上的滋润与启示,恐怕比在学校中上课听讲所得的更为深沉而丰富。

现在,我早已离开那生气蓬勃的小镇和隐世清逸的乡村。在这工业化的都市里,我已无法寻找不受时钟控制的缝隙。我也已无法寻找那真正简朴自然,如同唐人诗句或宋人山水的与世无争的隐居生活。

我像一根绷紧的弦,或一个腰上系着绳索,手中持着锚绳的爬山者。在这高速度的生活里,我只能义无反顾地追赶,毫无退路地攀援。我终年紧张忙碌,而我看不见生活的面目。即使在暑假里,我也无法解除我腰上的绳索,松掉我手中的锚桩。因为在现代的生活里,偶一松手,你就会落入万劫不复的深渊。

多怀念那脚踏实地,与黄土青苗为伴的日子!那日子,才可以使你有余情认识山,认识水,认识大地,认识生命的真味;才可以使你有机会找到你真正的自己。

而那假期也才是真正的假期,使你有机会放松那绷紧的弦,使你知道,奔忙进取只是人生的一面,而静观退守却显示更大的定力,更高的智慧,与更深的认知。才能使你有机会对人生世相有更冷静的观察,更真切的体验。

(选自《走过四季·夏》,语文出版社 1997 年版)

生　词

攀援（动）pānyuán　　　攘夺（动）rǎngduó　　　眷属（名）juànshǔ

拂晓（名）fúxiǎo　　　耸立（动）sǒnglì　　　采撷（动）cǎixié

遁世（动）dùn shì　　　滋润（动、形）zīrùn　　　启示（名）qǐshì

缝隙（名）fèngxì

注　释

义无反顾:勇往直前,不回避退缩。

隐世清逸(yì):轻松超脱,躲避现实生活。

缝隙:裂开或自然张出的狭长空间。

与世无争:不参与人与人之间的争斗,保持淡然的心情。

练 习

一、根据课文内容,判断下列句子是否正确

1. 我是一个人回到了老家。 （ ）
2. 老家夏季饭菜的味道与别处不一样。 （ ）
3. 老家的院子里有后院,里面种有瓜果。 （ ）
4. 我们经常去河对岸玩一整天。 （ ）
5. 河的对岸有野树、乌鸦、平原,还有无边的田地。 （ ）
6. 夏日的雨既让人高兴,又让人伤感。 （ ）
7. 作者在雨的描写中一共提到四位诗人。 （ ）
8. "对此可以酣高楼"是李白的诗句。 （ ）
9. 暑假的生活首先从早睡早起、拼命玩开始。 （ ）
10. 大弟是个爱幻想的人,他认为天上的星星是一些孩子的眼睛。 （ ）

二、选择划线词语的正确解释

1. 那蓝天<u>格外</u>的宽朗…… （ ）
   A. 特别 B. 例外 C. 意外 D. 格子外面
2. 在运动场上<u>温</u>一温旧梦…… （ ）
   A. 温暖 B. 复习 C. 回忆 D. 不冷不热
3. 在运动场上温一温<u>旧梦</u>…… （ ）
   A. 以前的 B. 不新的 C. 美好的 D. 不好的
4. 过腻了看时钟<u>行</u>事的日子…… （ ）
   A. 走 B. 可以 C. 做 D. 进行
5. 过<u>腻</u>了看时钟行事的日子…… （ ）
   A. 油多的 B. 烦了 C. 习惯了 D. 喜欢上了
6. 我和大弟最<u>谈得来</u>…… （ ）
   A. 共同的话题最多 B. 关系好
   C. 来谈话 D. 喜欢讲话
7. 开始几下,总是<u>失手</u>…… （ ）
   A. 失去手 B. 弄丢东西
   C. 失败 D. 打碎

8. 我们只睡短短的一刻，就又起来寻思消磨夏夜的方法。　　　（　　）

　　A. 15 分钟　　　　　B. 几分钟　　　　　C. 一阵子　　　　　D. 一小时

9. 房屋前的树木，现出模糊的轮廓。　　　　　　　　　　　　（　　）

　　A. 车轮　　　　　　B. 城市　　　　　C. 大概的样子　　　D. 树叶

10. 家的绿门虚掩，我们悄悄推门进去……　　　　　　　　　（　　）

　　A. 空着　　　　　　B. 大开着　　　　　C. 紧紧的关着　　　D. 关着但不严

三、根据课文内容选择正确的答案

1. 下列四项中哪一项不是我喜欢夏季的理由：　　　　　　　　（　　）

　　A. 因为暑假内容丰富

　　B. 因为暑假很长

　　C. 因为暑假有清晨，黄昏和夜晚

　　D. 因为长长的假期给人容易留下难忘的回忆

2. 通过放暑假的描写，我们知道：　　　　　　　　　　　　　（　　）

　　A. 我当天就回到了家　　　　　　B. 我的家不在学校所在地

　　C. 学生都是坐火车回家的　　　　D. 校园里一向很安静

3. 假期中最让我高兴的是：　　　　　　　　　　　　　　　　（　　）

　　A. 无限的自由　　　　　　　　　B. 晚上看电影

　　C. 打网球　　　　　　　　　　　D. 聊天，看星星

4. 关于打网球，正确的一项是：　　　　　　　　　　　　　　（　　）

　　A. 我和大弟足足打了一夜

　　B. 网球场的四周有铁丝网

　　C. 打完球先悄悄回家，让妈妈以为我们还在睡觉

　　D. 因为天比较暗，所以来回跑几次把幕拉开，亮了以后再快快地打

5. 我的暑假生活不包括下列哪一项：　　　　　　　　　　　　（　　）

　　A. 看露天电影，听故事　　　　　B. 聊天，看星星

　　C. 打网球到天亮　　　　　　　　D. 让孩子看我们的眼睛

6. 关于夏夜的活动，不正确的一项是：　　　　　　　　　　　（　　）

　　A. 可以看电影　　　　　　　　　B. 睡在运动场上做梦

　　C. 听父亲讲故事　　　　　　　　D. 和大弟聊天

7. 一个人在积极时可以有机会给他进取，消极的时候可以有余地供他休息……

　　"他"是指：　　　　　　　　　　　　　　　　　　　　　（　　）

　　A. "我"　　　　　　　　　　　　B. 古代的诗人

　　C. 每一个人　　　　　　　　　　D. 我的大弟

8. 关于作者不正确的一项是：　　　　　　　　　　　　　（　　）

　　A. 现在生活在城市中，每天都非常忙

　　B. 已经完全被钟表控制住了，没有一点自由的时间

　　C. 非常怀念以往的日子，认为那才是真正的生活

　　D. 现在也有暑假，但感觉不到真正的快乐

9. 关于作者城市生活描写不对的是：　　　　　　　　　　（　　）

　　A. 感到自己很忙碌，很紧张

　　B. 经常去爬山，想找回以往的感受

　　C. 感到自己只能前进，不能后退

　　D. 现在有暑假，但得不到真正意义上的休息

10. 作者关于夏夜游戏的描写不包括的一项是：　　　　　（　　）

　　A. 坐在藤椅上聊天、看星星　　　　　B. 用晒硬的肥皂画画

　　C. 雕刻奇形怪状的东西　　　　　　　D. 打网球

四、解释下列划线词语

1. 这一切让我<u>流连忘返</u>。

2. <u>拂晓</u>的凉风初透，我们悄悄出去。

3. 我喜欢坐在窗下，把那份<u>怡然</u>的感觉糅和在一起。

4. 这使我<u>油然而生</u>遁世之念。

5. 而最让我<u>开心</u>的是无限的自由。

6. 他坚持<u>尽量</u>晚点睡，为使我们看到……

7. 网球场两端的铁丝护网在曙色中<u>耸立</u>着。

8. 我们玩得很<u>尽兴</u>，都不想回家了。

9. 我们随手<u>采撷</u>了一些花草。

10. 那<u>与世无争</u>的安详使我真正远离世间的纷争。

五、选词填空

　　　义无反顾　　　油然而生　　　享受　　　情致　　　点缀

　　　消极　　　　　采撷　　　　　寻思　　　耸立　　　顿时

1. 画的上方用别的颜色_____一下就更好了。

2. 吐鲁番的夏天别有一番_____。

3. 瓶子里插着女儿从外面_____来的鲜花。

4. 广场上高高_____的是抗洪纪念碑。

5. 老师走进来，教室里_____安静下来了。

6.还没到放假他就_____怎么玩了。

7.听了这场报告我对他的敬意_____。

8.那件事之后他对生活的态度变得很_____。

9.上级交给的任务我会_____完成。

10.旅行团的成员在这个山沟里_____了一顿美味的农家饭。

六、根据课文内容回答问题

1.在所有的假期里，"我"最喜欢哪一个？

2."我"把暑假生活称为什么生活？

3."我"的暑假生活的第一项内容是什么？

4."我"和大弟打网球在什么时候？

5.除了在工厂宿舍的家玩之外，"我"还会去哪玩儿？

6.晚饭以后我们常会去哪？

7.作者认为暑假的什么别有一番情趣？

8.听雨读诗使作者产生了什么想法？

9.作者在写到雨季时，为什么会说"除了喜悦会有一抹淡淡的忧伤？"

10.作者为什么会油然产生遁世的想法？

11.作者为什么说已找不到不受时钟控制的缝隙？

12.作者为什么说以前的假期才是真正意义上的假期？

13.描写以往的暑假生活后，作者为什么又回到了现实社会的城市生活中？

第十八课 我的白桦树

[俄]沃罗宁

正对我的窗户，生长着一棵高大挺拔的白桦树。记得那还是二十多年以前，有一次我去割草，在稠密的草丛里，发现一株小小的白桦树苗儿。我舍不得砍掉她，就把她移栽到我们家的房子前面。如今，这棵白桦，树冠已高入云端。的确，现在她身体苗壮，似乎没有什么东西能够威胁她的生存，然而我却时时为她担心。我的白桦树依然面临着种种风险。

表面看来，一棵树不会有什么情感。其实不然，树有她自己的生命，有她自己的欢乐与惊恐，只不过人们不大理会这些罢了。假如你留心观察，仔细倾听，你就会有许许多多的发现。

请允许我来给你们讲一讲我所发现的情景，讲一讲白桦树怎样为她的生存而抗争。

夏 天

进入夏天，我的白桦树绿色葱茏。微风吹来，沸沸扬扬。白桦树的叶子明亮而有弹性。从早到晚，树上啁啾的鸟鸣不断。可是，不管你审视多少遍，却看不见一只鸟儿，密密麻麻的树叶遮住了它们。叶子也遮住了阳光。因此树底下总有一大片凉爽的树阴，你站在那里，心头的炎热立刻会消除净尽。

6月份没有下过一滴雨。一切生物都晒得打蔫了。草的叶子黄了尖儿，花朵垂下了头，赤杨的叶子干了边儿。而我的白桦呢，却好像从春天起就为自己储备了足够用的水分，丝毫不因干旱而憔悴。她的叶子还是那样富有弹性，甚至长得更加丰满了，叶子的周遭呈现出椭圆的形状，刚从芽蕾里钻出来时那些毛茸茸的尖牙细齿已经消失不见了。

一次，雷雨袭来，阴云整天在我的房子周围盘旋，天空越来越昏暗，乌云中沉闷的雷声隆隆不停，傍晚时分，下起了瓢泼大雨。

风呼呼地吹。开始的时候，它仿佛在小试锋芒：试试我的白桦树是不是扎根牢靠，试试她的性格是不是刚强。白桦树以叶子的簌簌抖动作为回答。她并非恐惧，而是预感到威胁其生存的全部危险。因为，即便是橡树，也有被风暴刮倒折断的时候。

白桦树凝神屏息，静以待变。风暴呼啸，像一头发疯的公牛朝她冲过来，用千

112

钧之力狂抽猛打。白桦树摇晃着，树叶顺风势摆动。只有这样，她才能站稳脚跟。风再一次猛扑过来——白桦树又一次甩动她的树枝。

暴雨紧随狂风。尽管雨点沉重，雨水如注，冲刷着白桦的树叶，即便在这种情况下，白桦也知道以怎样的姿态应付局面。她垂下条条树枝紧贴自己的树干，于是，顺着那如同下垂手臂似的枝条一股股水流便泻向地面。

雷雨过后，阳光辉耀。白桦树的万片绿叶闪烁光彩，这是我的白桦树绽露的笑容……

我注视白桦，为她蕴藏的生命力感到欣慰，为她生存抗争的才能而喜悦。

曾几何时，我的白桦树诞生了一颗小小的种子。如今，每个夏天，她自己都向大地放飞许许多多橙黄色的小小的飞艇。她让自己的孩子随风飘落到四面八方。今年夏天，她送走的子女不计其数，而且多于往年。不久之后，田野、草地、峡谷、路边、江河与溪流的两岸，便将出现千万棵幼小的白桦。它们都是我的白桦树的孩子。而谁又能想得到，这棵白桦是我当年从草地里亲手移植而得以生存的小白桦呢？

秋　天

夏天还没有结束，秋天就悄悄地来了。铅灰色的云，遮蔽了整个天空，触目惊心，使人想起战场上的硝烟。乌云一浪接一浪地汹涌，云团低低地翻卷，几乎触到了房顶上电视机的天线。

树叶立刻变黄了。黄叶子越来越多，越来越多，似乎在呼唤太阳归来。

可是，太阳总不露面儿。

随后下起雨来。雨，淅淅沥沥地洒落，从一条树枝滴向另一条树枝，白天黑夜下个不停。草地树木全都湿淋淋的，泥土再也不吮吸雨水，或许，一切生物蕴含的水分已经到了饱和的极限。

有一天夜里，我从睡梦中醒来。屋子里一片漆黑。万籁俱寂……我站起来，推开窗户，看见了白桦树，秋夜的幽暗中隐隐现出轮廓的白桦树。她无遮无拦，承受着迷蒙的阴霾。

转天早晨，一场霜冻袭来——树叶纷纷飘落，在白桦树下铺成了一个金色的圆环。光裸发乌的枝条散发出一种难言的愁情！要知道，就在不久之前，她还是绿叶婆娑，光彩辉映，而转瞬之间，绿色消失殆尽，何况要消失很长很长的一段时间哪！

又将是阴雨淋漓连绵。落叶变黑腐烂，光秃秃的树枝在风中摇曳，相互碰撞，看了叫人心寒。池沼即将结冰，候鸟纷纷南迁。凄凉沉闷的秋夜越来越长。到冬天，它们会更加漫长，暴风雪咆哮，严寒肆虐……

冬 天

呀！今年冬天冷得出奇！为了冻僵所有的生物，严酷的北风也赶来助长寒潮的威力；葬送了一棵又一棵苹果树，冻死了大片的枫树林。

望着我的白桦树，我不由得在心里想，但愿她不要离开这片萧索的土地。她在这土地上生根，这里还繁衍着她的无数儿女。白桦树的确不想走，她只是紧紧地藏起了她那嫩芽的幼蕾，包裹着它们抵御严寒。

白桦的树干有许多破碎的伤痕，伤口上蒙一层积雪，看上去叫人心疼。我偎依着白桦树干。白桦的树皮变得粗糙，呈现出一道道裂纹儿。其实，我明白，这种树皮正适合于自我保护，适合于抵抗冬季凛冽刺骨的暴风雪。

春 天

春天来了，白桦树的枝条好不容易摆脱了严冬的折磨。不过，它们还很僵硬，很脆。风仍然无情地在枝丫间穿行。然而可喜的是，有几只椋鸟飞来，白桦树梢头传来了婉转的鸟鸣声。鸟儿的歌唱一天天更加响亮，太阳慷慨地洒射金光，积雪消融，过不了几天就可以知道，我的白桦树历经严寒之后，究竟是丧失了生机还是又一次熬过了寒冬。

一天早晨，有个人走近白桦。他掏出长长的钻头，在树干上钻了个深深的孔，随后把一根不锈钢钎斜穿树皮插进树干，让白桦的树汁顺着钢钎往外流。树汁一滴，一滴，向下坠落。新鲜的树汁，像泪。

"你要干什么？"我大声喊叫。

"采集树汁。"那个人回答。

"你怎么能这样蛮干？你毁了这棵树！"

"反正她也活不成了……"

但是，没容这个家伙把话说完，我就轰跑了他。我的白桦树经受了雷雨和干旱，经受了霜雪冰冻和刺骨的北风，再让她承受人的残暴，无论如何我也不能容忍！我轰走了那个令人厌恶的家伙。可是树汁一滴接一滴仍然从伤口里流出来，顺着树干向下流淌。我不知道该怎么办才能帮助白桦止住这涌流的鲜血！

谁能料到，白桦树居然自己治愈了自己的创伤，一周之后，它的伤口结出了咖啡色的疤痕。这时节，天气已经相当暖和了。白桦树开始吐露芽苞，芽苞里钻出了鲜嫩的小叶儿。成千上万鲜灵灵的叶片！我为此非常高兴，情不自禁地笑了。我的白桦树没有死。她顽强地挺过了艰难时期，用不了多久，她那闪着光斑的一树绿叶又将迎风喧响，她的枝条上又将有鸣叫的禽鸟，而地面上又将出现一大片清爽宜人的阴凉。要是天气炎热，我就步入这片树阴，背靠着强壮的树干，心头涌现出喜悦之情——因为我知道,我有一个知心的好朋友——白桦树。

一个善良无私的朋友!

(选自《走过四季·冬》,语文出版社 1997 年版)

生　词

倾听（动）qīngtīng	茁壮（形）zhuózhuàng	蔫　（形）niān
憔悴（形）qiáocuì	蕴含（动）yùnhán	肆虐（动）sìnüè
萧索（形）xiāosuǒ	慷慨（形）kāngkǎi	啁啾（象）zhōujiū
绽露（动）zhànlù	偎依（动）wēiyī	

注　释

瓢泼大雨:形容雨非常大。

凝神屏(bǐng)息:聚精会神,暂时抑制呼吸,形容精神高度集中。

淅淅沥沥:形容下雨的声音。

练　习

一、据课文内容,判断下列句子是否正确

1. 窗户对面的白桦树是我不久前移栽来的。　　　　　　　　（　　）

2. 不仔细观察倾听,你不会发现白桦树也有情感。　　　　　（　　）

3. 夏季里白桦树经受了干旱、暴雨、狂风的考验。　　　　　（　　）

4. 白桦树在秋风中传播自己的种子。　　　　　　　　　　　（　　）

5. 秋季里白桦树的威胁来自于阴雨、雷电和霜冻。　　　　　（　　）

6. 白桦树粗糙的树皮保护了自己。　　　　　　　　　　　　（　　）

7. 作者认为白桦树的树汁就是白桦树的鲜血。　　　　　　　（　　）

8. 作者认为被别人在身上打了孔的白桦树可能再也恢复不了了。（　　）

9. 作者把白桦树当做自己的朋友是因为白桦树自己治好了伤。（　　）

10. 本文主要讲的是白桦树如何为了生存而与各种困难抗争的故事。（　　）

二、用汉语解释下列词语

1. 然而我却<u>时时</u>为她担心……

2. 假如你留心观察,仔细<u>倾听</u>……

3. 6 月没下一场雨,一切生物都晒得打<u>蔫</u>了……

4. 叶子的<u>周遭</u>呈现出椭圆的形状……

5. 这是我的白桦树<u>绽露</u>的笑容……

6. <u>曾几何时</u>,我的白桦树诞生了一颗小小的种子……

7. 铅灰色的云,<u>触目惊心</u>,使人想起战场上的硝烟……

8. 云团低低地翻卷着几乎<u>触</u>到屋顶的天线……

9. 黄叶子越来越多,<u>似乎</u>在呼唤太阳归来……

10. 一切生物蕴含的水分已经到了饱和的<u>极限</u>……

11. 光秃秃的树枝在风中<u>摇曳</u>……

12. 到了冬天,它们会更加漫长,暴风雨<u>咆哮</u>……

13. 但愿她不要离开这片<u>萧索</u>的土地……

14. 我<u>偎依</u>着白桦树干……

15. 白桦树的枝条<u>好不容易</u>摆脱了严冬的折磨……

16. 白桦树<u>梢头</u>传来了婉转的鸟鸣声……

17. 太阳<u>慷慨</u>地洒射金光……

18. 你怎么能这样<u>蛮干</u>? 你毁了这棵树……

19. 我轰走了这个令人<u>厌恶</u>的家伙……

20. 谁能料到,白桦树<u>居然</u>自己治愈了创伤……

三、根据课文内容选择正确答案

1. 我的白桦树是: （　　）

    A. 我小时候在山上种的   B. 自己生长出来的

    C. 我从别处移栽来的   D. 别人砍完之后剩下的

2. 作者认为: （　　）

    A. 白桦树没有感情

    B. 白桦树有许多发现

    C. 人们很注意白桦树的生命与感情

    D. 白桦树像人一样有感情,但人们不太理会它

3. 关于夏季的白桦树,不对的一项是: （　　）

    A. 白桦树长出许多叶子,遮住了太阳,带给人们清凉

    B. 六月因为少雨,白桦树刚长出的小叶子也消失了

    C. 狂风暴雨中,白桦树与风雨进行着激烈的搏斗

    D. 白桦树播下了许多种子,散落在了各地

4. 今年冬天冷得出奇…… （　　）

    A. 很冷,出了奇怪的事   B. 形容非常冷

C. 很奇怪为什么很冷　　　　　　　　D. 以上答案都不对

5. 凄凉愁闷的秋夜越来越长,到了冬天,它们会更加漫长,暴风雪咆哮……"它们"是指: （　　）

　　A. 我的白桦树　　　B. 秋夜　　　　C. 冬天　　　　D. 暴风雪

6. 就在不久以前,她还是绿叶婆娑,而转瞬之间,绿色消失殆尽,何况要消失很长很长的一段时间呀……作者为什么说绿色还要"消失很长很长一段时间"?

　　A. 因为白桦树的生命主要在夏季

　　B. 因为漫长的冬季即将到来

　　C. 因为白桦树绿色的消失需要很长的时间

　　D. 绿色的生命使白桦树不容易丧失生命

四、从 A、B、C、D 四个答案中找出与划线词语意思最近的一个

1. 我的白桦树究竟是丧失了生机还是又一次熬过了严冬? （　　）

　　A. 到底　　　　　　B. 研究　　　　C. 终于　　　　D. 没想到

2. 没容这个家伙把话说完,我就轰跑了他…… （　　）

　　A. 允许　　　　　　B. 容易　　　　C. 放得下　　　D. 地

3. 这时节,天气已经相当暖和了…… （　　）

　　A. 开始　　　　　　B. 变得　　　　C. 等于　　　　D. 很

4. 她的枝条上又将有鸣叫的禽鸟…… （　　）

　　A. 将要　　　　　　B. 将来　　　　C. 将近　　　　D. 把

5. 在稠密的草丛中,发现了一株小小的白桦树苗。 （　　）

　　A. 秘密　　　　　　B. 甜蜜　　　　C. 茂密　　　　D. 绿色的

6. 我把它移栽到院子里…… （　　）

　　A. 转移　　　　　　B. 移动　　　　C. 移植　　　　D. 种

7. 我的白桦树依然面临着种种风险。 （　　）

　　A. 面对　　　　　　B. 对面　　　　C. 将要面对　　D. 战胜

8. 人们不太理会它…… （　　）

　　A. 理解　　　　　　B. 知道　　　　C. 认识　　　　D. 理睬

9、开始时,它仿佛小试锋芒…… （　　）

　　A. 小测验　　　　　　　　　　　　B. 稍微试一试自己的能力

　　C. 不是重要的考试　　　　　　　　D. 小的时候试一下锋和芒

10. 这是我的白桦树绽露的笑容…… （　　）

　　A. 显露　　　　　　　　　　　　　B. 一定要看到

　　C. 藏起来的　　　　　　　　　　　D. 被发现的

117

11. 夏天还没结束,秋天就悄悄地来了…… （　　）
　　　A. 呆呆　　　　　　B. 慢慢　　　　　C. 轻轻　　　　　D. 快快

12. 乌云翻卷,几乎触到屋顶的天线…… （　　）
　　　A. 差不多　　　　　B. 差一点　　　　C. 几个　　　　　D. 已经

13. 即便是橡树,也有被暴风雨刮倒折断的时候…… （　　）
　　　A. 因为……所以　　　　　　　　B. 一……就
　　　C. 不但……而且　　　　　　　　D. 即使……也

14. 我注视着白桦,为她蕴藏的生命力感到欣慰…… （　　）
　　　A. 注意　　　　　　B. 盯着看　　　　C. 视线　　　　　D. 注意看

15. 我心里想,但愿她不要离开这片土地…… （　　）
　　　A. 希望　　　　　　B. 但是　　　　　C. 愿望　　　　　D. 愿意

五、选词填空

　　饱和　威胁　　　苗壮　承受　肆虐
　　涌现　不计其数　憔悴　储备　欣慰

1. 祝天下所有的孩子健康_____地成长。

2. 艾滋病严重_____着现代人的生活。

3. 熊正在为过冬_____着食物。

4. 他虽然很年轻,但却显得很_____。

5. 我为这个孩子有今天而感到_____。

6. 像你这样的人在我们那_____。

7. 现在社会上对这类人才的需求已经趋于_____。

8. 哈尔滨的冬季极为寒冷,暴风雪_____。

9. 你这样说他是无论如何也无法_____的。

10. 近一段时间,好人好事在不断地_____。

六、回答问题

1. 春季来临时,我为什么不能容忍人们往桦树上钉钎子,为什么说那人是令人厌恶的?

2. 白桦树在春季是怎么为自己的命运抗争的?

3. 夏天威胁白桦树生存的因素有哪些?

4. 秋、冬季哪些因素构成对白桦树生存的威胁?

5. 作者为什么说白桦树是善良无私的朋友?

第十九课　喀什，不能不去的地方

行　知

在我到过的一些城市里，喀什是个令我着迷的地方。

按说这应该算是一种猎奇吧，毕竟这是一个典型的南疆维吾尔族风情的小城市，与我的生活相距甚远。虽然我不排除那种旅途中的心情所致，但我还是认为那个小城有着一份难以言说的魅力。

从乌市飞到喀什已经是中午了，在市中心的人民饭店安顿住处，办手续时才发现不见了身份证，这一惊非同小可，还有漫长的旅程在后面，不见了证件可是大麻烦。于是，怀着试一试的心理打电话给乌市的机场，没想到，竟然真的有人捡到并交给了工作人员，他们将通过特快专递寄来我们的身份证。

就因为发生了这一事件，致使我们在喀什多逗留了几天，而且是无所事事的几天。虽然我们也因此误了一趟赴藏的军车，以致于后来要自己搭货车进藏。但也正因为我的马虎，使我们不得不宿命似地等待那份特快专递，不必逼着自己去赶路，于是得以很悠闲地在喀什转悠。后来我发现，我们当时的心情和喀什这个地方有着异曲同工的暗合。

对喀什最初的印象是一种惊奇。啊，真的太有特点了。所有的人都是高鼻深目，满街的招牌除了有汉语都有维吾尔文，更别提人们满嘴一串串的吐鲁番葡萄似的语言了。这景象令我们很兴奋。我旅行一贯不喜欢去城市。就算再怎么赋有盛名，也不过都是钢筋水泥的搭建罢了，总难免有着千篇一律的面孔。但喀什不同。

因为这里的一切都是新鲜的。是啊，新鲜，兴奋和惊喜，大概就是旅行的魅力吧。

我喜欢维吾尔族的姑娘，很漂亮。或者说，很难找到丑一点的。因为我们审美观念里的大眼睛高鼻梁正是维吾尔族姑娘的基本特征。她们喜欢穿色彩艳丽的连衣裙，头上包着同样色彩艳丽的纱巾。还有那个辫子长呀！哈，看到她们就忍不住想哼两句"达坂城的姑娘"了，真是喀什街头一道亮丽的风景。这里上年纪的妇女则在连衣裙外面罩一件灰蒙蒙的西装外套，头上遮天蔽日地用一块褐色的大头巾罩个严严实实。我只有在街头看到她们和人聊天时掀起来一下半下。

我住的地方就离艾提尕尔清真寺不远，没事的时候，老去那里前面的广场坐坐。我想，也许我就是从这里最先爱上喀什的。

很喜欢那些穆斯林的老人。他们常常聚在广场上,或坐在寺院的门口,聊天或闭目养神。整洁的长袍,垂垂于胸前的白髯,平静安详的面容。简直就是我儿时记忆深处的阿凡提的形象啊。他们也应该拥有阿凡提的智慧和悲天悯人情怀吧。我总觉得肃穆的礼拜堂和这些老人之间有着某种共同的气质和契合。我还为了方便梳理我一头天生的卷发,剪了一个短得不能再短的头,但却没有人注意我们。或者说,没有更多的人对我们抱有像我们对他们一样的好奇心。这在别的偏远些的城市中是很少遇到的。我立刻就觉得这个城市的人很淡定从容,很有自尊的样子。这感觉其实很无聊,甚至来自一丝优越感似的东西。但却是真实的。因为我们总在一路上给陌生人很好奇地盘问,你们是日本人吗?是香港人吗?最低都要问一句:是广东人吗?然后就根据你的回答漾出些并不相同的表情。我其实并不喜欢这种感觉。大概是一个旅游地区在开发的过程中必经的一种媚俗吧。

但喀什不会。

虽然和那些人无法沟通攀谈,但总觉得他们那份气定神闲的样子很令我们羡慕。就是了,我就是喜欢喀什的这份悠闲和自在。这令我们也感到很悠闲自在。新疆的水果都是论公斤卖的,挺便宜,还甜死人不偿命。吃了忘不了。然后终于在公园门口的一家路边店里吃到了正宗的手抓肉。真过瘾,看着他们一家大小游完公园坐下来吃上一盘手抓羊肉,真是美妙的享受啊。我还从来不知道以手当叉这么爽呢。还有新疆的馕,简直赛过我最爱吃的北方的芝麻火烧。

而真正给我感触最深的,是喀什的巴扎。

巴扎就是集市,尤其是东门的巴扎是南疆最大的,也是最出名的热闹,要礼拜天才有,刚好被我们赶上了。我一直无法忘怀那种尘嚣荡涤的热闹场景。家家坐着驴车,赶着牛羊,穿着盛装,一路上烟尘滚滚,但却十分动人。我到现在为止也不能完全明白我为什么如此地感动。甚至那普通得有些杂乱的一幕可以令我感动得想落泪。似乎突然之间就明白了什么是生活。突然就发现了一些我其实一直都在寻找着的答案。

后来我回过头来想,也许是那份生活所泛出来的底蕴震撼了我吧。这真的不能算是一个很富庶的小城,但生活在这里的人们却都非常满足。他们有自己的清真寺,有自己的最钟情最可口的美食,有自己的热闹的巴扎。有自己的亲情爱情友情,有自己熟悉并驾轻就熟的生活轨道,一切都在生活本身中有条不紊地行进着。世世代代生活在这里的人们并没有羡慕别人的习惯。因为他们的生活很美好,很平静,很有滋有味。这就是家的感觉吧。我还记得妈妈曾对我说过,世上好地方多了,但都不是你的啊,只有你扎了根的地方才是最好的。但我当时并不以为然。总是不知疲倦地穿行在别人的城市中。现在才有了那种蓦然回首,灯火阑珊的了悟。我为生活本身的魅力所折服,所震撼了。我突然知道了什么叫日子,什么叫平凡,甚至,什么叫幸福。我想,这就是为什么我所看到这里的人们都那么从容安详,那是因为他们有底气,来自踏实生活的底气。其实,在繁华的大都市中,那些蝇营狗苟,每天焦虑不堪的人们,也许可以有更多的物质享乐,但在同样平凡的生命中,我觉得这里的人的生活品质也许更高一些。我到现在还是不大说得清我曾深刻感受过的这种感动。直到看到一篇文章里的一句话:"生活在这样的小镇中,我理解了福克纳为什么一生都不曾离开他的小镇,也理解了洛克为什么宁愿死在玉龙山下的花丛中。"

是啊是啊,这也就是我所理解和感受到的啊!

后来我还去了香妃墓。那时还没有琼瑶火遍大江南北的《还珠格格》。香妃也没有现在这么家喻户晓。我也想像不出"你是风儿我是沙"的故事,惟独立在那个彩缎遮盖着的棺木前,很是怅然,我只知道,这个远离了家乡的维吾尔族女子,在异乡一定不会幸福。哪怕是最富足奢靡的皇宫,哪怕是得到万人之上的皇上的宠爱,又怎能抵消那失根的痛苦和失落呢?家,家乡,就是这样一种东西,生长于兮,甚至感觉不到她的存在,一旦离开,便清晰地凸现出来。刺痛我们,抚慰我们。

难忘喀什。

(《新晨》2004 年第 2 期)

生　词

猎奇（名）lièqí	宿命（名）sùmìng	肃穆（形）sùmù
盘问（动）pánwèn	攀谈（动）pāntán	钟情（动）zhōngqíng
怅然（形）chàngrán	抚慰（动）fǔwèi	逗留（动）dòuliú
白髯（名）báirán	契合（名）qìhé	媚俗（名）mèisú
富庶（形）fùshù	折服（动）zhéfú	奢靡（形）shēmí

注　释

异曲同工:工:巧妙,精妙。曲调不同,却同样精妙。常比喻艺术作品不同,但同样精彩出色;也比喻做法不同,但收效一样好。

尘嚣荡涤:形容十分热闹。意同车水马龙,熙熙攘攘。

驾轻就熟:比喻对事情有经验,做起来像驾驶轻便的车子在熟识的路上行走一般,多用于说话做事,很有经验而更顺手。

蝇营狗苟(gǒu):忙忙碌碌,苟且偷生。

家喻户晓:将事情逐户转告,使大家都知道。现多用形容某事已广泛为人知道,是众所周知的意思。

一下半下：一点儿，次数不多。

短得不能再短：最短，没有比它更短的。

甜死人不偿命：特别甜。

蓦然回首，那人却在灯火阑珊处：出自辛弃疾《清玉案》。蓦然：突然。阑珊：零落，
　　将尽。突然间回头，发现那个人站在灯火稀落的地方。

练　习

一、根据课文内容判断下列句子正误

1.喀什是"我"到过的城市中最吸引"我"的地方。　　　　　　　　（　　）

2.喀什是一个典型的南疆维吾尔族风情的小城市，"我"很不熟悉。（　　）

3.我丢失的身份证是落在乌市的机场。　　　　　　　　　　　　　（　　）

4.喀什街上的招牌一部分是汉语的，一部分是维吾尔语的。　　　（　　）

5."我"是从艾提尕尔清真寺前面的广场开始爱上喀什的。　　　　（　　）

6.喀什人对我们一点儿也不好奇，并且流露出了气定神闲的样子。（　　）

7.真正的手抓羊肉是以手当叉。　　　　　　　　　　　　　　　　（　　）

8.以前我最爱吃北方的芝麻火烧，现在我喜欢吃馕。　　　　　　　（　　）

9.维吾尔族人星期天骑着毛驴，穿得漂漂亮亮地去巴扎。　　　　　（　　）

10.在人的一生中物质享受比精神享受更重要。　　　　　　　　　　（　　）

二、用汉语解释下列划线的词语

1.<u>按说</u>这应该算是一种<u>猎奇</u>吧，毕竟这是一个<u>典型</u>的南疆维吾尔族风情的小城
　市，与我的生活相距<u>甚远</u>。

2.办手续时才发现不见了身份证，这一<u>惊非同小可</u>。

3.就因为发生了这一事件，致使我们在喀什多<u>逗留</u>了几天，而且是<u>无所事事</u>的
　几天。

4.就算是再怎么<u>赋有盛名</u>，也不过都是钢筋水泥的搭建罢了，总难免有着<u>千篇一
　律</u>的面孔。

5.更别提人们满嘴<u>一串串的吐鲁番葡萄</u>似的语言了。

6.她们喜欢穿色彩<u>艳丽</u>的连衣裙。

7.真是喀什街头的一道<u>亮丽</u>的风景。

8.头上<u>遮天蔽日</u>地用一块褐色的大头巾<u>罩</u>个<u>严严实实</u>。

9.我还为了方便梳理我一头天生的卷发，剪了一个<u>短得不能再短</u>的头。

122

10. 我立刻就觉得这个城市的人很<u>淡定从容</u>。

11. 然后根据你的回答<u>漾出</u>些并不相同的表情。

12. 新疆的水果却是论公斤卖的,挺便宜,还<u>甜死人不偿命</u>。

13. 一切都在生活本身中有<u>条不紊</u>地行进着。

14. 这真的不能算是一个很<u>富庶</u>的小城。

15. 那是因为他们有<u>底气</u>啊。

16. 其实在繁华的大都市中,那些<u>蝇营狗苟</u>,每天<u>焦急不堪</u>的人们,也许可以有更多的物质享受。

三、选词填空

1. 跟他在一起生活我有一种_____的幸福。(难以言说、自言自语)

2. 昨晚的足球赛中欧文的那一脚可_____。(与众不同、非同小可)

3. 他整天在家里闲着没事干,一副_____自得的样子。 (悠闲、闲谈)

4. 这种时候不行_____礼,什么时候行呢。(肃穆、严肃)

5. _____还在继续进行。(会谈、攀谈)

6. 我被他的才华所_____。(震撼、震动)

四、选择括号中合适的词语替换划线的词

1. <u>按说</u>这应该是一种猎奇吧。(照说、照例)

2. <u>毕竟</u>这是一个典型的南疆维吾尔族风情的小城市。(究竟、终归)

3. 在人民饭店<u>安顿</u>住处,办手续时才发现不见了身份证。(安排、逗留)

4. 没想到,<u>竟然</u>真的有人捡到并交给了工作人员。(居然、毕竟)

5. 就因为发生了这一事件,<u>致使</u>我们在喀什多<u>逗留</u>了几天。(导致、即使)(停留、休息)

6. 后来我发现,我们当时的心情和喀什这个地方有着异曲同工的<u>暗合</u>。(暗示、巧合)

7. "我"旅行<u>一贯</u>不喜欢去城市。(习惯、向来)

8. <u>就算</u>再怎么赋有盛名,也不过都是钢筋水泥的搭建罢了。(即使、既然)

9. 这在别的<u>偏远</u>些的城市中是很少遇到的。(萧条、偏僻)

10. <u>最低</u>都要问一句:是广东人吗?(最少、最多)

11. 虽然和那些人无法<u>沟通</u>攀谈。(疏通、交流)

12. 然后终于在门口的一家路边店里吃到了<u>正宗</u>的手抓肉。(地道、正式)

13. 我还从来不知道以手当叉这么<u>爽</u>呢。(过瘾、有意思)

14. 但我当时并<u>不以为然</u>。(满不在乎、理所当然)

15. 那时还没有琼瑶<u>火遍</u>大江南北的《还珠格格》。(火爆、遍及)

五、从 A、B、C、D 四个答案中选择惟一恰当的答案

1. 我原认为去喀什是：　　　　　　　　　　　　　　　　　　（　　）
   A. 欣赏南疆维吾尔族风情　　　　　　B. 搜寻一些奇异的事情
   C. 和我的生活做比较　　　　　　　　D. 寻找一份难以言说的魅力

2. 喀什给我带来的感觉是：　　　　　　　　　　　　　　　　（　　）
   A. 新鲜,兴奋,惊喜　　　　　　　　　B. 无所事事
   C. 千篇一律　　　　　　　　　　　　D. 非同小可

3. 我从何时爱上喀什的：　　　　　　　　　　　　　　　　　（　　）
   A. 丢失了身份证的悠闲地转
   B. 维吾尔族姑娘
   C. 住下以后没事的时候去艾提尕尔清真寺前面的广场
   D. 穆斯林老人

4. 以下哪一点不是我对喀什的最初印象。　　　　　　　　　　（　　）
   A. 满街的招牌除了有汉语的都有那维吾尔文。
   B. 人们大多说维语。
   C. 人们都高鼻深目。
   D. 到处都是钢筋水泥的搭建。

5. 以下哪一点不是喀什人的特点。　　　　　　　　　　　　　（　　）
   A. 淡定从容　　　　B. 焦虑不安　　　　C. 气定神闲　　　　D. 悲天悯人

6. 远离家乡的维吾尔族姑娘为何不幸福？　　　　　　　　　　（　　）
   A. 生活不富足　　　　　　　　　　　B. 没有人喜欢
   C. 失根的失落　　　　　　　　　　　D. 长得不漂亮

7. 本文没有谈到什么？　　　　　　　　　　　　　　　　　　（　　）
   A. 喀什的美景　　　　　　　　　　　B. 维吾尔族姑娘
   C. 穆斯林老人　　　　　　　　　　　D. 巴扎

8. 这篇文章告诉我们：　　　　　　　　　　　　　　　　　　（　　）
   A. 人们应该到处去旅游　　　　　　　B. 人们应该平静地享受生活
   C. 遇到事情不要慌乱　　　　　　　　D. 旅游很有吸引力

六、选择以下各段正确的段落大意填在后面的括号里

1. 课文第一至第四自然段的段意是：　　　　　　　　　　　　（　　）

2. 课文第七自然段的段意是：　　　　　　　　　　　　　　　（　　）

3. 课文第九自然段的段意是：　　　　　　　　　　　　　　　（　　）

4. 课文第十一自然段的段意是：　　　　　　　　　　　　　　（　　）

124

5. 课文第十三自然段的段意是： ( )

A. 喀什是一个典型的维吾尔风情的小城市。

B. 维吾尔族姑娘很漂亮。

C. 维吾尔族不同年龄女性的对比。

D. 我为何在喀什多留了几日。

E. 以喀什的穆斯林老人为代表讲述喀什人的特点。

F. 介绍喀什的美食。

G. 讲述人们礼拜天赶巴扎。

七、发回答问题

1. 喀什是一个怎样的城市？

2. 我为何在喀什多逗留了几日？

3. 喀什的维吾尔族女性有何特点？

4. 穆斯林老人的特点？

5. 我都喜欢喀什的什么？

6. 喀什有什么美食？

7. 喀什人怎样赶巴扎？

8. 游览喀什后我有什么感想？

9. 去了香妃墓后使我想到了什么？

10. 本文讲述了关于喀什哪几个方面的内容？

第二十课　越冬的小草

端木蕻良

我经常出去散步,因为我的居室北向,需要走出去迎接阳光和新鲜空气。不管冬天和夏天,这是大夫指点要我做的。

除非碰到坏天气,或者,病加重了,我就从不间断地要从一幢楼房面前经过。这幢楼房是座旅馆,人来人往,川流不息。有各省市来的人,也有外国客人。他们的衣着不同,但是,随着季节变化,冬天要防寒,夏天要防暑,这是一致的。

有一次,一位从加拿大来的朋友,到我家做客。她听人说,北京冬天很冷,便穿了皮衣、戴了皮帽飞到北京来。那时,北京的水汀还在送暖,她一进我家的门,当然除去皮手套,脱掉皮大衣,摘下皮帽子。但还是觉着热得不行,原来她里面还穿着皮上衣,脚上还穿着长统皮靴。她笑着说:"北京冬天是够冷的,但我准备的皮衣服,也未免太过分了。"是的,只要地球在转,季节就在变化。不要说北方了,就是在四季如春的昆明,连石头也要感受到气候的变化呢!

在闻名世界的石林,有一个"阿诗玛"天然石像,她在春天就像一个少女,背着竹篓轻盈地走着。但是,据说严冬来了,在风刀霜剑的交错中,她就显得像一个佝偻着背的老太婆了。直到又一个春天来了,才又恢复了"阿诗玛"的形象。

北京的冬天,风沙特大。除了常青树,花草都无法生长。地上的草就在寒霜风雪中枯萎了,除了一些可怜的草根,地上便会是土地的本色。

我出去散步,经过那座大楼的花坛时,眼光都要射向那还有着暗绿色的云杉。北国的严寒,能看到绿色,总是令人喜悦的。何况,它每天都使我有"常青"的感觉呢……

有一天,我的眼光又自然而然地投向它,从树梢一直看到它的根部,忽然发现在它的根部的四周,有着一些小草。这使我像孩子发现奇迹般地高兴起来。花坛有铁栏杆,我不能进去仔细观看。但我问了老园丁,他告诉这还活着的小草名叫护盆草。

护盆草是一年生的植物,它是度不过这北国的冬天的。肯定它也不过是在熬日子罢了。

但从此,在我每次走过这座大楼门前的花坛时,最先去看的却不是那高傲、耸立、得天独厚的云杉,而是那护盆草了。我发现它一天比一天发"蔫",但仍保有绿色,甚至还开着瘦小的黄花呢! 这小黄花是不会结出成熟的籽粒来的,只是表明小草的生命还在继续着。

今年的雪下得不多,花坛的后面便是高楼,北风被楼给挡住了,这当然是小草得以活下去的原因。但是,不凋的杉树把阳光给遮住了,护盆草受到的温暖也不会太多。可它却一直没有失去绿色。

有一天,真的下起雪来了,雪虽不大,但盖住护盆草,还是绰绰有余的。我也不能进到里面为她把雪拨弄开;同时,我又想:雪也可能还为它盖了一层棉被呢!我还是担心护盆草的命运,我没见过露天过冬的护盆草,也没有听到什么人说过。

雪住了,这次,我不是去散步,而是拿起手杖去看护盆草。是的,不是散步,这回,是去看护盆草!

护盆草,依然没有失去绿色。

供我观察的冬天过去了,春天从树梢上来了,春天从野草的宿根中来了,春天从风里来了,春天就在我眼前……

刚刚苏醒的柳丝,透着鹅黄;刚刚吐嘴的小草,显得青嫩。我再去看看那熬过冬天的护盆草,并没有赶上时间换来新装,可它却成了一丛碧绿。是的!是一丛碧绿!

柳树放叶,小草出土。我再去看那云杉下的护盆草,显得湛绿葱翠,它舒展了。几天过后,它变得更加蓬勃茂密。

又过些日子,云杉发出了新枝,谁走过它的身旁,都不能不看上几眼。眼睛和它相对时,得到的只会是喜悦。几乎没有人去注意那越过冬天的护盆草。它离不开土地,她生得太低矮了。

护盆草,就这样不声不响地度过了寒冷的冬天,又开始来迎接新的春天。我没有去查检《植物名实考》一类的书,那上面是不是有护盆草(或者它有另外的名字)的条目。我只知道它能越冬。只是因为病,使我必得要经常散步时,才得以发现的。不过,从观察中,我还是对它多了一些了解,原来,它几乎不需要什么。阳光对植物来说,是最可贵的。云杉比它高,比它大,把它给盖住了,只能在筛下来的树影空隙中,得到几丝阳光。但是,它却使云杉不至失去湿度,又为别的花木保护根株,保持水土,净化空气。它默默无闻地保护着比它高大的植物,谁能说严寒中依然能保持秀色的云杉,没有这小小护盆草的功劳呢?……所以,园丁才叫它作护盆草,只有园丁才配做它的知己。

我想,不会是所有的护盆草都能在户外越过冬天吧?仅就这云杉下面的护盆草来说,只要给它少受一些北风,就可以度过漫长的凛冽的冬天……

我知道蓖麻在印度是多年生的,在北京却不能,护盆草不是宿根的,大概还是靠种子来繁殖。可是,这种纤细的小草,竟能越过北国的冬天,消除了冬天和春天的界线,有谁看了不为这小草的顽强而感动呢?只是人们不知道罢了,对我来说,也是偶然的机遇,才见到了这个全过程。我想在今年冬天,还能尽情地观察它,明年,它也能越冬,那么,它就不止是可以称作越冬的小草,而是可以名之为多年生的小草了。

当我又徘徊在那不算太高的大楼面前,我就想:当初盖大楼的人,决不会想到大楼会给小草作为屏障的,由于北风吹不透它,就使门前的护盆草得以存活下来,要是人们有意地用护盆草的精神为它多作一点护持,可能护盆草就会列入多年生的植物群里面了吧!……

一路散步,这个想法一直没离开过我……

(本文选自《走过四季·冬》,语文出版社 1997 年版)

生　词

水汀(名)shuǐtīng	竹篓(名)zhúlǒu	佝偻(形)gōulóu
轻盈(形)qīngyíng	凋　(动)diāo	园丁(名)yuándīng
蓬勃(形)péngbó	耸立(形)sǒnglì	云杉(名)yúnshān
蔫(形)niān	凛冽(形)lǐnliè	宿根(名)sùgēn
筛(动)shāi	屏障(名)píngzhàng	蓖麻(名)bìmá
幢(量)zhuàng		

注　释

端木蕻良:原名曹京平,1912 年生,辽宁昌图人。现代作家。

石林:陡峭石峰林立的一种石灰岩地貌。我国以云南省的路南石林最著名。

阿诗玛:一个古老的爱情传说:云南阿着底地方有个聪颖美丽姑娘名叫阿诗玛,为了追求自由幸福的生活,反对强迫婚姻,同她的哥哥阿黑一起不畏强暴,向封建统治者进行不屈不挠的斗争。

风刀剑霜:比喻风霜很厉害。

绰(chuò)绰有余:绰绰:宽裕。形容非常宽裕,用不完。

湛(zhàn)绿葱翠:草木茂盛青翠。

川流不息:像河流那样流个不停。本文形容人来人往不断。

熬日子:忍受痛苦或艰苦的生活。

得天独厚:有特别优越的天然条件。多指人的禀赋、社会条件或自然条件。

练　习

一、根据本文内容判断正误

1. "我"每天散步是身体的需要。 　　　　　　　　　　　　　　（　　）

2. "我"家的房门朝南。 　　　　　　　　　　　　　　　　　　（　　）

3. 加拿大的朋友认为北京的冬天很冷。 　　　　　　　　　　　（　　）

4. 昆明四季分明。 　　　　　　　　　　　　　　　　　　　　（　　）

5. 护盆草是多年生植物。 　　　　　　　　　　　　　　　　　（　　）

6. 一场小雪就把护盆草盖住了。 　　　　　　　　　　　　　　（　　）

7. 我通过查阅书籍知道护盆草可以越冬。 　　　　　　　　　　（　　）

8. 春天来了,护盆草更绿了。 　　　　　　　　　　　　　　　（　　）

9. 在北京,蓖麻是多年生的。 　　　　　　　　　　　　　　　（　　）

10. 从冬天到春天我一直在关注护盆草。 　　　　　　　　　　　（　　）

11. 在我的帮助下,护盆草度过了严冬。 　　　　　　　　　　　（　　）

二、用汉语解释句中划线的词语

1. 这是大夫<u>指点</u>要我做的。

2. 人来人往,<u>川流不息</u>。

3. 但我准备了皮衣服,也<u>未免</u>太过分了。

4. 它每天都使我有"<u>长青</u>"的感觉。

5. 它也不过是<u>熬日子</u>罢了。

6. 只有园丁才配做它的<u>知己</u>。

7. 护盆草,就这样<u>不声不响</u>地度过了寒冷的冬季。

8. 我又<u>徘徊</u>在那不算太高大的大楼前面。

9. 在风霜刀剑的<u>交错</u>中,她显得像一个老太婆。

10. 我去看的不是<u>得天独厚</u>的云杉,而是那护盆草。

三、用所给的词填空

　　未免　　消除　　佝偻　　川流不息　　轻盈
　　蓬勃　　讥笑　　姑且　　绰绰有余　　凛冽

1. 赵老汉_____着腰从屋里走了出来。

2. 她那柔软纤细的体形、_____优美的动作真好看。

3. 改革开放以后,我国的经济_____发展着。

4. 北风_____，大雪纷飞。

5. 初次见面，_____有些拘束。

6. _____每一个差错，我们就会把这件事做好。

7. 她大约从他们的笑容和声调上，也知道是在_____她。

8. 以前的事_____起，这一大把铜元又是什么意思？

9. 汽车_____地穿行在河滨大道和公园路上。

10. 拿这些钱去买一件衣服_____。

四、根据课文选择正确答案

1. "我"的身体怎样？ （　　）
   A. 一般　　　　　　B. 强壮　　　　　　C. 有病　　　　　　D. 结实

2. "我"是从谁那儿知道护盆草的名字的？ （　　）
   A. 大夫　　　　　　　　　　　B. 外国朋友
   C.《植物名实考》　　　　　　D. 老园丁

3. 云杉是： （　　）
   A. 乔木　　　　　　B. 灌木　　　　　　C. 草本植物　　　　D. 一年生植物

4. "我"被护盆草感动了，是因为它的： （　　）
   A. 低矮　　　　　　B. 顽强　　　　　　C. 黄花　　　　　　D. 碧绿

5. 原来，护盆草只要少受一些什么就可以度过漫长凛冽的冬天？ （　　）
   A. 东风　　　　　　B. 南风　　　　　　C. 西风　　　　　　D. 北风

6. 往年北京的冬天，只有什么是绿色的？ （　　）
   A. 蓖麻　　　　　　B. 云杉　　　　　　C. 护盆草　　　　　D. 竹子

7. "连石头也能感受到气候的变化呢"是什么意思？ （　　）
   A. 石头有感觉　　　　　　　B. 昆明的石头很奇特
   C. 气候影响大自然的万物　　D. 通过石头可以观察气候

8. 我是如何发现那一株护盆草的？ （　　）
   A. 园丁告诉我的　　　　　　B. 无意中发现的
   C. 朋友说的　　　　　　　　D. 大夫指点的

9. "只有园丁才配做它的知己"中"配"是什么意思？ （　　）
   A. 衬托　　　　　　B. 陪衬　　　　　　C. 配合　　　　　　D. 有资格

10. 作者通过写"越冬的小草"来表达： （　　）
   A. 如何认识一株小草的　　　B. 对生命的赞美
   C. 护盆草的来历　　　　　　D. 小草与大树的关系

五、在 A、B、C、D 中选择合适的词语替换划线的词

1. 老张,先把你的理由<u>摆</u>一下。
    A. 谈一谈　　　　B. 安排好　　　　C. 挂起来　　　　D. 摇动着

2. 就是碰破了一点儿皮,<u>没什么</u>。
    A. 没意思　　　　B. 什么也没有　　C. 没关系　　　　D. 没办法

3. 昨天看完电影,他<u>非要</u>开车送我回家。
    A. 没有　　　　　B. 不要　　　　　C. 一定要　　　　D. 要求

4. 他<u>本来</u>就胆小,这一来就更不敢说话了。
    A. 原来　　　　　B. 自己　　　　　C. 根据　　　　　D. 现在

5. <u>人家</u>都不怕,就你怕。
    A. 她　　　　　　B. 我　　　　　　C. 他　　　　　　D. 别人

6. <u>都</u>十二点了,快吃饭去吧!
    A. 过了　　　　　B. 快要　　　　　C. 已经　　　　　D. 全部

7. 在那<u>些</u>走红的歌星中,她是最年轻的。
    A. 非常出名　　　B. 非常熟悉　　　C. 观念认可　　　D. 非常红

8. 那哥俩长得很<u>一般</u>。
    A. 般配　　　　　B. 一样　　　　　C. 相像　　　　　D. 普通

六、用所给的词完成句子

1. _____,我都会去的。(不管……)
2. _____,我一直坚持学习。(除非……)
3. _____,但我还是去做了。(是……的)
4. 不要说孩子了,_____。(就是……也……)
5. _____,其他方面表现都不错。(除了……)
6. 冬天在北方能看到绿色是令人喜悦的,_____。(何况……)
7. 不要为这件事难过,_____。(……罢了)
8. 这次我不是去散步,_____。(而是……)
9. _____,不能决定我的未来。(……对我来说……)

七、选择下列各部分正确的段落大意填在后面的括号里

1. 第一部分:(1—7 自然段)　　　　　　　　　　　　　　　　(　　　)
2. 第二部分:(8—9 自然段)　　　　　　　　　　　　　　　　(　　　)
3. 第三部分:(10—19 自然段)　　　　　　　　　　　　　　　(　　　)
4. 第四部分:(20—完)　　　　　　　　　　　　　　　　　　(　　　)

A. 发现护盆草。

B. 通过护盆草的精神感悟人生。

C. 打听护盆草的来历。

D. 讲述北京的气候以及气候对大自然的影响。

E. 帮助护盆草度过冬天。

F. 观察护盆草的生命情况。

八、根据课文回答问题

1. 从文中的哪句话可以知道作者是一位老人？

2. 作者为什么要提到加拿大朋友的事？

3. 关于"阿诗玛"你知道些什么？

4. 北京冬天的特点是什么？

5. 护盆草在冬天是什么样子的？

6. 到了春天护盆草长成了什么样子？

7. 为什么要称这种草为"护盆草"？

8. 护盆草的哪些方面给了作者启发？

第二十一课　大自然的启示

[日]松下幸之助

春天的嫩芽一日一日苗长。当我的思虑仍停留在小小的嫩叶上时,那嫩叶却在我不注意的当儿,摇身长成饱满的绿叶了。

我惊讶自然界迅速的变化,它一刻也不停地活动、成长、改变着。由一片绿叶中,似乎涌溢着自地心迸发出的生命——在和风与阳光孕育的大自然中,时时刻刻涌现着无穷的生命力。

一

小小白花,静静地承受风吹雨打。不知那是什么花,然而在淅淅沥沥落个不停的雨中,竟发出闪亮的光彩,雨珠一滴滴从绿叶的尖梢悄然滚落,那娇弱引人怜爱的花姿,突然给人一种心情舒畅的感受。

雨要下就下吧,风要吹就吹吧,花瓣浸润在雨中摇颤着,它的根虽细小,却稳固地纠结于土地之中。

雨要下就下吧,风要吹就吹吧,风风雨雨总有停时;当风雨停时,小白花仍骄傲地抬着头。经过风雨的磨炼和洗礼,小白花的花瓣愈加洁白,绿叶更加鲜绿,它仍然坚毅地绽放。

小鸟鼓动着翅膀朝天空飞去,不知飞向何方,那小巧的身躯一直飞离视线之外。

当雨停止时,它拍动着弱小的翅膀,敞开喉咙,鸟声啁啾地回荡在空中。

雨要下就下吧,风要吹就吹吧。与大自然依存而生的小花与小鸟啊,当我们回顾人类这种栖栖皇皇的度日方式,或许该效法小花小鸟,那与大自然相辅相成的和谐步调。

二

冷寂的大地渐渐恢复生气,池水也逐渐泛起了暖意。春意自大地缓缓升起。

当人站立在池边时,似乎浸浴在嫩叶的香气中;水面寂静无声,远远的空中有云雀的鸣唱声。

有人用力将石头"扑通"一声投入水中,也有人轻轻将石子扔进水里。石子在水面上弹了一两下,就销声匿迹地沉入水中;渐渐地,人走开了,声音也不复追寻。

不论水面上响起的是何种声音,投什么样的石子,就会发出什么样的声音。

面对池畔各式各样的人们和各种各样的声音,有谁在事后是抱着诗人一般的情怀与感触悄然离去呢?

人去后,池边显得更宁静了。了悟出各种大小不同的石头,会响起各种大小不同的声音,而这些声音,又会给人不同的感受——池静波平,辉映着池边的嫩叶。

在这浑浑噩噩、匆匆忙忙的世界中,有时候,我们需要静静伫立在池边,只是听听那池音。

三

云,快快慢慢、大大小小、白白淡淡、高高低低,没有一刻保持着相同的模样。

仿佛是溃散崩离,又不像在溃散崩离中;一瞬间一瞬间变化着的云朵,在深蓝色的夏空中,以各式各样的姿态飘流而过。

云朵的变化,恰似人的心、人的命运。人的心也是天天都在变动,因此,人的际遇也是昨日不同于今日。

编织成明明暗暗、各式各样的人生,那分分秒秒都变幻莫测的人生际遇与命运,不禁使人为之又喜又叹。

喜也罢,悲也罢,人生仿佛流云,时时在移动变化,不做片刻的停留。

若是人的思绪有定则可寻,就算不时会心慌意乱,终究会令人泰然自得。

所以,纵然欢喜,也不必得意忘形;纵然悲戚,也不必怨天尤人。若每个人都能保持坦诚、谦虚的胸怀,在自己的工作岗位上,认真负责地工作,必可体会出那漫长人生中的无穷情趣。

在人生旅途中,不时穿插崇山峻岭般的起起伏伏,时而风吹雨打,困顿难行;时而雨过天晴,鸟语花香。总希望能够振作精神,克服困难,继续奔向前程。

在那山头上,孕育着人生的新希望。

(本文选自《走过四季·冬》,语文出版社 1997 年版)

生　词

启示（名、动）qǐshì	茁长（动）zhuózhǎng	当儿（名）dāngr
涌溢（动）yǒngyì	迸发（动）bèngfā	纠结（动）jiūjié
洗礼（名）xǐlǐ	伫立（动）zhùlì	了悟（动）liǎowù
孕育（动）yùnyù	困顿（形）kùndùn	

注　释

栖(xī)栖皇皇:紧张不安。

相辅相成:互相补充,互相配合。

浑浑噩(è)噩:形容无知的样子。

溃散崩离:全面垮台。

变化莫测:变化很多,很难预测。

泰然自得:常用来指身体感到不寻常的舒适的满足。

怨天尤人:抱怨天,抱怨别人,形容对不如意的事情一味地归咎于客观。

崇山峻岭:高大险峻的山岭。

销声匿(nì)迹:比喻隐藏起来,不公开露面。

练　习

一、根据本文内容判断正误

1. 自然界的变化,表现出无穷的生命力。　　　　　　　　　　(　　)

2. 雨中的小白花很可怜,我们应该同情它。　　　　　　　　　(　　)

3. 春天,冷寂的大地生气了。　　　　　　　　　　　　　　　(　　)

4. 向水池里投石头很好玩。　　　　　　　　　　　　　　　　(　　)

5. 各种声音会给人带来不同的感受。　　　　　　　　　　　　(　　)

6. 人生仿佛流云不停地变化。　　　　　　　　　　　　　　　(　　)

7. 人的思维是有定则可找的,所以我们完全可以泰然自得。　　(　　)

8. 做人要坦荡、谦虚。　　　　　　　　　　　　　　　　　　(　　)

9. 人生经历许多挫折困难是不应该的。　　　　　　　　　　　(　　)

10. 大自然的启示可以让我们正确对待人生。　　　　　　　　(　　)

二、用汉语解释句中划线的词语

1. 自然界的变化,表现出<u>无穷</u>的生命力。

2. 它仍然<u>坚毅</u>地绽放。

3. 云朵的变化,<u>恰似</u>人的心、人的命运。

4. 喜<u>也罢</u>,悲<u>也罢</u>,人生仿佛流云。

5. 在人生旅途中,不时穿插崇山峻岭般的<u>起起伏伏</u>。

6. <u>纵然</u>悲泣,也不必<u>怨天尤人</u>。

7. 那嫩叶却在我不注意的<u>当儿</u>,摇身长成饱满的绿叶。

8. 有时候,我们需要静静<u>伫立</u>在池边,只是听听那池音。

9. 点燃一支烟并跷起了二郎腿,显得<u>泰然自得</u>。

10. 看了这本书使她得到了<u>启示</u>。

三、用所给的词填空

不复	变幻莫测	当儿	辉映	度日
绽放	伫立	泰然自得	纵然	怨天尤人

1. 放大假的前几天,他感到_____如年,恨不得立刻就回家。

2. 在我和朋友说话的_____,汽车开走了。

3. 当他拿到大学录取通知书的时候,脸上_____出了幸福的笑容。

4. 考上了大学,他感到_____。

5. 咱们说好时间,_____有天大的事,我也会按时赶到。

6. 山上的天,小孩的脸,_____,要多带点儿衣服。

7. 他_____在窗前,望着远方。

8. 遇到挫折,不要_____。

9. 阳光_____在河面上,波光粼粼。

10. 家里盖起了新房,原来的旧屋子已_____存在了。

四、根据课文选择正确的词语填空

1. 外面_____地飘着小雨。(淅淅沥沥、哗哗啦啦、丁丁当当)

2. 树上_____的鸟叫声吸引了我。(啁啾、嘎嘎、咯咯)

3. 人类总是_____地生活着。(轻轻松松、紧张不安、痛苦万分)

4. 天上_____的云很像人生。(得意忘形、五颜六色、变幻多端)

5. 灯光与月光,交相_____。(辉映、辉照、映照)

6. 在那山头上,_____着新的希望。(存在、酝酿、怀孕)

7. 我们每个人都要经受生活的磨炼和_____。(洗礼、洗涤、洗濯)

8. 因为每天编著文章,身体颇为_____。(疑惑、困难、困顿)

9. 我们不能_____地过日子。(清清楚楚、浑浑噩噩、快快乐乐)

10. 在人生旅途中,_____会出现起起伏伏。(常常、不常常、平时)

五、在 A、B、C、D 中选择合适的词语替换划线的词

1. 咱们什么时候<u>动身</u>啊?

    A. 行动   B. 出发   C. 举行   D. 进行

2. 昨天他游泳游得真<u>痛</u>快。
    A. 高兴　　　　　B. 疼　　　　　C. 不舒服　　　　D. 快

3. 这个收音机样子很<u>别致</u>。
    A. 难看　　　　　　　　　　B. 漂亮
    C. 新奇　　　　　　　　　　D. 不错

4. 今天的电视节目<u>还可以</u>，所以我坚持看到了最后。
    A. 不错　　　　　　　　　　B. 精彩
    C. 非常好　　　　　　　　　D. 清楚

5. 我等了<u>好一会儿</u>他才来。
    A. 相当长时间　　　　　　　B. 不长时间
    C. 太长时间　　　　　　　　D. 一段时间

6. 老人、孩子和体弱者<u>尤其</u>要注意营养与卫生。
    A. 当然　　　　　B. 真的　　　　C. 也许　　　　D. 更

7. 我去<u>打</u>饭，请等一会儿。
    A. 看　　　　　B. 做　　　　　C. 买　　　　D. 吃

8. 这件事我<u>回头</u>帮你问问，有了消息就告诉你。
    A. 过一会儿　　　　　　　　B. 转头向后
    C. 过后　　　　　　　　　　D. 过一段时间

9. 他每天<u>准时</u>来检查工作。
    A. 在允许的时间　　　　　　B. 按时
    C. 同意的时间　　　　　　　D. 准备好时间

10. 在人生旅途中，<u>不时</u>穿插崇山峻岭般的起起伏伏。
    A. 不经常　　　　　　　　　B. 平常
    C. 时常　　　　　　　　　　D. 平时

六、从下面的选项中选出各部分惟一正确的段落大意填在后面的括号里

1. 第一部分：由春天的嫩芽领悟到　　　　　　　　　　　　（　　）
2. 第二部分：通过雨中的小白花和小鸟想到　　　　　　　　（　　）
3. 第三部分：听到水池中发出的不同声音　　　　　　　　　（　　）
4. 第四部分：天上不停变化的白云就像　　　　　　　　　　（　　）
5. 第五部分：通过对大自然的感悟我们懂得　　　　　　　　（　　）

A. 要去静静地感受大自然的美

B. 大自然变化很快，涌现着无穷的生命力

C. 人的心、人的命运是不断变化的，我们要正确对待这一切

D. 我们要和大自然相辅相成地和谐发展

E. 我们每天都要悠然自得

F. 人生旅途中,充满了挫折与困难,我们要勇敢去面对

G. 我们要抱着诗人的情怀去生活

七、根据课文回答问题

1. 作者对小白花和小鸟的描写说明了什么?

2. 池中的声音是怎么变化的?

3. 第二部分的最后一段讲了什么?.

4. 天上的云有什么特点?

5. 作者从云讲到了人生,你有什么感想?

6. 为什么人总希望能够振作精神,克服困难,继续奔向前程?

7. 你认为本篇文章里哪句话最精彩,为什么?

8. 作者一共写了几种大自然中的东西?

9. 在人生旅途中,"时而风吹雨打,时而鸟语花香"各指什么?

第二十二课　女人的智慧

[英]H·派尔

在伟大的所罗门王在世的时候,世间的大小魔王就像星星那么多。

所罗门王从不放过他们。他把他们封进瓶子投入大海,或者锁入箱子埋在地下,要么就像稻草一样捆在一块儿烧掉。

有一天,所罗门王正在花园里散步,迎面撞见一个魔鬼。"嘿!"魔鬼说,"你就是把我的朋友们封进瓶子扔到大海里的所罗门吧。让我们较量一下,分出谁是主人,谁是奴仆!"

谁也没有见过这样的一场恶战。他们从早晨斗到黄昏,直斗得天昏地暗,雷电交加,大地颤动不已。

最后,所罗门王扼住了魔鬼的咽喉,把他制服了。

所罗门王让魔鬼服侍了他 7 年,然后把他封进瓶子,埋在了 1000 里以外的荒野。我们的故事就从这儿开始了。

几千年过去了,所罗门王当初埋藏瓶子的荒野变成了繁华的都市,市民们为了各自的营生终日忙碌。他们中有个小裁缝,是个节俭的人。有一天,他多日蓄积的钱终于能够装满一个陶罐了。晚上,他就点着油灯,带了铲子去后院埋藏他小小的财产。他的铁铲刚触到泥土,就"当"地一声被弹了回来。"咦,这是什么?"要是他像你我知道得那么多,准会把土重新掩上,或许还要用脚踩踩结实。

可他继续往下挖,不一会儿露出了一只铁环,他使劲往上一提,竟拽出一只锈迹斑斑的铁箱。箱子上写着"不能打开"的字样。

小裁缝不假思索就把它打开了,里边又是一只小一号的箱子。他一口气连着打开七只箱子,每只箱子上都写着"不能打开"四个字。最后一只里是一个瓶子。他提着油灯端详半天,最后断定这不过是只普通的瓶子,于是又把瓶口那古怪的封条扯了下来。

砰!瓶塞儿自己崩了出去,一束青烟从瓶中冒出来升到跟星星那样高,而且越来越浓,像墨那样黑。继而出现了两只火炭一样的眼睛,一张可怕的面孔。

"你是谁?"怪物问道。

"尊贵的主人,"裁缝答道,"我不过是个裁缝。"

怪物大笑起来:"想不到所罗门王一天的辛劳竟毁于一个小裁缝之手。"

"听好了,裁缝。你使我重获自由,我自然要报答你。从今日起,我听从你的调遣。但是如果有一天你再也找不出事情让我做，我就会拧断你的脖子。"魔鬼说完就消失了。

这时节，正好当朝宰相要裁缝为他做一件袍子。第二天魔鬼一到，裁缝就把这份差事交给了他。于是魔鬼盘腿坐在桌子前又剪又裁的，不多久，袍子便做好了。裁缝从没有见过这么漂亮的袍子，于是忙把它叠好，送到了宰相那里。

宰相当天就身着新袍上朝了，没过多久，满城的人都在纷纷议论赞赏宰相的新装。后来大家全都来请裁缝制作衣服，于是魔鬼也便整日价地劳作，裁缝也便因此而发了大财。

从此，裁缝的日子过得十分舒心自在。有一天，他工闲坐在窗前，突然街上传来一阵喧闹声，原来是一位公主打这里经过。这是裁缝平生第一次见到一位公主；他立即被她的美貌迷住了。于是，他告诉魔鬼说他要娶国王的女儿为妻。

魔鬼来到王宫，对国王说："比您还要尊贵的、天下最富有的裁缝要娶公主为妻。"国王想了想回答道："我要一件订婚之物，必须是天下所有国王都无法得到的。"

魔鬼听后，立即献上一只红宝石杯，里面盛满了黄金。更妙的是，每次舀完杯中的金子，又会自行盈满。但是国王并不因此满足。他又说："我要一座宫殿，必须是世上任何一位国王都未曾有过的。"这难不住魔鬼。他一击掌，天边顿时涌来一团乌云，笼罩了全城。云中传出乒乒乓乓的响声。不久，乌云散去，一座豪华富丽的白色宫殿显现而出，金色的尖塔和圆顶在阳光下闪闪放光。国王和群臣都看呆了。大家一致赞同把公主嫁给这个天下最伟大的裁缝，而且决定婚礼就在当晚举行。

婚礼办得既热闹又排场，裁缝成了世界上最快活的人。公主也为自己能嫁给比国王还尊贵的人而感到欣慰。

但是第二天早上，当魔鬼像往常一样出现在裁缝面前等候调遣时，裁缝却再也找不到事情让他去做了。他只好对魔鬼说："一个人所能要求的你都做完了，你走吧。"

直到现在魔鬼才露出了狞笑，直笑得獠牙闪亮，面孔乌黑。"给我工作，不然就准备死吧。"

裁缝现在才知道自己落入了魔鬼的圈套，但他是个机灵的人，他说："我想要一个一里长、一里宽的湖，要用大理石镶边，湖水要像水晶一样清澈。"

魔鬼冷笑一声跳到空中，四周霎时漆黑一片。黑暗中传来阵阵掘土声和注水声。黑暗散去后，一个一里长、一里宽的湖出现了，大理石镶边，湖水像水晶一样清澈。

"把城外的高山变成一片田园和苗圃。"裁缝吩咐道。他暗想，就是魔鬼也做不了这件事情。

但是魔鬼大笑起来，他猛一跺脚，大地立时颤动不已。远处的高山崩塌了，陷落了，原来的地方出现了大片的田园和苗圃。

"我再没有事情让你做了，只是死之前，我想见见妻子。"可怜的裁缝说。

　　魔鬼答应了。他要聪明些就该说"不行"。裁缝见了公主，不禁落下泪来。公主问明了事情的缘由，忍不住笑起来。她拔下自己的一根卷发交到裁缝手中，说道："把这根头发交给怪物，叫他把它捋直。"裁缝因为自己想不出别的办法，只好拿了头发去见魔鬼。"把这根头发弄直，"他对魔鬼说。

　　魔鬼觉得裁缝派的差事实在可笑，但是他还是把头发夹在食指和拇指间，想把它扯直，可是头发却卷得更厉害了；他又把头发放在掌心，用巴掌使劲地拍，仍然无济于事。他皱着眉头想了半天，又把头发放在膝上，用双手一个劲儿地往下按。就这样魔鬼苦苦干了一天，到黄昏时分，那根头发仍旧像先前那样卷曲着。魔鬼自知自己被挫败了。"我被制服了！我被制服了!"他像一股黑色的旋风，大叫着飞走了。

　　就这样，公主的一根头发竟胜过了所罗门王无边的法力。难怪古谚说："当男人的勇气和力量受挫时，可别忘记女人的智慧。"

（选自《世界少年文学作品精选》，世界知识出版社，孙晨编译）

生　词

智慧（名）zhìhuì	恶战（名）èzhàn	较量（动）jiàoliàng
营生（名）yíngshēng	拽　（动）zhuài	端详（动）duānxiáng
扯　（动）chě	封条（名）fēngtiáo	崩　（动）bēng
调遣（动）diàoqiǎn	舀　（动）yǎo	狞笑（动）níngxiào
獠牙（名）liáoyá	霎时（名）shàshí	捋直（动）lǚzhí
古谚（名）gǔyàn	差事（名）chāishi	

注　释

天昏地暗：1)天地一片昏黑。常用以形容风霾、雷雨时的自然景象。

　　　　　2)指天色晚。

　　　　　3)非常厉害。

　　　　　4)比喻社会黑暗腐败。

颤动不已：不停地振动。颤动着的树枝。

所罗门：西方神话故事中管理众神的神灵。

无济于事：对解决问题毫无帮助。

锈迹斑斑：生锈的，斑点众多的样子。

舒心自在：心情舒畅自由。

练　习

一、根据文章内容判断正误

1. 所罗门在世的时候,世间的大小魔王长得像星星。　　　　　　　（　　）

2. 所罗门与魔鬼的较量中,胜利者当主人,失败者当奴仆。　　　　（　　）

3. 小裁缝专门拿着铲子去将魔鬼挖了出来。　　　　　　　　　　　（　　）

4. 小裁缝不小心打开了盛魔鬼的盒子。　　　　　　　　　　　　　（　　）

5. 魔鬼是个忘恩负义的家伙,他想杀了小裁缝。　　　　　　　　　（　　）

6. "把城外的高山变成田园和苗圃",这个要求魔鬼没做到。　　　　（　　）

7. 小裁缝的妻子就是聪明的公主。　　　　　　　　　　　　　　　（　　）

8. 把头发捋直是一件容易的事。　　　　　　　　　　　　　　　　（　　）

9. 最后是小裁缝的妻子制服了魔鬼。　　　　　　　　　　　　　　（　　）

10. 公主用一根头发战胜了所罗门。　　　　　　　　　　　　　　（　　）

二、用汉语解释句中划线词语

1. 突然刮起了大风,只见<u>天昏地暗</u>,日月无光。

2. 到了这日,只有一个把兄弟,寄来五百两银子,也<u>无济于事</u>。

3. 有的丈夫愿意参加,而老婆<u>扯后腿</u>。

4. 单位领导<u>调遣</u>我去南疆工作。

5. 难怪她这么熟练,原来是一位<u>老手</u>了。

6. 经过三个多小时的<u>恶战</u>,红军占领了桥头。

7. 找个临时<u>差事</u>干干。

8. 我从一个坏家伙的手上<u>捋下</u>一只手套。

9. <u>霎时</u>,人们眼前似乎出现了陈毅同志那叱咤风云的形象。

10. 他猛一<u>跺脚</u>,大地立刻<u>颤动不已</u>。

三、选词填空

　　　　积蓄　一口气　拽　漆黑　端详　要是　欣慰　智慧　难怪　节俭

1. 我一把＿＿＿＿＿＿＿＿不住,他就掉了下去。

2. 知道自己考上了大学,父亲感到非常＿＿＿＿＿＿＿＿。

3. 那个＿＿＿＿＿＿＿＿的夜晚,我走在回家的路上。

4. 挣了几年钱,他手头儿有了一点＿＿＿＿＿＿＿＿。

5. 无论在家还是在学校,生活方面都要＿＿＿＿＿＿＿＿。

142

6. 不只是情感和愿望，_____在决定这些重要问题时必然有其作用。

7. 你_____没有时间来的话，我可以去找你。

8. 我们_____把活干完了。

9. 他_____了半天，也没认出是我来。

10. 这也_____，他刚来不久，对情况还不大熟悉。

四、词语替换划线词语

霎时　　思索　　受挫　　劳作　　豪华
仍然　　狞笑　　笼罩　　制服　　古谚

1. 小李不加考虑地答应了我的要求。

2. 农民整日在田地里辛苦劳动，收获却很少。

3. 一声巨响，短时间天空中出现了许多美丽的火花。

4. 大礼堂布置得气派华贵。

5. 当他的计划遭受失败后，他并没有失去信心。

6. 敌人凶狠恶毒地笑着向我们冲了过来。

7. 大雾覆盖了整个山谷。

8. 警察用强制手段降伏了罪犯。

9. 问他为什么，他总是说古训如此。

10. 下班以后他照样在考虑工作中的问题。

五、请从 A、B、C、D 四个答案中选择正确的答案

1. 他一口气连着打开七只箱子。
   A. 呼吸了一次　　　　　　　　B. 憋着气
   C. 没有中断，无间断　　　　　D. 花大力气

2. 所罗门扼住了魔鬼的喉咙。
   A. 拉住　　　　B. 拽住　　　　C. 掐住　　　　D. 扭住

3. 市民们为了各自的营生终日忙碌着。
   A. 谋生手段　　　　　　　　　B. 养生
   C. 经营办法　　　　　　　　　D. 生机

4. 要是他像你我知道得那么多，准会把土重新掩上。
   A. 他比你我知道得多　　　　　B. 你我比他知道得多
   C. 他和你我知道得一样多　　　D. 你我他都不知道

5. 当男人的勇气和力量受挫时，可别忘记女人的智慧。
   A. 有时男人解决不了的问题女人能解决

B. 女人比男人强

C. 勇气和力量是能够解决一切的

D. 男人比女人强

6. 反正活不了多久,听天由命吧。

    A. 肯定是   B. 反过来说

    C. 完全错误   D. 意见不同

7. 他再三请求老师原谅,保证不再重犯这样的错误。

    A. 再一次   B. 又

    C. 三番两次地   D. 三次

8. 人老了,大概都有一种恋旧的情绪。

    A. 暂时   B. 大部分   C. 常常   D. 可能

9. 你别写得太晚了,明天还得早起呢!

    A. 会   B. 可以   C. 应该   D. 想

10. 什么? 他想去? 没门儿!

    A. 没有屋门   B. 表示不同意

    C. 没有办法   D. 没有关系

六、据课文填写划线部分

    很久以前所罗门制服了许多魔鬼,其中一个被＿＿＿＿＿＿＿＿＿＿＿,埋在荒野。几千年以后一个小裁缝挖出了这个瓶子,并放出了魔鬼。魔鬼许诺说:"＿＿＿＿＿＿＿＿＿＿＿"。这个魔鬼按他说的给小裁缝＿＿＿＿＿＿＿＿＿。当小裁缝无事可做时,魔鬼＿＿＿＿＿＿＿＿＿。他妻子给他想了一个办法,＿＿＿＿＿＿＿＿＿＿＿。最后魔鬼＿＿＿＿＿＿＿＿＿＿＿。

七、选择下列各部分正确的段落大意填在后面的括号里

1. 第一部分:(1—6 自然段)   (   )

2. 第二部分:(7—16 自然段)   (   )

3. 第三部分:(17—完)   (   )

A. 魔鬼是如何完成自己的承诺的。

B. 魔鬼干了那些坏事。

C. 魔鬼是如何被装进瓶子里的。

D. 小裁缝是如何打败魔鬼的。

E. 小裁缝是如何发现魔鬼的。

八、据课文回答问题

1. 魔鬼为什么要找所罗门较量？

2. 铁箱上写着"不能打开"，为什么小裁缝还要打开它？

3. 魔鬼给小裁缝许下了什么承诺？

4. 小裁缝是如何娶到公主的？

5. 小裁缝让魔鬼做了几件事？第几件事没有做成功？

6. 为什么说小裁缝落入了魔鬼的圈套？

7. 小裁缝为什么要在临死前要见妻子？

8. 女人的智慧表现在哪些方面？

9. 你能想出一些制服魔鬼的方法吗？试着说一说。

10. 你读完这个故事后有什么启发？

第二十三课　小溪流的歌

严文井

小溪流有一支歌，是永远唱不完的。

一条快活的小溪流哼哼唱唱，不分日夜地向前奔流。山谷里总是不断响着他歌唱的回声。太阳出来了，太阳向着他微笑。月亮出来了，月亮也向着他微笑。在他清亮的眼睛里，世界上所有的东西都像他自己一样新鲜，快乐。他不断向他所遇到的东西打招呼，对他们说："你好，你好！"

小溪流一边奔流，一边玩耍。他一会儿拍拍岸边五颜六色的卵石，一会儿摸摸沙地上才伸出脑袋来的小草。他一会儿让那些漂浮着的小树叶打个转儿，一会儿挠挠那些追赶他的小蝌蚪的痒痒。小树叶不害怕，轻轻转了两个圈儿，就又往前漂。小蝌蚪可有些怕痒，就赶快向岸边游；长了小腿的蝌蚪还学青蛙妈妈慌张地蹬开了腿。

小溪流笑着往前跑。有巨大的石块拦住他的去路，他就轻轻跳跃两下，一股劲儿冲了下去。什么也阻止不了他的奔流。他用清亮的嗓子歌唱，山谷里不断响着的回声也是清脆的，叫人听了就会忘记疲劳和忧愁。

小溪流在狭长的山谷里奔流了很久，后来来到了一个拐弯的地方。那里有一截枯树桩，还有一小片枯黄的草。枯树桩年纪很老，枯黄的草也不年轻。他们天天守在一起，就是发牢骚。他们觉得什么都不合适，什么都没有意思。后来连牢骚也没有新的了，剩下来的只有叹气。他们看着活泼愉快的小溪流奔流过来，觉得很奇怪，就问他：

"喂，小溪流！这么高兴，到哪儿去呀？"

小溪流回答：

"到前面去，自然是到前面去呀。"

枯树桩叹口气说：

"唉，唉！忙什么呀，歇会儿吧！"

枯黄的草也叹口气说：

"唉，唉！累坏了可不是玩儿的，就在这儿待下来吧，这儿虽然不太好，可也还不错。"

小溪流看着他们笑了笑，

"为什么呀？就不！不能够停留！"

一转眼小溪流就把他们丢在后面了,他又不住地往前奔流。前面出现了村庄。村庄里有水磨等着他去转动。

小溪流就这样不知疲倦地奔流,奔流,渐渐又有些旁的小溪流来同他会合在一起,小溪流就长大了。

于是,由小溪流长成的一条小河,沙声地歌唱着,不分早晚地向前奔流。他精神旺盛,精力饱满,向着两边广阔的原野欢呼。他翻腾起水底沉淀的泥沙,卷起漂浮的枯树枝,激烈地打着回旋。他兴致勃勃地推送着木排,托起沉重的木船向前航行。什么也阻止不住他的前进。前面有石滩阻碍他,他就大声吼叫着冲过去。小河就这样奔流,不断向前奔流。

有一只孤独的乌鸦懒懒地跟着他飞行了一阵。乌鸦看见小河总是这样活跃,这样匆忙,觉得很奇怪,就忍不住问:

"喂,小河! 这么忙,到哪儿去呀?"

小河回答:

"到前面去呀。"

乌鸦往下飞,贴近了他,恐吓他说:

"嘿,别高兴! 还是考虑考虑吧,前面没有好玩意。"

小河没忘记自己原来是小溪流,他笑了一笑:

"为什么? 才不听你的咧! 就不能停留!"

乌鸦生了气,一下说不出话来,就只叫:

"呀! 呀! 呀!"

小河很快就把乌鸦丢在后面,又不住地往前奔流。前面出现了水闸,等着他去推动发电机。小河高高兴兴地做了一切他该做的工作。再前面又出现了城市。

小河不知疲倦地奔流,奔流,就这样先先后后又有些旁的小河同他汇集在一起,小河就长大了。

于是,一条大江低声吟唱着,不分时刻地向前奔流。他变得十分强壮,积蓄了巨大无比的精力。他眺望着远远隐在白云里的山峰,以洪亮而低沉的胸音向他们打招呼。他不费力就掀起一阵阵汹涌的波涛,他沉着地举起庞大的轮船,帮助他们迅速航行。他负担着许多,可是他不感觉什么负担。大江就这样奔流,不断向前奔流。

那些被波浪卷起,跟随大江行进的泥沙却感到累了,问:

"喂,大江! 老这么跑,到底要往什么地方去呀?"

大江回答:

"还要到前面去呀。"

疲乏得喘不过气的泥沙愤愤地说:

"'前面','前面'! 哪有那么多'前面'! 已经走得差不多了,还是歇口气吧!"

大江的记性很好,他没有忘记自己原来是小溪流,轻轻地笑了笑:

"为什么? 不行! 不能停留!"

泥沙带着怨恨,偷偷地沉下去了,可是大江还是不住地奔流。许多天就好像一天,许多月就好像一个月,他经过了无数繁荣的城市和无数富足的乡村,为人们做了无数事情,终于最后来到了海口。

大江还是不知道疲倦是怎么一回事;他奔流着,奔流着,永远向着前方。

于是,无边无际的蓝色海洋在欢乐地动荡着。海洋翻腾起白色的泡沫,强烈地向着四方欢唱。他是这样复杂,又是这样单纯;是这样猛烈,又是这样柔和。他一秒钟也不停止自己的运动。

在海底,一只爬满了贝壳的、朽烂得只剩一层发锈的铁壳的沉船,他早已不耐烦海洋这无休无止的晃动了,悄悄地问:

"可以休息了吧,可以休息了吧?"

海洋记得住一切,他以和小溪流同样清亮的嗓子回答:

"休息? 为什么? 那可不成!"

他的无穷尽的波浪就这样一起一伏,没有头,也没有尾。月亮出来了,月亮向着他微笑。太阳出来了,太阳也向着他微笑。海洋感觉到整个世界,所有的东西都好像近在他的身边。海洋更加激起了自己的热情。他不断涌起来,向上,向前,向着四面八方。无数圆溜溜的小水珠就跳跃起来,离开了他,一边舞蹈,一边飞向纯洁的蓝空。

巨大的海洋唱着小小的溪流的歌:

"永远不休息,永远不休息!"

小溪流的歌就是这样无尽无止,他的歌是永远唱不完的。

(选自《小溪流的歌》,人民文学出版社)

生　词

快活（形）kuàihuo　　　回声（名）huíshēng　　　清亮（形）qīngliàng

新鲜（形）xīnxiān　　　转弯（动）zhuǎnwān　　　年纪（名）niánjì

歇　（动）xiē　　　　　饱满（形）bǎomǎn　　　　沉淀（动）chéndiàn

活跃（动、形）huóyuè　恐吓（动）kǒnghè　　　　玩意儿（名）wányìr

眺望（动）tiàowàng　　汹涌（形）xiōngyǒng　　　记性（名）jìxing

耐烦（形）nàifán　　　纯洁（形）chúnjié

注　释

可不是玩儿的:表示后果严重。

不成:不行。

打招呼:(见面时)用言语或动作表示问候。

五颜六色:各种各样的颜色。

发牢骚:发泄心中的不满、说抱怨的话。

练　习

一、据课文内容判断正误

1. 小溪流总是在欢乐地奔流。　　　　　　　　　　　　　　　　（　　）

2. 小溪流觉得世界上的东西非常新鲜。　　　　　　　　　　　　（　　）

3. 小溪流没向它所遇到的东西打招呼就走了。　　　　　　　　　（　　）

4. 小蝌蚪一点儿也不怕痒。　　　　　　　　　　　　　　　　　（　　）

5. 小溪流遇到巨石阻拦就停下了。　　　　　　　　　　　　　　（　　）

6. 小溪流在狭长的山谷里奔流了很久。　　　　　　　　　　　　（　　）

7. 小河推送着木排,托着沉重的木船前进。　　　　　　　　　　（　　）

8. 乌鸦愿意跟小河向前走。　　　　　　　　　　　　　　　　　（　　）

9. 乌鸦吓唬小河,不让他向前走。　　　　　　　　　　　　　　（　　）

10. 大江和小河一样强壮。　　　　　　　　　　　　　　　　　　（　　）

11. 大江负担了许多,他感到很重、很累。　　　　　　　　　　　（　　）

12. 大江忘记了自己原来是什么,愿意停下来。　　　　　　　　　（　　）

13. 海洋总是这么单纯、柔和。　　　　　　　　　　　　　　　　（　　）

14. 沉船非常愿意海洋不停地晃动。　　　　　　　　　　　　　　（　　）

15. 海洋没唱小溪流的歌,因为它的歌唱完了。　　　　　　　　　（　　）

二、用汉语解释句中划线的词语

1. 长了小腿的蝌蚪还<u>学</u>青蛙妈妈慌张地蹬开了腿。

2. 他轻轻跳跃两下,<u>一股劲儿</u>冲了下去。

3. 到前面去,<u>自然</u>是到前面去。

4. 这儿虽然不太好,可也还<u>不错</u>。

5. 他眺望着远远<u>隐</u>在白云里的山峰。

6. 可是大江还是<u>不住</u>地奔流。

7. <u>无边无际</u>的蓝色海洋在欢乐地动荡着。

8. 一转眼小溪流就把他们<u>丢</u>在后面了。

9. 乌鸦往下飞，<u>贴</u>近了他。

10. 已经走得差不多了，还是<u>歇口气</u>吧！

11. 小河<u>沙声</u>地歌唱着。

12. 大江<u>积蓄</u>了巨大无比的力量。

13. 他<u>兴致勃勃</u>的推送着木排。

14. 泥沙<u>愤愤</u>地说："哪有那么多'前面'！"

15. 小水珠飞向<u>纯洁</u>的天空。

三、在 A、B、C、D 中选择合适的词语替换划线的词语

1. 一会儿摸摸沙地上才伸出<u>脑袋</u>来的小草。 （　　）

    A. 口袋　　　　　B. 头　　　　　　C. 脑筋　　　　　D. 大脑

2. 小蝌蚪有些<u>怕</u>痒。 （　　）

    A. 害怕　　　　　B. 担心　　　　　C. 估计　　　　　D. 可怕

3. <u>叫</u>人听了就会忘记疲劳和忧愁。 （　　）

    A. 发声　　　　　B. 使　　　　　　C. 呼唤　　　　　D. 称为

4. 他们天天<u>守</u>在一起，就是发牢骚。 （　　）

    A. 防守　　　　　B. 遵守　　　　　C. 聚集　　　　　D. 守卫

5. 它早已不耐烦海洋这<u>无休无止</u>的晃动。 （　　）

    A. 停止　　　　　B. 休息　　　　　C. 不动　　　　　D. 永不停息

6. 又有些<u>旁</u>的小河同它汇集在一起，小河就长大了。 （　　）

    A. 旁边　　　　　B. 别的　　　　　C. 一边　　　　　D. 边远

7. 它以和小溪流同样清亮的<u>嗓子</u>回答沉船。 （　　）

    A. 喉咙　　　　　B. 嗓音　　　　　C. 语气　　　　　D. 嘴巴

8. <u>老</u>这么跑，到底要往什么地方去呀？ （　　）

    A. 总是　　　　　B. 年老　　　　　C. 硬　　　　　　D. 旧

9. <u>忙</u>什么呀，歇会儿吧！ （　　）

    A. 着急　　　　　B. 慌忙　　　　　C. 帮忙　　　　　D. 繁忙

10. 泥沙沉下去了，可是大江还是<u>不住</u>地奔流。 （　　）

    A. 不在　　　　　　　　　　B. 不停

    C. 不留　　　　　　　　　　D. 不完

四、选词填空

　　　新鲜　慌张　合适　歇　快活　活跃　记性　负担　单纯　柔和

1. 屋子里的光线很_____。

2. 他第一次来到大城市觉得一切都是那么_____。

3. 你的想法有点儿_____。

4. 人们都说他是个_____的小伙子。

5. 看见有人来了，他_____地走开了。

6. 我的_____不太好，这事差一点儿忘了。

7. 他选了半天也没选上_____的衣服。

8. 小王在班里很_____，什么活动都少不了他。

9. 如果累了，你就_____一会儿吧。

10. 他家收入少，又有孩子上学，所以_____很重。

五、根据课文内容选择恰当的答案

1. 小蝌蚪为什么见了小溪流就赶快向岸边游？　　　　　　　　（　　）

　　A. 找妈妈　　　　　　　　　　B. 没学会游泳

　　C. 怕痒　　　　　　　　　　　D. 找吃的

2. 有巨大的石块拦住小溪流的去路，小溪流　　　　　　　　　（　　）

　　A. 停下了　　　　　　　　　　B. 冲了下去

　　C. 返回去了　　　　　　　　　D. 不知该去哪儿

3. 枯树桩、枯草天天在一起　　　　　　　　　　　　　　　　（　　）

　　A. 发牢骚　　　　B. 发脾气　　　　C. 唱歌　　　　D. 看小溪流表演

4. 小溪在途中没有遇到什么？　　　　　　　　　　　　　　　（　　）

　　A. 蝌蚪　　　　B. 巨石　　　　C. 枯草、树桩　　　　D. 乌鸦

5. 下面哪个词语不是形容小河的？　　　　　　　　　　　　　（　　）

　　A. 精神旺盛　　　B. 精力饱满　　　C. 懒懒地　　　D. 兴致勃勃

6. 乌鸦看见小河一直往前奔流就　　　　　　　　　　　　　　（　　）

　　A. 夸奖他　　　B. 鼓励他　　　C. 恐吓他　　　D. 跟着他走

7. 跟随大江行进的泥沙　　　　　　　　　　　　　　　　　　（　　）

　　A. 继续前进　　　B. 没感到累　　　C. 非常高兴　　　D. 偷偷地沉下去了

8. 大江最后来到了　　　　　　　　　　　　　　　　　　　　（　　）

　　A. 河口　　　B. 海口　　　C. 乡村　　　D. 城市

9. 海洋是怎样的？　　　　　　　　　　　　　　　　　　　　（　　）

　　A. 欢快地动荡着　　　　　　　　B. 静止的

C. 无热情的　　　　　　　　　　　　D. 愿意休息的

10. 下面那一项不是海洋的特点？　　　　　　　　　　　　　　（　　）

A. 复杂　　　　　　B. 猛烈　　　　　　C. 奔流　　　　　　D. 柔和

六、选择正确答案完成句子

1. 小溪流一边奔流，＿＿＿＿＿＿＿。

2. 他一会儿拍拍岸边五颜六色的卵石，＿＿＿＿＿＿＿。

3. 枯树桩年纪很老，＿＿＿＿＿＿＿。

4. 他负担着许多，＿＿＿＿＿＿＿。

5. 他是这样复杂，＿＿＿＿＿＿＿。

6. 无穷尽的波浪就这样一起一伏，＿＿＿＿＿＿＿。

A. 没有头，也没有尾

B. 枯黄的草也不年轻

C. 又是这样单纯

D. 一边玩耍

E. 一会儿摸摸沙地上才伸出脑袋来的小草

F. 可是他不感觉什么负担

G. 又不住往前奔流

H. 一股劲儿冲了下去

七、回答问题

1. 小溪流不分日夜地要干什么？

2. 小溪流要到哪里去？

3. 小溪流一路上都遇到了什么？

4. 小溪流是怎么成长的？

5. 小河是怎么样的？

6. 小河是怎么样对待乌鸦的？

7. 大江在前进的路上做了些什么？

8. 大海是怎样的？

9. 大海为什么还在继续唱歌？

10. 小溪流代表了一种什么精神？

11. 为什么说小溪流的歌是无尽无止的？

12. 你认为应该学习小溪流的什么精神？

第二十四课　心中的鹰

唐　敏

天上再也看不到翱翔的鹰了。

现在的孩子也不玩"老鹰捉小鸡"了。

小时候,住在一大排高高的桉树底下。小木房子的前面后面是荒草地。蓝天格外开阔。孩子们在草地里赛跑,有人喊:

"老鹰!老鹰来啦!"

我们用小手遮住阳光,久久眺望着鹰。鹰张开翅膀在蓝天上摆成个"一"字。许久,身子一斜,听任气流托着它回旋。

在我们心里,鹰是空中的音乐。

最难忘是老鹰带小鹰学飞。鹰爸爸、鹰妈妈,中间是很小的鹰。逆风飞,并拢翅膀直线坠下,再鼓动双翼直线上升。

爸爸妈妈并排齐肩,后面是儿子。品字形上升,品字形下坠,品字形斜过蓝天。

不管多么绝望、悲伤,只要看到鹰从天上飞过,心就不会死。

大自然允许鹰活得庄严并且能够预知自己的死亡。鹰是少数能够预知生死的动物。

自知死亡将至的鹰,悄悄离开巢穴,飞向人迹不到的深山。在那里一次又一次向高高的蓝天冲击,直到耗尽全力。它收拢巨大的翅膀,箭一样扎进瀑布冲泻的深潭。

潭水深,深得羽毛也无法浮起来。

每一次见到雪浪万丈的瀑布,便听到鹰的歌声从九泉之下直达蓝天!

鹰的生存艰难,一对老鹰要两年才生一个蛋,平均两个蛋中只能孵出一只小鹰,全靠充足的食物它方能侥幸长大。

活到现在,我只抚摸过一只鹰。

我抚摸它时,它已经死了。

那是我住在小木房的时候。我和小伙伴们看见四五个解放军战士,持着枪,悄无声息来到桉树下,躲躲藏藏地眺望天空。我们跟来跟去,问:

"叔叔,你们打飞机吗?"

"小声点!我们打鸟呢。"

"你们谁打得最准?"

战士们指着皮肤黝黑、非常年轻的一位：

"他！他家祖祖辈辈打猎。"

我们立刻迷上了这位严肃的小个子战士。

可是他们并不打麻雀，却在这里等了有四五天。我突然明白了，就问小猎人战士："你们，要打老鹰吗？"

他一下子捂住我的嘴，小声说：

"不许讲，它会听到的！它知道有人打它就不出来了。它是最了不起的鸟！"

我顿时呆住了。等他们一走，我和伙伴们就向着天空大喊：

"老鹰啊！不要来！"

奔出小木屋，看见鹰以一种波浪状的斜线向地面上慢慢落下来。

"啊——老鹰！老鹰啊！"

我奔向宽阔的野草地。

老鹰啊！老鹰掉在草地上，无声无息。

猎人小战士从远处奔来，神情万分痛苦。他跑起来也是无声无息的，像敏捷的鹿儿。他张着嘴，眼光迷乱。

我从草地上爬近那只鹰。它竟是那样年轻，像十六岁的少年。一只翅膀张开，保持着飞翔的姿态。一只眼睛看着蓝天，睁得圆圆的。这是一颗淡紫色的玛瑙，布满细小的蜂窝状棱面，太阳在里面反映出无数亮点，最清澈、最明亮的。

传达室的贺老头挥舞着大蒲扇，骂声震天地跑来。他本是个老猎人。他对战士们大喝：

"你们！竟敢打老鹰？从今以后，你们的枪子别想再打中目标啦！谁打死老鹰，谁的眼要瞎掉的！"

小猎人屈下一条腿，跪在鹰身边，抚摸它的羽毛。他颓然、悲伤。

"我是为我们班长。他是世界上最好的人！让我瞎了眼吧！让我再也不能打猎了吧！"

其他的战士默默低着头，站在远一点的地方。我从那次才知道，人的脑子受了伤，会留下剧烈的头痛症，老鹰的脑子是最好的药！

战士们带走了那只鹰。

我突然追过去，说："让我摸一下，叔叔！让我摸摸它！"

我的手触到了光滑冰凉的羽毛。

从那以后，我心目中的鹰都被击中了。它们纷纷坠入雪浪腾空的瀑布，一去不复返。

没有鹰的天空，没有庄严，没有音乐。

只有长风呼啸、蓝天清澈时，还能听到鼓动羽翼的声音。巨大的、透明的鹰张开翅膀,它的羽毛,它的骨骼,它的爪和嘴,还有它犀利的眼睛!

我再也没有见到过飞翔的鹰了。

（节选自作者的散文《心中的大自然》,百花文艺出版社,1992年）

生　词

翱翔（动）áoxiáng　　　开阔（形）kāikuò　　　眺望（动）tiàowàng

听任（副）tīngrèn　　　回旋（动）huíxuán　　　鼓动（动）gǔdòng

收拢（动）shōulǒng　　　侥幸（副）jiǎoxìng　　　黝黑（形）yǒuhēi

迷乱（动）míluàn　　　屈　（动）qū　　　蒲扇（名）púshàn

颓然（副）tuírán　　　犀利（形）xīlì　　　敏捷（形）mǐnjié

玛瑙（名）mǎnǎo

注　释

老鹰捉小鸡:儿童游戏。若干孩子一起玩,一个扮演老鹰,一个扮演母鸡,其他的扮演小鸡。

桉树:常绿乔木,树干高而直。

九泉之下:地下最深处,又说黄泉,相传人死之后就会在此处。

蜂窝状:像蜂窝那样地布满洞,使变成被薄壁或隔开物分开的多孔组织,如蜂窝煤。

一去不复返:去了就再也不会回来了。

悄无声息:悄悄地不发出一点声音。

练　习

一、根据课文内容判断正误

1. 现在的孩子不喜欢玩"老鹰捉小鸡"的游戏了。　　　　　　　　（　　）

2. 小时候,孩子们都喜欢看老鹰在空中飞翔。　　　　　　　　　（　　）

3. 老鹰能预知人的生死。　　　　　　　　　　　　　　　　　　（　　）

4. 我曾经摸过一只将要死的老鹰。　　　　　　　　　　　　　　（　　）

5. 有个战士打鸟误伤到了老鹰。　　　　　　　　　　　　　　　（　　）

6. 猎人小战士因为打死了老鹰眼睛瞎了。　　　　　　　　　　　（　　）

7. 小战士打老鹰是为了治自己班长的病。　　　　　　　　　　　（　　）

8. 作者喜欢在天空中飞翔的鹰。　　　　　　　　　　　　　　　（　　）

9. 人们为了治病救人是可以猎杀动物的。 （　　）
10. 作者是个自然保护主义者。 （　　）

二、用汉语解释句中划线的词语

1. 这些坏事是谁鼓动你干的？
2. 十分侥幸，我晚到了一会，否则我也会被砸伤的。
3. 大丈夫能屈能伸。
4. 时光一去不复返。
5. 身子一斜，听任气流托着它回旋。
6. 只要看到鹰从天空上飞过，心就不会死。
7. 小战士跪在鹰的旁边，颓然地抚摸它的羽毛。
8. 鹰是最了不起的鸟。
9. 天上再也看不到翱翔的鹰了。
10. 只有北风呼啸、蓝天清澈时，才能看到飞翔的鹰。

三、用所给的词语填空

　　　　　侥幸　眺望　耗　敏捷　收拢　开阔　回旋　犀利　翱翔　触

1. 展翅_____于两三千米高空的雄鹰，一下子就能发现地面上宽广范围内的一只小兔或小鸡。
2. 心胸_____的人活得快活。
3. 她继续_____当地的风光。
4. 飞机在上空_____。
5. 为了自己的利益，他常常_____人心。
6. 他有一双_____的眼睛。
7. 他_____地跳上敞篷车。
8. 踢足球是一项_____体力的运动。
9. 他的话_____到了我的痛处。
10. 这次比赛，我们_____获得了决赛权。

四、根据课文选择正确答案

1. 在正常的情况下，一对老鹰八年可以产出_____小鹰。
　　A. 两个　　　　B. 四个　　　　C. 六个　　　　D. 八个
2. 四五个战士持着枪打算打_____。
　　A. 飞机　　　　B. 小鸟　　　　C. 敌人　　　　D. 老鹰

3. 教室里坐不_____五十人。

    A. 住   B. 完   C. 下   D. 满

4. 那是一_____有两千多年历史的名城。

    A. 个   B. 家   C. 座   D. 所

5. 你看看表,_____几点了?你怎么现在才来?

    A. 才   B. 都   C. 就   D. 刚

6. 三研究两研究,机会就给错_____了。

    A. 过去   B. 过来   C. 下来   D. 下去

7. 我本想去你家,没想到你_____先来了。

    A. 倒   B. 也   C. 才   D. 就

8. 鸡_____,鱼_____,我都不喜欢吃。

    A. 也行,……也行,   B. 也好,……也好,

    C. 也可以,……也可以,   D. 也要,……也要,

9. 许久,身子一斜,听任气流托着它回旋。

    A. 瞬间   B. 容许   C. 依旧   D. 好一会儿

10. 箭一样扎进瀑布冲泻的深潭。

    A. 捆绑   B. 刺   C. 钻下去   D. 飞

11. 猎人小战士从远处奔来,神情万分痛苦。

    A. 很多次   B. 十分   C. 万一   D. 千万

12. 作者写这篇文章的目的是:

    A. 回忆童年   B. 讲述怎样猎杀老鹰

    C. 呼唤人类要保护动物   D. 记述战士与班长的感情

五、用括号中所给词语完成句子

1. 老师一进教室,_____。(就……)

2. 不管你同意不同意,_____。(只要……就……)

3. 谁考试作弊,_____。(谁……)

4. 我一个人走在雨中,_____。(听任……)

5. _____,他都不听老师的话。(可是……)

6. _____,去总是做不好。(……来……去)

7. 新上任的领导,思想开放,_____。(因此……)

8. 他每天给我们做饭,_____。(并且……)

9. _____,才能取得成功。(只有……)

10. 他_____,现在却很少学习了。(本是……)

六、选择下列各部分的正确段落大意填在后面的括号里

1. 第一部分：(1—14 自然段) （ ）
2. 第二部分：(15—40 自然段) （ ）
3. 第三部分：(41—完) （ ）

A. "我"心中的鹰是如何死去的

B. 鹰在"我"心中的美好形象

C. "我"的快乐童年

D. 战士是如何打鹰的

E. "我"对鹰的怀念

F. "我"对没有鹰的天空的感慨

七、根据课文回答问题

1. 为什么现在的天空再也看不到飞翔的鹰了？

2. 小时候，我们为什么喜欢眺望空中的鹰？

3. 鹰在预知到自己将要死的时候是怎么做的？

4. 鹰的繁殖能力怎么样？

5. 鹰是怎样带自己的孩子学飞的？

6. 小战士打到鹰后为什么很痛苦？

7. 小战士打到鹰是为了干什么？

8. 被打死的鹰是什么样子？

9. 为什么说"没有鹰的天空，没有庄严，没有音乐"？

10. 作者写这篇文章的目的是什么？

第二十五课　关于克隆人的深度报告

汝荣兴

　　W 教授悄然克隆出了另一个 W 教授。那另一个 W 教授,是 W 教授的第101个克隆杰作。W 教授之所以要克隆到自己的头上,是因为他发现自己先前那整整 100 次的克隆虽然都绝对是成功的,所克隆出来的各式各样的"人"也无一不跟基因的提供者惟妙惟肖,但对于克隆人与本人究竟惟妙惟肖到什么样的程度——具体点说,就是对于克隆人与本人除了外在形体的完全一致之外,是不是在思维、情感等内在的方面也全部相同之类的问题,他却还无法获得充分的证据来作出肯定或否定的结论。而这一类"充分的证据",似乎也只有从自己和克隆的另一个自己身上去取得,才可能是真正可靠的,因为只有自己最清楚自己的思维、情感等,也才可能全面彻底地、细致入微地去与克隆的另一个自己的思维、情感等作出精密的比较。

　　作为一名真正意义上的科学家,W 教授有着极为严肃的工作态度和十分崇高的献身精神。又由于对自己的克隆是一次比克隆本身意义更加深远和重大的实验与探索,所以,W 教授是在完全保密的状态下具体进行这项工作的,甚至连在自己的夫人面前,他也从来不曾吐露过有关此事的片言只语或者哪怕是一丁点一丁点的风声。而作为对 W 教授的这一可贵又可敬的实验与探索的回报,是自那另一个 W 教授被克隆出来之后,经过了在实验室里的成千上万次的反复测试和验证,W 教授终于得到了他所需要的大量证据,并表明了克隆人与提供基因的本人不仅外在形体完全一致,而且其内在的思维、情感等也是全部相同的——真的,有好多好多回,那另一个 W 教授都在被测试时准确无误地说出了 W 教授自己所想要说的话,而且,连 W 教授的潜意识,那另一个 W 教授也全能表述得毫无差错!

　　W 教授便因此拟好了他的最新论文的标题:关于克隆人的深度报告。

　　不过,W 教授并没有急着去正式写他的那篇论文。我们已说过,W 教授是位真正意义上的科学家,他对工作的态度是极为严肃的。是的,虽然到目前为止 W 教授已掌握了足够多的论文证据,但由于那些证据毕竟都是从实验室里取得的,他便觉得还有在实际生活中进一步去考察那另一个 W 教授的必要。

　　因此,在接到联合国科研总部发来的要自己去出席首届全球克隆学术研讨会并在会上作专题讲演的通知后,经过周详的考虑和准备,W 教授便作出了让那另一个 W 教授顶替自己去参加会议的大胆决定。而且,为了使这一偷梁换柱显得更加天衣无缝,实际上也是为了使自己的这一实验与探索取得更为圆满的结果,W 教授还特意安排自己的那位漂亮绝伦的夫人,在她也真假莫辨的情况下随那另一个 W 教授一起前往会议地点⋯⋯

此后,令 W 教授十分欣喜的是,通过由卫星向全球直播的那次会议的实况,他看到自己的替身千真万确是里里外外都与自己绝无二致的:那另一个 W 教授在大会上所作的专题讲演,虽然事先根本没经过 W 教授授意什么的,但其中的每一句话,所用到的每一个数据,都完完全全是 W 教授所想说和所想要用的;甚至,那家伙在演讲过程中的一些下意识的小动作——譬如上台前要捧起夫人的额头吻一下,再譬如当台下响起掌声时总要举起右手捋一捋自己的头发,又譬如每喝罢一口水后总要推一推自己的眼镜架⋯⋯都不折不扣地是 W 教授所惯用的!

现在,W 教授感到自己已完全可以正式动手写那篇《关于克隆人的深度报告》了,于是他便欣然又安然地打开了他的书写电脑⋯⋯

然而,就在 W 教授已将他的那篇论文打印出来,正准备装订成册的时候,他书房的门被"砰"的一下撞开了。

进门来的是那另一个 W 教授。只见那另一个 W 教授左手臂紧箍着 W 教授夫人的咽喉,右手则握着一支直对着 W 教授的激光手枪。

"你这是⋯⋯"W 教授问。

"我这是要送你上西天去!"另一个 W 教授回答。

"为什么?"

"为了要叫这漂亮绝伦的女人真正成为我的夫人,为了要让在全球会议上作讲演这样的风光和荣誉只属于我⋯⋯"

至此,我想读者朋友您一定在为 W 教授的安危捏一把冷汗了吧?可不是,真没想到那另一个 W 教授——也就是那克隆人——竟会有如此歹毒的心肠!不过您放心,前面我们已经作过交代,为让那另一个 W 教授走出实验室,W 教授是做了周详的考虑和准备的,也就是说,W 教授是肯定有那种不怕一万只怕万一的安排的——这不,就在那另一个 W 教授想要扣动手枪扳机的一刹那,只见 W 教授不动声色地轻轻一按装在他裤子口袋中的一个微型遥控器,那另一个 W 教授便顿时忽地一下变成了一缕烟,从这个世界上彻底地消失了⋯⋯

只是,紧接着,W 教授让自己那沓厚厚的论文稿纸也同样在顷刻间化作一缕烟,而且,他那克隆人的工作也就此宣告结束。

(选自《1999 中国年度最佳小小说》,漓江出版社 2000 年版)

生　词

外在（形）wàizài　　　　吐露（动）tǔlù　　　　　潜意识（名）qiányìshí

拟　（动）nǐ　　　　　　周详（形）zhōuxiáng　　顶替（动）dǐngtì

绝伦（形）juélún　　　　替身（名）tìshēn　　　　歹毒（形）dǎidú

顿时（副）dùnshí　　　　顷刻（副）qǐngkè

注　释

克隆：人工诱导的动物无性繁殖。

基因：生物体遗传的基本单位。

惟妙惟肖：形容描写或模仿得非常好，非常像。

偷梁换柱：比喻用欺骗的手法暗中改变事物的内容或事物的性质。

天衣无缝：神化传说，仙女穿的天衣不用针线制作，没有缝。比喻事物没有一
　　　　　点破绽。

绝无二致：完全一样，没有任何区别。

不怕一万，就怕万一：比喻任何事都可能会发生，没有绝对的保险。

练　习

一、根据课文内容判断正误

1. W 教授克隆出另一个 W 教授的事大家都知道。　　　　　　　　（　　）

2. W 教授以前就成功地克隆出人了。　　　　　　　　　　　　　　（　　）

3. 以前克隆的"人"跟基因提供者不像。　　　　　　　　　　　　　（　　）

4. W 教授以前将自己克隆过一百次。　　　　　　　　　　　　　　（　　）

5. W 教授想了解克隆的"人"跟本人是不是在内在的方面完全一致。　（　　）

6. W 教授不是真正的科学家。　　　　　　　　　　　　　　　　　（　　）

7. W 教授公开做实验。　　　　　　　　　　　　　　　　　　　　（　　）

8. W 教授克隆出自己后又做了多次测试和验证。　　　　　　　　　（　　）

9. W 教授被克隆出后就正式写他的论文了。　　　　　　　　　　　（　　）

10. W 教授没有去参加首届全球克隆学术研讨会。　　　　　　　　　（　　）

11. W 教授的夫人知道跟自己一起去的不是 W 教授。　　　　　　　（　　）

12. 克隆的 W 教授表现得和自己一模一样。　　　　　　　　　　　（　　）

13. 克隆的 W 教授想代替真的 W 教授。　　　　　　　　　　　　　（　　）

14. W 教授做了周详的考虑和准备。 （　　）
15. W 教授销毁了克隆的 W 教授。 （　　）

二、用汉语解释句中划线的词语

1. W 教授<u>悄然</u>克隆出了另一个 W 教授。

2. <u>先前</u>那整整 100 次克隆虽然都绝对是成功的。

3. 克隆人与本人<u>外在</u>体形一样。

4. 那些证据<u>毕竟</u>都是从实验室里取得的，需要进一步考察。

5. 那个克隆的 W 教授<u>准确无误</u>地说出了自己想说的话。

6. W 教授也从来不曾吐露过有关此事的<u>片言只语</u>。

7. W 教授不曾吐露一丁点的<u>风声</u>。

8. W 教授想使自己的实验与探索取得更<u>圆满</u>的结果。

9. W 教授还<u>特意</u>安排自己的漂亮绝伦的夫人跟克隆 W 教授去开会。

10. 她是在<u>真假莫辨</u>的情况下跟另一个 W 教授前往开会地点的。

11. 这次演讲事先根本没有经过 W 教授的<u>授意</u>。

12. 这一切都<u>不折不扣</u>地是 W 教授所惯用的。

13. 我这是要送你到<u>西天</u>去！

14. W 教授<u>不动声色</u>地按动了遥控器。

15. 那个被克隆的 W 教授便<u>顿时</u>忽地一下变成了一缕烟。

三、选择划线词语的正确解释

1. 对于克隆人与本人<u>究竟</u>惟妙惟肖到什么程度，……。
    A. 结果 　　　　 B. 到底 　　　　 C. 毕竟 　　　　 D. 竟然

2. 哪怕是一丁点一丁点的<u>风声</u>都会使事情变得更难办。
    A. 消息 　　　　 B. 风的声音 　　　 C. 风向 　　　　 D. 线索

3. 自己去出席<u>首届</u>全球克隆学术研究会。
    A. 最后一届 　 B. 第一届 　　　 C. 首脑 　　　　 D. 脑筋

4. 他看到自己的替身千真万确是<u>里里外外</u>都与自己绝无二致。
    A. 从里到外 　 B. 里面 　　　　 C. 外面 　　　　 D. 屋里屋外

5. 那家伙在演讲过程中的一些<u>小动作</u>也像 W 教授。
    A. 小孩的动作 　　　　　　　　 B. 不正当的动作
    C. 偷偷做的干扰动作 　　　　　 D. 没发现的动作

6. 让这样的<u>风光</u>和荣誉只属于我。
    A. 风景 　　　　 B. 热闹 　　　　 C. 景象 　　　　 D. 光荣

7. 读者为 W 教授的安危<u>捏一把汗</u>。

    A. 担心   B. 出冷汗   C. 不舒服   D. 吃惊

8. 他竟会有如此歹毒的<u>心肠</u>。

    A. 心脏和肠子   B. 用心   C. 兴致   D. 感情

9. 另一个 W 教授从这个世界上<u>彻底</u>地消失了。

    A. 完全   B. 干脆   C. 到底   D. 终于

10. W 教授的论文稿纸也在顷刻间<u>化作</u>了一缕烟。

    A. 融化   B. 变成   C. 反应   D. 产生

四、选词填空

        潜意识   周详   顷刻   吐露   歹毒   顶替   外在   拟   杰作   特意

1. W 教授还_____安排自己那位漂亮的夫人随克隆 W 教授一起去开会。

2. 连 W 教授的_____,那另一个 W 教授也能表述得好无差错。

3. 另一个 W 教授_____就消失了。

4. 我们已经做了_____的安排。

5. 那个克隆人竟会有如此_____的想法。

6. W 教授让另一个 W 教授_____自己去参加会议。

7. W 教授_____好了论文的标题。

8. W 教授没有_____任何消息。

9. 看着自己的_____,W 教授很高兴。

10. 克隆人与本人在_____的方面完全一致。

五、选择括号中合适的词语替换划线的词语

1. W 教授<u>悄然</u>克隆出了另一个 W 教授。（悄悄、突然）

2. 这类证据<u>似乎</u>也只能从克隆的自己身上去取得。（一样、好像）

3. 只有清楚自己,才能与别人作出精密的<u>比较</u>。（相当、对比）

4. 不过,他并没有<u>急</u>着写论文。（着急、生气）

5. 这次的实验与探索取得了<u>圆满</u>的结果。（美满、完满）

6. 令他<u>欣喜</u>的是,实验成功了。（惊奇、高兴）

7. W 教授正式<u>动手</u>写他那篇论文了。（开始、打架）

8. 另一个 W 教授从这个世界上彻底<u>消失</u>了。（丢失、消灭）

9. 只见另一个 W 教授左手紧<u>箍</u>着 W 教授夫人的咽喉进来了。（抓、勒）

10. 前面我们已经做过<u>交代</u>。（说明、安排）

六、根据课文内容选择恰当的答案

1. W 教授为什么要克隆自己？　　　　　　　　　　　　　　（　　）
  A. 好奇　　　　　　　　　　B. 以前克隆的不成功
  C. 想获得内在方面一致的证据　D. 挣钱

2. W 教授克隆了多少个人？　　　　　　　　　　　　　　　（　　）
  A. 101　　　　B. 100　　　　C. 99　　　　D. 不清楚

3. 关于 W 教授没有提到什么？　　　　　　　　　　　　　　（　　）
  A. 真正的科学家　　　　　　B. 爱表现自己
  C. 工作态度严肃　　　　　　D. 有献身精神

4. W 教授的实验　　　　　　　　　　　　　　　　　　　　（　　）
  A. 没有结果　　B. 有错误　　C. 不成功　　D. 很成功

5. W 教授的实验表明,克隆人与提供基因的本人　　　　　　　（　　）
  A. 外在一样　　　　　　　　B. 外在、内在都一样
  C. 内在一样　　　　　　　　D. 没有关系

6. W 教授为什么要让夫人和克隆 W 教授一起去开会？　　　　（　　）
  A. 想进一步检验　　　　　　B. 自己不愿意去
  C. 自己没时间去　　　　　　D. 想开玩笑

7. 检验的结果令 W 教授　　　　　　　　　　　　　　　　　（　　）
  A. 吃惊　　　　B. 满意　　　　C. 不满意　　D. 失望

8. 克隆的 W 教授来 W 教授这儿干什么？　　　　　　　　　（　　）
  A. 向 W 教授要钱　　　　　　B. 给 W 教授汇报
  C. 感谢 W 教授　　　　　　　D. 除掉 W 教授

9. 面对危险,W 教授怎么样？　　　　　　　　　　　　　　　（　　）
  A. 沉着　　　　　　　　　　B. 惊慌
  C. 不知所措　　　　　　　　D. 发呆

10. 作者对克隆人是什么态度？　　　　　　　　　　　　　　（　　）
  A. 肯定　　　　　　　　　　B. 否定
  C. 无所谓　　　　　　　　　D. 鼓励

七、选择下列各段正确的段落大意填在后面括号里

1. 第 2 段：　　　　　　　　　　　　　　　　　　　　　　（　　）

2. 第 3 段：　　　　　　　　　　　　　　　　　　　　　　（　　）

3. 第 4 段：　　　　　　　　　　　　　　　　　　　　　　（　　）

4. 第 5 段：　　　　　　　　　　　　　　　　　　　　　　（　　）

A. W 教授在保密的状态下做了大量实验,证明克隆人跟本人完全一致。

B. W 教授的替身跟自己的表现绝无二致。

C. 虽然 W 教授克隆出了人,但还没有证明克隆人跟自己内外一致。

D. W 教授决定让自己的夫人跟克隆的自己一起参加研讨会。

E. W 教授消灭了克隆的 W 教授。

F. W 教授没有急着写论文,因为他觉得还需要进一步考察另一个 W 教授。

八、回答问题

1. W 教授认为以前的克隆怎么样?

2. W 教授为什么要克隆自己?

3. W 教授对工作怎么样?

4. W 教授是怎样做的实验?

5. W 教授为什么没有急着去写他的论文?

6. W 教授为什么没有参加学术研讨会?

7. W 教授的夫人知道他做的实验吗?

8. 在这次会议上,克隆的 W 教授的表现怎么样?

9. 克隆的 W 教授来找 W 教授干什么?

10. W 教授是怎么对付克隆 W 教授的?

11. W 教授为什么毁掉了自己的论文?

12. 你觉得克隆人会出现吗? 为什么?

第二十六课　太空医院

王亚法

当我醒来的时候,已经置身在一个奇异的环境里了。我不安地躺着,断断续续地回忆起发生的一切。

昨天,也许是今天上午吧,我工作的加油站在一个偶然的情况下发生了火警。我赶紧冲进机泵间,关掉那只总开关。突然,一条火舌在玻璃门外舔了一下,只听得"轰隆"一声,以后我就什么也不知道了……

我努力思索着,想从记忆的仓库里,再拣出些零乱的回忆来。可是干裂的嘴唇发出了火灼般的疼痛,我口渴,想呼喊。说也奇怪,天花板上的一只方瓶慢慢转动了,从瓶里钻出一根细长的塑料管,朝我嘴里伸来。顿时,一股清甜的饮料注进我的嘴里,我感到浑身舒服。我是在梦境里吗? 我不由得怀疑起自己来了。

这时,听到一个温和的声音:"别动,你的伤口还没长好呢"

我困惑地转过头,一个戴着口罩的白衣大夫飘飘悠悠地移到我身边。他笑吟吟地开口了:"怎么样,疼吗?"

"不疼,我想起床看一看。"

"你现在不能起床,如果觉得不舒服就想着翻个身吧。"

简直开玩笑,我挣扎一下都不行,哪能那么容易翻身。

"如果你要朝哪个方向翻的话,只要脑子里想一下就可以了。"他说。为了跟他讲话方便些,我想朝左边翻个身。真奇怪,我刚想完,忽然有一股神奇的力量,把我推了一下,我很容易地转了过去。

"请问,这里到底是什么地方?"我迷惑地问。

"哈——哈——"他笑了起来,"这里是'太空医院'"。

"太空医院?"我喃喃地重复了一遍。

"是呀,你的病情很严重,烧伤面积很大,在太空医院治疗,要比在地球上治疗快得多,效果也好。"

"什么,医生同志,难道我不是在地球上吗?"我诧异地问。心想,难怪他那副走路模样。他笑了笑,没有回答就出去了。

像铁箱子一样的房间,又恢复了原来的宁静。我转动着脑袋竭力回顾,想弄清眼前的"谜"。

突然，一个奇怪的景象使我大吃一惊，原来我并不是躺在床上，而是被几根很细的尼龙丝扎住四肢，直挺挺地悬挂在空间。这时，我更加相信，我的确是在太空医院里，这里没有地球的吸引力，一切东西都失去重量，会在空间飘游着。

我正想着，那股神奇的力量又推了我一下，这是怎么回事？我可没有想过翻身呀，我怀疑着，只觉得手臂给什么东西刺了一下。我调过头一看，原来是天花板上的另一只小方瓶，从里面伸出一根带针头的注射器，在给我打针呢。

不知是什么时候，我又睡着了。当我醒来的时候，那个戴口罩的白衣大夫已经站在我的身边。他从包裹里拿出一把特殊的小刀，在我面前晃了一下，说："不要怕，不疼的。"说着，轻轻地从我的脖子到肚脐的地方划了一刀。这时候，我浑身感到像松了绑那样轻松。

"你现在可以把身上这层乳白色的保护膜撕掉了。"他指指我胸前，我低头一看，哈，被刀划破的地方，像解开了纽扣的衣服一样，敞开着。

"大夫，这是啥东西？"我把脱下来的"衣服"递给他时问。

"这是在抢救的时候，给你涂的保护涂膜，这东西不但能防止地球上的细菌感染，更主要的是能促使伤口生长新皮肤。"他接过"衣服"继续说，"过去，一般烧伤面积较大的，都用植皮的方法，把正常的皮肤移植到伤口上，用这种方法治疗的时间长，而且在取正常皮肤的时候，病人要承受痛苦。"我认真听他的介绍，并不时偷偷注视我胸口长出的新皮肤。他几乎没有注意我的细小动作，仍滔滔不绝地讲下去，"烧伤病人在太空医院治疗是最理想的，这里绝对没有细菌，不用担心细菌感染，也没有地球吸引力，病人可以舒服地悬在空间，伤口不会接触到被褥等东西。"可是，为什么我躺着的时候，脑子想翻身就能翻身呢？我把这个问题提了出来。

他认真地说，"这就叫生物电流控制。人的大脑在思考东西的时候，放出的微弱的电流，即生物电流会发生变化。天花板上的这些仪器，能听从你大脑发出的生物电流的指挥，你想干什么，只要和它内部储存的信息相一致，它就开始工作，譬如：喝水呀，翻身呀……"他又从包裹里取出一套我的干净衣裤，"你进院五天了，根据你的情况可以出院了。"

这时候，广播器告诉我们，来自地球的交通飞船，马上就要停靠了，叫回地球的人做好准备。

播音刚完，在医院花园的一边，打开了一扇圆形的门。白衣大夫拉住我的手，一直把我送到门口。

（选自《科学幻想作品集》）

167

生　词

奇异（形）qíyì	灼　（动）zhuó	困惑（动）kùnhuò
简直（副）jiǎnzhí	挣扎（动）zhēngzhá	喃喃（象）nánnán
诧异（动）chàyì	竭力（副）jiélì	回顾（动）huígù

注　释

吟吟:形容微笑的样子。

滔滔不绝:形容连续不断(多指说话)。

练　习

一、根据课文内容判断正误

1.“我”在加油站工作。　　　　　　　　　　　　　　　（　　）

2.今天下午发生了火灾。　　　　　　　　　　　　　　（　　）

3.“我”被烧伤了,所以住进了医院。　　　　　　　　　（　　）

4.“我”疼痛得想呼喊。　　　　　　　　　　　　　　（　　）

5.“我”在太空医院里无人照顾,全靠自己料理生活。　　（　　）

6.“我”的病情很严重。　　　　　　　　　　　　　　（　　）

7.“我”发现自己躺在病床上。　　　　　　　　　　　（　　）

8.医生帮助“我”翻身。　　　　　　　　　　　　　　（　　）

9.医生没有采取植皮的办法治疗。　　　　　　　　　（　　）

10.医生拿出小刀给“我”动手术。　　　　　　　　　（　　）

11.病人通过生物电流控制来指挥仪器。　　　　　　　（　　）

12.太空医院卫生方便,环境也很好。　　　　　　　　（　　）

13.交通飞船是地球和太空医院之间的交通工具。　　　（　　）

14.“我”在太空医院里住了一个多星期。　　　　　　（　　）

15.“我”病好出院了。　　　　　　　　　　　　　　（　　）

二、用汉语解释句中划线的词语

1.当我醒来的时候,已经置身在一个奇异的环境里了。

2.我不安地躺着,断断续续地回忆起发生的一切。

3.我努力思索着,想再拣出一些零乱的记忆。

4.我不由得怀疑起自己来了。

5.我<u>困惑</u>地转过头。

6.为了跟大夫说话<u>方便</u>些,我想朝左边翻个身。

7.我转动着脑袋想竭力<u>回顾</u>。

8.我<u>诧异</u>地问:"难道我不是在地球上吗?"

9.我更加相信自己<u>的确</u>是在太空医院里。

10.大夫仍<u>滔滔不绝</u>地讲下去。

三、选词填空

偶然　　回顾　　简直　　温和　　注视　　原来

也许　　赶紧　　浑身　　困惑　　顿时　　断断续续

1.一个_____的机会,我遇见了十多年前的同学。

2.张老师性情_____,和蔼可亲。

3.他久久地_____着我,希望我快点儿好起来。

4._____过去,展望未来,我们的前景很美好。

5.他摔了一跤,_____昏过去了。

6.天气_____要把人热死了。

7.我_____回忆起了发生过的一切。

8._____你在这里,我都找了你半天了。

9.我_____冲进机泵房,关那只总开关。

10.昨天,_____是今天上午吧,加油站发生了火警。

11.事情怎么会这样,我非常_____。

12.醒来后,我感到_____疼痛。

四、选择括号中合适的词语替换划线的词语

1.当我醒来的时候,<u>发现</u>自己躺在医院里。(发觉、发明)

2.我想从记忆的库房中<u>拣</u>出些零乱的记忆。(拿、选)

3.这时,我<u>不由得</u>怀疑起自己来了。(不禁、不能)

4.我更加相信自己<u>的确</u>是在太空医院里。(确实、可能)

5.难怪他那副走路的<u>模样</u>,原来是在太空。(面容、样子)

6.我<u>调</u>过头一看,他在身后。(转、抬)

7.<u>譬如</u>:喝水呀,翻身呀……它都可以帮你。(比如、举例)

8.飞船<u>马上</u>就要停靠了,请大家准备好。(赶紧、很快)

9.心想,难怪他那副走路<u>模样</u>,原来是在太空。(样子、面容)

10.我想弄<u>清</u>眼前的"谜"。(清白、清楚)

五、根据课文内容选择正确答案

1. 那天，"我"工作的加油站发生了   （   ）

    A. 火警   B. 匪警   C. 水灾   D. 地震

2. "我"冲进机泵房去干什么？   （   ）

    A. 拿东西   B. 关开关

    C. 救人   D. 找消防器材

3. "我"受伤的原因是：   （   ）

    A. 发生火灾   B. 发生水灾

    C. 发生车祸   D. 发生地震

4. "我"能翻身吗？   （   ）

    A. 不能   B. 别人帮助下能

    C. 能   D. 不可能

5. 在太空医院，人为什么能悬挂在空中？   （   ）

    A. 有支架   B. 没有引力

    C. 医生托着   D. 人能飞

6. 在太空医院病人靠什么控制医疗仪器？   （   ）

    A. 手   B. 眼   C. 脑   D. 声音

7. 给伤员涂保护膜是为了：   （   ）

    A. 防冻   B. 防热   C. 防火   D. 防感染

8. 太空医院的情况如何？   （   ）

    A. 干净、舒适、安全

    B. 无人照料，全凭病人自己

    C. 比在地球上住院的病人恢复得慢

    D. 医生的水平都很好

9. "我"在太空医院住了几天？   （   ）

    A. 两天   B. 三天   C. 四天   D. 五天

10. 人们怎么去太空医院？   （   ）

    A. 坐飞机   B. 坐火车   C. 坐飞船   D. 坐轮船

六、选择下列各段正确的段落大意填在后面括号里

1. 第 1 自然段：   （   ）

2. 第 2 自然段：   （   ）

3. 第 3 自然段：   （   ）

4. 第 4 自然段：   （   ）

A. "我"想多回忆一些事情。

B. "我"想关掉总开关时发生了爆炸。

C. "我"苏醒过来了。

D. 医生给"我"解释太空医院。

E. 一个医生来到了"我"的身边。

F. "我"出院了。

七、根据课文内容回答问题

1. 来医院前发生了什么事？

2. "我"想起了些什么？

3. "我"为什么会住进太空医院？

4. 医生为什么没有给"我"植皮？

5. 太空医院的"神奇"表现在哪里？

6. 在太空医院伤口为什么长得快？

7. 为什么要给病人涂保护膜？

8. 什么是生物电流控制？

9. 太空医院是怎么给病人治疗的？

10. 你认为太空医院与陆地医院有那些不同？

第二十七课　21 世纪的新新人类

[美]比尔·盖茨

　　"计算机就是网络。"对普通中国人而言也许显得还不那么耳熟能详。我们常常看到一台计算机孤零零地放在某个单位不引人注目的角落里,除了打字外大部分时间无所事事。这是令人悲哀的。

　　今天,在美国平均每十台计算机,大约有八台挂在各种网络上,日本约五台,中国大约是三台。挂在网络上的计算机的比例,确切反映一个国家和地区的信息化程度的发展水平。那些对所谓"上网"尚不了解的中国人,或许并不太清楚,一台个人计算机的功能,在网络上才能实现的要占相当大一部分,而没有网络,计算机便成为与外界隔绝的聋子和瞎子。

　　相反,在发达国家,各种网络早已成为计算机发挥作用不可或缺的场所。在时间的长河里,沧海桑田不过是转瞬之间。科技在飞速发展,人的时空观也在不断地受到冲击和挑战。尽管目前后发达国家中对数字科技绝对了解的人还占少数,他们对电脑、网络、信息时代十分陌生或十分无知,但是,当蕴含着数字科技与电子文化的新兴媒体因特网像空气一样向世界各方弥散开来时,那些睁着亮晶晶的眼睛向这个世界张望的小娃娃们,不止能拨动手边的小拨浪鼓,而且只消轻点鼠标,他们就能触摸到整个世界。这群娃娃,21 世纪的新工人,加拿大社会学家唐·塔普斯科特称之为"网络一代"。

　　对大多数孩子来说,数字科技的世界是一个让人着迷的世界,约翰·利南,一位儿童游戏软件设计者对此深有体会,他说:"孩子们玩我们编制的游戏,他们边玩边叫,'再进一级,再难些!'你听到过孩子们嚷嚷'再给我一份作业,再难些!'吗?"电脑的确是一个强大的媒体,之所以能征服儿童,是因为它提供了一个实践其异想天开的想法的绝好机会。四岁的克里斯托弗·科顿养了一只电子宠物小狗,尽管他自己的衣食起居还离不开妈妈的照料。星期天爸爸带他去看画展,他穿过画廊径直走向触摸式屏幕,津津有味地"动手"浏览……

　　据调查,美国有 1280 万十八岁以下孩子的家庭拥有电脑,占此类家庭的 38%,而这些家庭当中又有九成家庭称他们的孩子电脑用得最勤,每周平均上机 5.5 小时,而且大多是放弃了看电视的时间。另一家青少年研究机构的调查统计显示,网络进入美国家庭已跟电视的普及一样迅速:2/3 受调查的青少年称他们会用电脑。1994 年,50% 的青少年认为能上网是件很"酷"的事儿,而 1997 年这个百分数达到了 88％。

孩子们要"酷"，做家长的却不那么轻松。他们要操心这"酷"的费用开销，要担心网上太多的暴力，更怀疑这电脑科技也许不过和电视一样，是一种平庸的、被人夸大其辞的东西。六十多年前，当电视刚刚出现时，也曾使人耳目一新；而在六十年后的今天，谁不能对其利弊说短道长呢？它让我们目睹了肯尼迪遇刺，也让我们体验了地球人登月；它给人们带来了无休无止的娱乐时光，也给我们的生活空间堆积了不少精神垃圾。再过六十年，人们也许会给电脑相同的评价。

但是且慢。你当真能对孩子们使用电脑的事儿明察秋毫吗？你清楚孩子们如何使用电脑，他们从中得到了什么？即便你知道、你清楚，你对电脑给孩子们造成的影响，对电脑这一媒体还能沿用你的价值观来衡量吗？就目前的情况来看，至少有三点是明摆着：第一，孩子们喜欢电脑；第二，除非孩子接近电脑，否则他们会背离历史发展的方向；第三，电脑是好的。

美国《时代》周刊的记者采访唐·塔普斯科特时，这位五十开外的加拿大社会学家，《伴随数字科技：网络一代初长成》一书的作者说："伴随着数字媒体成长起来的网络一代将会改变人类社会。与我们身处的以广播模式为主体的世界不同，这些孩子的学习、娱乐、生活、工作将会处于一个更开放的、互动的、协作的、更理性的环境当中，而这又将改变他们的成人状态。这些孩子们是 21 世纪的新主人。"

孩子才是真正的探索者，网络世界拓展了他们探索的天地。亚瑟·克莱恩，十一岁。他五岁时就迷恋了妈妈的"万能书"（笔记本电脑），现在他啥事都要找网络帮忙，他说："如果没有电脑那就完蛋了。"调查显示，每十户美国家庭中有八户以上打算在一年内为孩子购置电脑，电脑广告语某种意义上已成为一种新观念——掌握电脑是天经地义的事，就好比扫盲。唐·塔普斯科特考察了美加两国近 8800 万两岁至二十岁之间的"沐浴在因特网中"的网络一族，想看看他们身上有些什么新变化。结果是，他们身上所有的一切都是新的。

唐解释道："在我们这一代人的生活当中，电视扮演了一个重要的角色，它让世界变小了，成了地球村。而当我们想对这个小小世界加以改变时，我们又没有得力的工具。"

"而新一代人他们拥有诸如电脑这样的互动工具，他们是行动者，而不是接受者，他们可以在瞬间找到同道。过去的交流是一元化的、集中的、按部就班的、单向的，而新的网络媒体正相反：它是多元化的、发散的、多度延展的，甚至是随心所欲的。"

唐·塔普斯科特认为，网络一代与电脑是一种"共生"状态：你中有我，我中有你。他们的特征很大程度上融入了网络的特征。网络一代有几个典型特征：他们对差异具有巨大的包容力,好奇心重,相当沉稳和自信。与信息时代保持第一接触,使他们能够扎实求索而对传统意义上的权威提出质疑。他们所掌握的科技知识远远超过他们的师长。年轻一代在其年少时就获得了一种权威感,他们会轻视以年龄或职位决定的所谓尊长,只相信真正的价值。

当人们不再是电视机前慵懒的胖土豆,而是转向电脑,把时间花在阅读、写作、求证、纠错上面时,脑袋瓜无疑会变得灵活。孩子们还会将从电脑当中学得的协作方式带入他们的工作情境当中。

萨迪·瓦索,十三岁,家里只有一个"呆头呆脑的文字处理器",她在学校掌握了上网技术。十二岁时她设置了一个网址,将纽约城与古希腊的建筑风格作了比较。她说:"能和那么多人(网上)交流,感觉真棒!"

兰达·图恩以前是个小学教师,她现在在美国乔治亚州的乡间办了一个儿童科技中心。她谈起了她的一段经历:"有一天,我和孩子们商量搞一次野炊,但我怕天会下雨。我走到窗口去看天。而这时孩子们的反应是赶紧上网,接通国家气象局。——这在我的教学生涯中不能不算是一件大事。"

除了唐·塔普斯科特,越来越多的人们开始注意到电脑给孩子们带来的变化。微软公司的斯图曼向人们描述了孩子们眼里的人工智能:"假如你问一个孩子'电脑有脑吗?'他们会说有。但它不是生物性的,也不在它的头部。如果你给孩子们看一个机器人,他们也知道那不是一个真人,因为人的脑一定是在他的头部,而机器人的脑可能在它身体里的任何部位。孩子们认为机器人是有认知能力的,尽管它不是活人。"

另一位程序设计师西尔则讲述了他的新发现:电脑科技改变了约会方式。我和一帮十几岁的孩子去了一个公园,在那儿他们又遇见了另一帮孩子,他们开始互通信息。但有趣的是,他们不是给对方电话号码,对方也不掏笔记在小本本或是自己的手上(像我们通常所做的那样),所有的孩子都掏出一张自己的名片,上面写有自己的 E-mail 地址,有的还有网页。我对其中一个女孩子说:"我跟人订约会都是留电话号码,那样更正式。"而她却这样回答我:"不,我只给人 E-mail 地址或我的网页。如果有人与我联系,我可以选择是看还是不看。而电话铃一响,我非接不可,没有回旋的余地。"

年轻一代会面的方式就这样发生了改变。不仅如此,在网上,他们甚至可以重新塑造自己,"网上自我"可以是金发碧眼,也可以是青丝垂肩,可以风趣幽默,也可以固执呆板,想怎么变就怎么变。电脑使这一代孩子在年龄很小很小的时候就要面对非常非常复杂的情境,新一代的家庭、社会、婚姻又会是怎么一种状态呢?耳濡目染的力量是巨大的,也许我们的孩子将来完全有能力应付一切。我们不必杞人忧天。

不管人们怎么想,未来时代的变化不受我们个人的好恶左右,它的到来无可避免。也许数字科技与网络文化不足以改变这一代或那一代人,人只能基于此情此景而前瞻未来。21世纪的真实得由下一代自己去写

(本文选自王蒙、刘心武的《课外语文》,有删改)

生　词

网络（动）wǎngluò	显示（动）xiǎnshì	平庸（形）píngyōng
反映（动）fǎnyìng	尚　（副）shàng	背离（动）bèilí
沧海（名）cānghǎi	冲击（动）chōngjī	瞬间（名）shùnjiān
蕴含（动）yùnhán	绝好（形）juéhǎo	慵懒（形）yōnglǎn
回旋（动）huíxuán	浏览（动）liúlǎn	悲哀（形）bēi'āi
比例（名）bǐlì	目睹（动）mùdǔ	且慢　qiěmàn
隔绝（动）géjué	拓展（动）tuòzhǎn	迷恋（动）míliàn
扫盲（动）sǎo máng	沉稳（形）chénwěn	扎实（形）zhāshí
质疑（动）zhìyí	径直（动）jìngzhí	呆板（形）dāibǎn
前瞻（动）qiánzhān		

注　释

耳熟能详:听得次数多了,熟悉得能详尽地说出来。

孤零零:形容孤单、无依无靠或没有陪衬。

引人注目:引起别人的注意。

无所事事:闲着什么事也不干。

异想天开:异:奇特;天开:比喻凭空的,根本没有的事情。比喻想法离奇,不切实际。

津津有味:形容兴味非常浓厚。

夸大其词:说话或写文章不切实际,扩大了事实。

耳目一新:听到的和看到的都换了样子,感到很新鲜。

说长道短:评论别人的好坏、是非。

明察秋毫:比喻人非常精明,任何小问题都看得很清楚。

天经地义:指非常正确不容置疑的道理。

按部就班:按照一定的条理,遵循一定的程序。

随心所欲:一切都由着自己的心意,想怎么做就怎么做。

金发碧眼:金黄色的头发,蓝色的眼睛。

耳濡目染：濡：沾湿。染：沾上。比喻听得多看得多，无形之中受到影响。

杞人忧天：比喻不必要的忧虑。

拨浪鼓：玩具，带把儿的小鼓，来回转动时，两旁系在短绳上的鼓槌击鼓做声。

比尔·盖茨：美国微软公司总裁。著名的计算机专家和全球最大的计算机开
　　　　　发商。

练　习

一、根据课文的内容判断正误

1. 计算机除了打字外，没有别的用处。　　　　　　　　　　　　　（　　）

2. 在美国挂在各种网上的计算机比中国多八台。　　　　　　　　　（　　）

3. 若没有网络，计算机便是与世隔绝的聋子和瞎子。　　　　　　　（　　）

4. 目前发达国家中对数字科技绝对了解的还占少数。　　　　　　　（　　）

5. 社会学家唐·塔普斯科特称 21 世纪的新工人为"网络一代"。　　（　　）

6. 对大多数孩子来说，网络科技世界是一个让人着迷的世界。　　　（　　）

7. 一位儿童游戏软件设计者说：孩子们玩儿我们编的游戏，他们边玩儿，边嚷嚷
　　"再给我一份作业，再难些"。　　　　　　　　　　　　　　　（　　）

8. 美国 38％家庭的孩子利用看电视的时间上网。　　　　　　　　　（　　）

9. 在美国网络与电视一样普及。　　　　　　　　　　　　　　　　（　　）

10. 1997 年会用电脑的青少年比 1994 年多了 38％。　　　　　　　　（　　）

11. 在网上孩子们可以随心所欲。　　　　　　　　　　　　　　　　（　　）

12. 如果孩子们不接触电脑，他们将会背离历史发展的方向。　　　　（　　）

13. 孩子们通过上网获取的知识远远超过了他们的师长。　　　　　　（　　）

14. 孩子们上网，父母只担心费用。　　　　　　　　　　　　　　　（　　）

15. 现在的孩子们跟人订约会都是留电话号码。　　　　　　　　　　（　　）

二、用汉语解释句中划线的词语

1. 对普通中国人而言也许显得不那么<u>耳熟能详</u>。

2. 挂在网络上的计算机比例，确切<u>反映</u>一个国家和一个地区的信息化程度的发展
　　水平。

3. 在时间的长河里，沧海桑田只不过是<u>转瞬之间</u>。

4. 他们对电脑、网络、信息时代十分陌生或十分<u>无知</u>。

5. 对大多数的孩子来说，数字科技的世界是一个让人<u>着迷</u>的世界。

6. 人的时空观也在不断地受到<u>冲击</u>和<u>挑战</u>。

7. 每周平均上机 5.5 小时,而且大多是<u>放弃</u>了看电视的时间。

8. 他们要操心这"酷"的<u>费用开销</u>。

9. 对电视的<u>利弊</u>说长道短。

10. 他让我们<u>目睹</u>了肯尼迪的遇刺,也让我们<u>体验</u>了地球人登月。

11. 如果没有电脑,那就<u>完蛋</u>了。

12. 掌握电脑是天经地义的事,就好<u>比扫盲</u>。

13. 有一天,我跟孩子们准备搞<u>野炊</u>。

14. 他穿过画廊<u>径直</u>走向触摸式屏幕。

15. 他们怀疑这电脑科技也许不过和电视一样,是一种<u>平庸</u>的、被人夸大其辞的东西。

16. 他们可以在瞬间找到<u>同道</u>。

三、选词填空

　　大约　　好奇　　反映　　引人注目　　至少　　浏览　　放弃　　照料
　　尚　　　相反　　显示　　除非　　　　迷恋　　典型　　反应

1. 毕业后他_____这座美丽的城市,去了边远的小镇。

2. 小说_____了山区的巨大变化。

3. 我上次见到他的时间_____是 3 月中旬。

4. 要取得好成绩,_____下苦功,否则是不可能的。

5. 你今天_____得把初稿拿出来。

6. 他竟十分_____那些外国歌星。

7. 邻居_____地打量着他的装束。

8. 两篇文章的风格截然_____。

9. 一块非常_____的招牌挂在门口。

10. 小说塑造的艺术_____生动而感人。

11. 客人们登上全市最高的建筑,_____这个新兴工业城。

12. 对他的话,我脑子里还没有_____过来。

13. 屏幕上_____出来的图像不清晰。

14. 她一个人_____不过来这么多的孩子。

15. 年轻干部朝气蓬勃,但实际经验_____少。

四、用括号中的词语替换划线词语

1. 挂在网络上的计算机比例,<u>确切反映</u>一个国家和地区的信息化程度的发展水平。(正确、准确)

2. 没有网络计算机便成为与外界隔绝的聋子和瞎子。(就、可)

3. 电脑的确是一个强大的媒体。(确切、确实)

4. 尽管他自己的衣食起居还离不开妈妈的照料。(关照、照看)

5. 他穿过走廊径直走向触摸式屏幕。(一直、径自)

6. 大多是放弃了看电视的时间。(保持、舍弃)

7. 网络进入美国家庭已跟电视机普及一样迅速。(猛烈、快速)

8. 他们要操心这"酷"的费用开销。(费心、疑心)

9. 调查显示,每十户美国家庭中有八户以上打算在一年内为孩子购置电脑。

(布置、购买)

10. 给我们的生活空间堆积了不少精神垃圾。(积累、堆)

11. 孩子们才是真正的探索者。(探求、思索)

12. 他们能够扎实求索而对传统意义上的权威提出质疑。(结实、塌实)

13. 把时间花在阅读、写作、求证、纠错上面时,脑袋瓜无疑会变得灵活。(耗、积)

14. 她谈起了她的一段经历。(阅历、经验)

15. 这在我教学生涯中不能不算是一件大事。(工作、生活)

16. 这些家庭中有九成称他们的孩子电脑用得最勤。(勤奋、次数多)

五、从 A、B、C、D 四个答案中选择合适的词语替换划线词语

1. 如果你给孩子们看一个机器人,他们也知道那不是真人。

    A. 尽管   B. 假设   C. 假定   D. 倘若

2. 能和那么多人网上交流,感觉真棒。

    A. 棒子   B. 不错   C. 不怎么样   D. 奇特

3. 他们对差异有巨大的包容力,好奇心重,相当沉稳和自信。

    A. 强大   B. 大大   C. 壮大   D. 艰巨

4. 他们会轻视以年龄或职位决定的所谓的尊长,只相信真正的价值。

    A. 轻易   B. 重视   C. 看重   D. 小看

5. 尽管他自己的饮食起居还离不开妈妈的照料。

    A. 虽然   B. 只管   C. 不管   D. 不论

6. 六十年后的今天,谁不能对其利弊说短道长呢?

    A. 利益和损害   B. 多数和少数

    C. 好处和害处   D. 高处和低处

7. 电视让我们体验了地球人登月。

    A. 体现   B. 感觉

    C. 感受   D. 经历

8. 就目前的情况来看，<u>至少</u>有三点是明摆着的。

    A. 至多   B. 起码   C. 最多   D. 至于

9. 这位五十开外的加拿大社会学家说"伴随着数字媒体成长起来的网络一代<u>将会</u>改变人类社会"。

    A. 把   B. 不久   C. 一定   D. 刚好

10. 网络世界拓展了他们探索的<u>天地</u>。

    A. 地步   B. 天与地   C. 境地   D. 范围

11. 那些对所谓上网<u>尚</u>不了解的中国人或许并不太清楚一台个人计算机的功能。

    A. 风尚   B. 尚且   C. 还   D. 未

12. 他们对电脑、网络、信息时代十分陌生或<u>无知</u>。

    A. 生疏   B. 陌路   C. 熟悉   D. 了解

13. 对大多数孩子来说，数字科技的世界是一个让人<u>着迷</u>的世界。

    A. 着魔   B. 入迷   C. 沉湎   D. 迷失

14. <u>除非</u>孩子接近电脑，否则他们会背离历史发展的方向。

    A. 只要   B. 除了   C. 只有   D. 非要

15. 把时间花在阅读、写作、求证、纠错上，脑袋瓜<u>无疑</u>会变得灵活。

    A. 没有疑惑   B. 没有疑心

    C. 没有怀疑   D. 没有疑问

六、根据课文的内容从 A、B、C、D 四个答案中选择惟一恰当的答案

1. 为什么说计算机除了打字，大部分时间无所事事，这是令人悲哀的？

    A. 因为计算机孤零零的

    B. 因为计算机耳熟能详

    C. 因为计算机没有发挥自己的功能

    D. 因为计算机没有放在引人注目的地方

2. 没有网络，计算机将会：

    A. 变成聋子和瞎子   B. 变成孤零零的

    C. 放在引人注目的地方   D. 是一个空壳子

3. 社会学家唐·塔普斯科特说的"网络一代"是指：

    A. 计算机   B. 拨浪鼓

    C. 鼠标   D. 儿童

4. 电脑为何能征服儿童？

    A. 因为电脑上有游戏软件

    B. 因为电脑是一个强大的媒体

C. 因为玩儿电脑是一个绝好的机会

D. 因为电脑可以实现他们的梦想、给他们创造想像的空间

5. 关于电视的出现下面哪一项是错误的？

　　A. 给人们堆积了很少的精神垃圾

　　B. 让人们目睹了肯尼迪遇刺

　　C. 给人们带来了无休止的娱乐

　　D. 让人们体验了人类登月球

6. 唐·塔普斯科特考察了什么地方的"网络一族"？

　　A. 中国和美国的　　　　　　　B. 中国和加拿大的

　　C. 美国和加拿大的　　　　　　D. 发达的各个国家的

7. 程序设计师有什么新发现？

　　A. 电脑改变了约会方式　　　　B. 电脑有人脑

　　C. 机器人有认知能力　　　　　D. 可以接通国家气象局

8. 日本挂在各种网上的计算机比美国：

　　A. 少五台　　　　　　　　　　B. 少三台

　　C. 多五台　　　　　　　　　　D. 多三台

9. 美国儿童上网是利用：

　　A. 周末的时间　　　　　　　　B. 每天的 5.5 个小时

　　C. 看画展的时间　　　　　　　D. 看电视的时间

10. 现在的孩子通过什么预订约会？

　　A. 电子游戏　　　　　　　　　B. 手提电话

　　C. 电视机　　　　　　　　　　D. 计算机

七、根据课文的内容，用最简短的文字回答问题（不得超过 8 个字）

1. 在中国电脑摆在了什么样的地方？

2. 计算机为什么会变成与外界隔绝的聋子和瞎子？

3. 在科技飞速发展的今天，人的时空感在受到什么？

4. 对于大多数孩子来说，数字科技是一个什么样的世界？

5. 克里斯托弗·科顿养了什么？

6. 社会学家唐·塔普科斯特有多大年龄？

7. 21 世纪的新主人是谁？

8. 兰达·图恩在什么地方开办了一个儿童科技村？

9. 现在的孩子通过什么预订约会？

八、根据下列句子的意思写出成语

1. 非常必要,不能缺少。 （　　　　　）

2. 把事情说得超过了原有的程度。 （　　　　　）

3. 指非常正常不容置疑的道理。 （　　　　　）

4. 听到的和看到的都换了样子,感到很新鲜。 （　　　　　）

5. 听的次数多了,熟悉得能详尽地说出来。 （　　　　　）

6. 形容听得多见得多了以后,无形之中受到影响。 （　　　　　）

7. 按照一定的条理,遵循一定的程序做事情。 （　　　　　）

8. 大海变成农田,农田变成大海,比喻世事变化很大。 （　　　　　）

第二十八课　桂花雨

琦　君

中秋节前后，就是故乡的桂花季节。一提到桂花，那股子香味就仿佛闻到了。桂花有两种，月月开的称木樨，花朵较细小，呈淡黄色，台湾好像也有，我曾在走过人家围墙外时闻到这股香味，一闻到就会引起乡愁。另一种称金桂，只有秋天才开，花朵较大，呈金黄色。我家的大宅院中，前后两大片旷场，沿着围墙，种的全是金桂。惟有正屋大厅前的庭院中，种着两株木樨、两株绣球。还有父亲书房的廊檐下，是几盆茶花与木樨相间。

小时候，我对无论什么花，都不懂得欣赏。尽管父亲指指点点地告诉我，这是凌霄花，这是丁东花、这是木碧花……我除了记些名称外，最喜欢的还是桂花。桂花树不像梅花那么有姿态，笨笨拙拙的，不开花时，只是满树茂密的叶子，开花季节也得仔细地从绿叶丛里找细花，它不与繁花斗艳。可是桂花的香气味，真是迷人。迷人的原因，是它不但可以闻，还可以吃。"吃花"在诗人看来是多么俗气！但我宁可俗，就是爱桂花。

桂花，真叫我魂牵梦萦。

故乡是近海县份，八月正是台风季节。母亲称之为"风水忌"。桂花一开放，母亲就开始担心了，"可别做风水啊。"（就是台风来的意思。）她担心的第一是将收成的稻谷，第二就是将收成的桂花。桂花也像桃梅李果，也有收成呢。母亲每天都要在前后院子走一遭，嘴里念着，"只要不做风水，我可以收几大箩，送一斗给胡宅老爷爷，一斗给毛宅二婶婆，他们两家糕饼做得多"。原来桂花是糕饼的香料。桂花开得最茂盛时，不说香闻十里，至少前后左右十几家邻居，没有不浸在桂花香里的。桂花成熟时，就应当"摇"，摇下来的桂花，朵朵完整、新鲜，如任它开过谢落在泥土里，尤其是被风雨吹落，那就湿漉漉的，香味差太多了。"摇桂花"对于我是件大事，所以老是盯着母亲问："妈，怎么还不摇桂花嘛？"母亲说："还早呢，没开足，摇不下来的。"可是母亲一看天空阴云密布，云脚长毛，就知道要"做风水"了，赶紧吩咐长工提前"摇桂花"，这下，我可乐了。帮着在桂花树下铺篾箩，帮着抱住桂花树使劲地摇，桂花纷纷落下来，落得我们满头满身，我就喊："啊！真像下雨，好香的雨啊。"母亲洗净双手，撮一撮桂花放在水晶盘中，送到佛堂供佛。父亲点上檀香，炉烟袅袅，两种香混合在一起，佛堂就像神仙世界。于是父亲诗兴发了，即时口占一绝："细细香风淡淡烟，竞收桂子庆丰年。儿童解得摇花乐，花雨缤纷入梦甜。"诗虽不见得高明,但在我心目中,父亲确实是才高八斗,出口成诗呢。

桂花摇落以后,全家动员,拣去小枝小叶,铺开在簸子里,晒上好几天太阳,晒干了收在铁罐子里,和在茶叶中泡茶、做桂花卤,过年时做糕饼。全年,整个村庄,都沉浸在桂花香中。

念中学时到了杭州,杭州有一处名胜满觉垅,一座小小山坞,全是桂花,花开时那才是香闻十里。我们秋季远足,一定去满觉垅赏桂花。"赏花"是借口,主要的是饱餐"桂花栗子羹"。因满觉垅除桂花以外,还有栗子。花季栗子正成熟,软软的新剥栗子,和着西湖白莲藕粉一起煮,面上撒几朵桂花,那股子雅淡清香是无论如何没有字眼形容的。即使不撒桂花也一样清香,因为栗子长在桂花丛中,本身就带有桂花香。

我们边走边摇,桂花飘落如雨,地上不见泥土,铺满桂花,踩在花上软绵绵的,心中有点不忍。这大概就是母亲说的"金沙铺地,西方极乐世界"吧。母亲一生辛劳,无怨无艾,就是因为她心中有一个金沙铺地、玻璃琉璃的西方极乐世界。

我回家时,总捧一大袋桂花回来给母亲,可是母亲常常说:"杭州的桂花再香,还是比不得家乡旧宅院子里的金桂。"

于是我也想起了在故乡童年时代的"摇花乐",和那阵阵的桂花雨。

(选自《长沟流月去无声》,云南人民出版社 1999 年版)

生　词

木樨（名）mùxī	廊檐（名）lángyán	篾簟（名）mièdiàn
满觉垅（名）mǎnjuélǒng	山坞（名）shānwù	借口（名）jièkǒu
饱餐（名）bǎocān		

注　释

繁花斗艳:各色各样的花争相开放。

魂牵梦萦:形容整天都在想。

口占一绝:说出了一首绝句。

才高八斗:才能和学识非常渊博。

练　习

一、根据课文内容判断下列句子正误

1. 每个月都开花的叫金桂。　　　　　　　　　　　　　　　　（　　）

2. "我"家的大宅院中种的全是金桂。 （　　　）

3. 小时候"我"无论什么花的名称都记不住。 （　　　）

4. 梅花很有姿态。 （　　　）

5. 八月母亲最担心的就是刮台风。 （　　　）

6. 桂花开得最茂盛的时候,左右十几家邻居都可以闻到桂花香。 （　　　）

7. 摇下来的桂花没有谢落在泥土里的桂花那么香。 （　　　）

8. "我"一直都认为父亲很有才华。 （　　　）

9. 我们去满觉垅不仅可以赏花,还可以喝粥。 （　　　）

10. 杭州的桂花没有家乡的金桂香。 （　　　）

二、用汉语解释句中划线的词语

1. 这种花只有秋天才开花,花朵较大,<u>呈</u>金黄色。

2. 桂花树不像梅花那么有<u>姿态</u>,<u>笨笨拙拙</u>的。

3. 母亲每天都要在前后院子走一<u>遭</u>。

4. 尤其是被风雨吹落,那就<u>湿漉漉</u>的。

5. 一座小<u>山坞</u>,全是桂花,花开时那才是<u>香闻十里</u>。

6. 那股子雅淡清香是无论如何没有<u>字眼</u>形容的。

7. 桂花<u>飘落如雨</u>,地上不见泥土。

8. 母亲一生辛劳,<u>无怨无艾</u>。

9. 杭州的桂花再香,还是<u>比不得</u>家乡旧宅院子里的金桂。

10. 母亲赶紧<u>吩咐</u>长工提前"摇桂花"。

11. 尤其是被风雨吹落,那就<u>湿漉漉</u>的。

12. 我曾在<u>走过</u>人家围墙外时闻到过这股香味。

三、选择下列适当的词语填空

确实　将　一股　沿着　原来　赏　阵阵　高明　仔细　沉浸

1. 母亲最担心的是_____收成的桂花。

2. 我家院子里_____围墙种的全是花。

3. 你出的主意真_____。

4. 他的文章_____写得有水平。

5. 中秋节前后,是故乡_____桂花的季节。

6. 他正_____在幸福的回忆之中。

7. 我路过这家花店时闻到了_____花香味。

8. _____,桂花还是一种做糕饼的香料呢。

9. _____凉风吹来,我感到很舒服。

10. 请你再_____回忆一下,书到底放哪儿了?

四、用合适词语替换下列句中划线词语

1. 我曾在走过人家围墙外时闻到这股香味。(   )

2. 尽管父亲告诉我各种花的名字,但我还是只记住了桂花。(   )

3. 桂花树不像梅花那么有姿态。(   )

4. 桂花不与繁花斗艳。(   )

5. 母亲赶紧吩咐长工提前摇"桂花"。(   )

6. 尤其是被风雨吹落,那就湿漉漉的。(   )

7. 花季栗子正成熟。(   )

8. 桂花飘落如雨,地上不见泥土。(   )

9. 母亲辛劳了一生。(   )

10. 杭州的桂花再香,还是比不得家乡旧宅院子里的金桂。(   )

五、请你在 A、B、C、D 四个答案中选择惟一正确的答案

1. 从本文可以了解到,作者最喜欢的是: (   )

    A. 木碧花   B. 桂花   C. 梅花   D. 丁东花

2. 引起作者乡愁的原因是: (   )

    A. 别人提到了他的故乡

    B. 看到人家喝桂花茶

    C. 闻到人家围墙外的桂花香味

    D. 台湾人送给了他一株桂花树

3. 本文告诉我们,桂花树: (   )

    A. 长得很有姿态   B. 长得笨笨拙拙的

    C. 不开花时也没有叶子   D. 开花时和繁花斗艳

4. 根据课文的意思,下面哪句话不对?   (   )

    A. 桂花落下来,落得作者满头满身

    B. 母亲把桂花放到水晶盘中,送到佛堂供佛

    C. 长工"摇桂花"我站在一边看

    D. "摇桂花"对于我是件大事

5. "于是父亲诗兴发了"中的"发"的意思是: (   )

    A. 送出   B. 扩大

    C. 流露   D. 发达

6. 根据本文,下面哪句话正确?　　　　　　　　　　　　　（　　）

    A. 桂花树长的样子很好看

    B. 栗子长在桂花丛中桂花就不香了

    C. 桂花的清香无法用文字形容

    D. 桂花只开花没有收成

7. "啊！真像下雨,好香的雨啊。"中的"好"的意思是:　　（　　）

    A. 容易　　　　　　　　　　B. 表示赞许

    C. 优点多的　　　　　　　　D. 表示数量或程度

六、选择下列各段正确的段落大意填在后面的括号里

1. 第一自然段的段意是:　　　　　　　　　　　　　　　（　　）

2. 第二自然段的段意是:　　　　　　　　　　　　　　　（　　）

3. 第四自然段的段意是:　　　　　　　　　　　　　　　（　　）

4. 第五自然段的段意是:　　　　　　　　　　　　　　　（　　）

A. 我很喜欢桂花。

B. 桂花的特点。

C. 桂花的两种分类。

D. 桂花的用途。

E. 如何收桂花?

F. 八月要收桂花。

七、简要回答下列问题

1. 故乡的桂花季节是什么样?

2. 桂花有哪两种?

3. 作者小时候只见过桂花吗?

4. 桂花树不开花时什么样?

5. 桂花树开花时很容易看见吗?

6. 刮台风的时候母亲最担心什么?

7. 桂花是什么的香料?

8. 摇下来的桂花和谢落在泥土里的桂花有何区别?

9. 佛堂里有哪两种香气?

10. 桂花有什么作用?

11. 桂花栗子羹是如何做成的?

12. 母亲认为哪儿的桂花香?

186

第二十九课　光明的心曲

赵丽宏

傍晚，最后一抹斜阳穿过窗外的绿叶，幽幽地照到我写字桌旁的白墙上，开始是许多斑驳的橙色光点，恍若一片微波荡漾的湖泊，然后暗下来，暗下来，光点由橙色转为暗红，并且奇怪地凝成两个椭圆的光团，无声无息地闪烁着……

无意中见到的新鲜的形象，总是会引起我的遐想。对着墙上这两团闪闪烁烁的夕辉，我发愣了，总觉得它们像什么，闪着火苗的、深沉的、在幽暗中执著地透出亮色的它们，像什么呢？

蓦地，我的眼前闪出一双眼睛来，一双小姑娘的眼睛，一双暗淡的眼睛，一双燃烧着希望之火的眼睛……

也是在一个晚霞似火的黄昏，从街心花园的林阴深处，飘出一阵优美的歌声，唱歌的是一位小姑娘，在手风琴的伴奏下，她唱着："在那遥远的地方，清泉在流淌，阳光在歌唱，心儿啊，飞向那遥远的地方……"歌声像清泉，丁丁东东地在暮色中流；歌声像阳光，在浓浓的绿阴深处。看见唱歌的小姑娘了，一件白色的连衫裙在晚风里飘拂，一只天蓝色的大蝴蝶结，随着歌声在她头顶飞舞。她唱得那么动情，我迎面走去，她竟仿佛没有看见，依然优美地唱着："在那遥远的地方……"

看清她的眼睛时，我不由倒抽一口冷气：一双多么漂亮的大眼睛，然而，又长又黑的睫毛下，覆盖着一层灰色的阴翳——呵，竟是一个盲姑娘！

我站住了，心头一阵震颤，这样美妙、这样无忧无虑的歌声，怎么可能从一个盲姑娘的口中唱出？

"……清泉在流淌，阳光在歌唱……"

歌声依然在飘来。盲姑娘，陶醉在她的歌声里。她两手合抱成一个拳头，紧紧地贴着胸口，头微微昂起，仿佛在遥望着远方：那流着清泉、飘着阳光的远方，那开满了五彩缤纷的花儿的远方……从她的清脆而又纯美的歌声里，从她的幸福而又神往的微笑里，我似乎也看到了她向往的那个光明灿烂的远方。我知道，在她的憧憬里，这远方决不是虚幻的，它足以驱散她眼前的黑暗。

唱吧，盲姑娘，有一颗热恋光明、向往光明的心，你的生命之路，是不会黯淡无光的。

拉手风琴的是位年轻的母亲，她凝视着自己的女儿，手指轻轻地在琴键上移动。也许，女儿直到现在，还不知道母亲是什么模样，还不知道阳光是怎么一回事。然而,从这位母亲抿紧的嘴角上,从那闪着泪光的眼神里,我知道了她的心思,她要用一颗母亲的心,为女儿点燃希望之火。她满怀深情地拉着琴……

我慢慢地走了,盲姑娘的歌声却久久地跟随着我,环绕着我,"在那遥远的地方……"周围那一片悄然飘落的夜色,仿佛被她的歌声照亮了。我的眼前,只有丁东作响的清泉,只有新鲜灿烂的阳光,还有一对向光明的天空奋力扑腾的柔嫩的翅膀,还有一双燃烧着希望之火的眼睛

……

墙上的夕辉早已消失,夜色在我的小屋里弥漫,盲姑娘的那支闪着光芒的歌,却又在我的心中响起来……

(选自《维纳斯在海边》)

生　词

扑腾(动)pūteng　　　　幽幽(副)yōuyōu　　　　斑驳(形)bānbó

荡漾(动)dàngyàng　　　闪烁(动)shǎnshuò　　　夕辉(名)xīhuī

蓦地(副)mòdì　　　　　阴翳(动)yīnyì　　　　　遥望(动)yáowàng

憧憬(动)chōngjǐng　　　虚幻(形)xūhuàn　　　　环绕(动)huánrào

注　释

无声无息:没有声音,没有气息。形容没有声响,不被人觉察。

暗淡无光:形容没有一点儿光彩。

练　习

一、根据课文的内容判断下列句子正误

1. 这两团闪闪烁烁的夕辉使我觉得很新鲜。　　　　　　　　　　　( )

2. 我的眼前闪出一双眼睛来,一双老人的眼睛。　　　　　　　　　( )

3. 也是在一个晚霞似火的黄昏,从街心花园的林阴深处,飘出一阵优美的歌声。

( )

4. 她唱得很投入,竟没看见我。　　　　　　　　　　　　　　　　( )

5. 我站住了,我心头一高兴,这样美妙,这样无忧无虑的歌声,是一个盲姑娘唱的。

( )

6. 在盲姑娘的心里,一定有那个光明灿烂的地方。　　　　　　　　( )

7. 盲姑娘两手合抱,紧贴胸前,昂着头望着远方唱着优美的歌。　　( )

8. 她的母亲要用一颗母亲的心,为女儿点燃希望之火。 （　　　）

9. 墙上的夕辉还没消失,夜色在我的屋里弥漫。 （　　　）

10. "我"走了很远,仍然可以听到盲姑娘的歌声。 （　　　）

二、用汉语解释句中划线的词语

1. 傍晚,最后一抹斜阳穿过绿叶。

2. 对着墙上这两团闪闪烁烁的夕辉,我发愣了。

3. 蓦地,"我"的眼前闪出一双眼睛来。

4. 在街心花园的林阴深处,"我"听到了优美的歌声。

5. 这样无忧无虑的歌声,怎么可能从一个盲姑娘口中唱出?

6. 在她的憧憬里,这远方决不是虚幻的。

7. "我"走了,盲姑娘的歌声却久久地跟随着我。

8. 周围那一片悄然飘落的夜色,仿佛被她的歌声照亮了。

9. 眼前这丁东作响的清泉,把"我"带回到了童年的故乡。

10. 夜色在"我"的小屋里弥漫。

三、选择适当的词填空

　　五彩缤纷　执著　光明灿烂　凝视　依然　一颗　一棵　闪烁　并且　憧憬

1. 他坐在阳台上,_____着天上的星星。

2. 他对所从事的事业非常_____。

3. 她定会看到那_____的远方。

4. 公园里开满了_____的花朵。

5. 大学毕业都十年了,但他们_____保持着联系。

6. 这是_____热恋光明,向往光明的心。

7. 我去了他家,_____给他通知了明天开会的时间。

8. 她那美丽的眼睛里,_____着青春的光芒。

9. 他们_____着未来美好的生活。

10. 这_____树是我爸爸亲手种的。

四、用合适的词语替换句中划线的词

1. 突然,我的眼前闪出一道亮光。（　　　　　）

2. 我简直在她那优美的歌声里陶醉了。（　　　　　）

3. 一双多么漂亮的大眼睛啊。（　　　　　）

4. 也是在一个晚霞似火的黄昏。（　　　　　）

5. 院子里弥漫着玫瑰花的香味。（　　　　　）
6. 开始是斑驳的橙色光点,恍若一片微波荡漾的湖泊。（　　　）（　　　）
7. 无意中见到的新鲜的形象,总是会引起我的遐想。（　　　）
8. 我站住了,心头一阵震颤。（　　　　　）
9. 她两手合抱成一个拳头,紧紧地贴着胸口,头微微昂起,仿佛在遥望着远方。
   （　　　　　）
10. 那开满了五彩缤纷的花儿的远方。（　　　　　）

五、请你在 A、B、C、D 四个答案中选择惟一正确的答案

1. 从本文我们可以知道盲姑娘：　　　　　　　　　　　　　　　　（　　）
   A. 琴拉得好　　　　　　　　　　B. 唱歌唱得好
   C. 在花园里表演节目　　　　　　D. 跟妈妈学拉琴

2. 作者看见小姑娘穿了一件：　　　　　　　　　　　　　　　　（　　）
   A. 白色的连衫裙　　　　　　　　B. 白色的上衣
   C. 红色的连衫裙　　　　　　　　D. 蓝色的牛仔衣

3. 根据课文的内容,下面哪句话不对？　　　　　　　　　　　　（　　）
   A. 姑娘的歌声清脆而纯美。
   B. 姑娘唱歌时的表情显得很幸福。
   C. 作者没有感觉到盲姑娘对未来有什么憧憬。
   D. 这无忧无虑的歌声出自盲姑娘口中。

4. 盲姑娘在哪儿唱的歌：　　　　　　　　　　　　　　　　　　（　　）
   A. 遥远的地方　　　　　　　　　B. 街心花园的林阴深处
   C. 有阳光的清泉边　　　　　　　D. 浓浓的绿阴深处

5. 盲姑娘的歌声表达了她怎样的心情：　　　　　　　　　　　　（　　）
   A. 无忧无虑　　　　　　　　　　B. 幸福而神往
   C. 热恋光明,向往光明　　　　　D. 黯淡无光

六、选择下列各段正确的段落大意填在后面的括号里

1. 第四自然段的段意是：　　　　　　　　　　　　　　　　　　（　　）
2. 第七自然段的段意是：　　　　　　　　　　　　　　　　　　（　　）
3. 第九自然段的段意是：　　　　　　　　　　　　　　　　　　（　　）
4. 第十自然段的段意是：　　　　　　　　　　　　　　　　　　（　　）
   A. 拉手风琴的母亲要用自己的心点燃女儿的希望之火。
   B. 盲姑娘陶醉在自己的歌声中,心中充满光明与希望。

190

C. 盲姑娘有一颗向往光明的心。

D. 盲姑娘的歌使我也看到了光明与希望。

E. 一位小姑娘在街心花园唱歌。

F. 我在街心花园发现她是一位盲姑娘。

七、回答问题

1. 文章的开头在描写什么,是怎样描写的?

2. 姑娘唱歌时的神情是什么样的?

3. 作者在看清了姑娘的眼睛时为什么那么惊讶?

4. 从姑娘的歌声里作者看到了什么?

5. 姑娘的母亲有什么心思?

6. 文章怎样从夕阳写到盲姑娘的? 又怎样把眼睛同歌声沟通起来描写?

第三十课　红叶情

吴惠聪

每年秋天,总有那灿若云霞的香山红叶悄然入梦。

香山红叶于我的情结此生难解,缘于一个女子。

少年时代,偶读陈毅元帅咏香山红叶的诗句:"西山红叶好,霜重色愈浓,革命亦如此,斗争见英雄。"心灵受到强烈的震撼,那时便在心中发誓,此生定要一睹北京香山红叶风采。

两年后,竟然梦幻成真。那是 1981 年初秋。那时正值新学期即将开学之际,我将读初二。为了实现这个幼稚的向往,竟然丢下学业,偷了父亲也许积了几年的"私房"钱,孤身一人北上京城。

我在京城举目无亲,几经周转,竟迷了路。正当我彷徨无措之时,一辆军用吉普嘎地停在旁边。我忙过去问路。车里一位年轻的女兵听说我要上香山,便说:"小家伙,算你走运,我就是到香山去的,上车吧!"我喜出望外,一头钻进车里。

到了香山,我随女兵进了东宫门。眼前山石重叠,松柏参天,流水潺潺,月牙河睡莲青翠欲滴,山峦间云雾缥缈,景色迷人。我和女兵疾步走上山坡,顿时被眼前的情景惊呆了!

哦,红叶,红叶! 这就是我日思夜念的香山红叶吗?

一阵清风拂过,满山红叶翩翩起舞。红遍一片山红透一片天的红叶,一任风吹雨打,红艳依旧,光彩照人的红叶!

我沉浸在激动与欢欣之中。

"喂,小家伙,"女兵说,"你从哪里来?"

"福建。"一缕阴云笼上我的心头。

"哦,千山万水呢。"女兵瞅着我,"瞒着家里人跑出来的吧?"

我慌乱地点点头。

"这可不好。"女兵认真地说,"你还是个孩子,知道家里人因为你的走失该多焦急?"

"我错了。"我勾着头,搓着双手。

"知错不为过。回头赶紧给家里拍个电报!"见我点头,女兵高兴地说:"你是头一回上香山吧? 你知道园门上'静宜园'三字出自谁的手笔? 是乾隆! 看香山有学问,何时最佳? 早晨。朝阳升起,香山格外清秀。此时去看'半山亭'、'阆风亭'、'香炉峰',夕阳西下,别具一番风景。可惜时间来不及了。冬天的香山更美了,冬雪乍晴,重重峰峦尽披银装,那才绝呢!夏天的香山,密林浓阴,清雅幽静。香山的春天呢,来得迟也去得晚,北京城里花稀叶败,这里还是山花烂漫,春色满园。何时香山最美呢?你说?"

我脱口而出:"秋天。千峰叠翠,层林尽染,红叶缤纷,绚丽多彩。"

女兵乐得一把将我揽过去,抚着我的头:"看不出你这个小家伙蛮聪明的嘛!"

我心里热乎乎的,觉得我们之间的距离一下子拉近了。我们一边观景,一边天南地北地侃。不经意间,夕阳已经西坠,晚霞与红叶浑然一体。我们下山离园,在岔路口分手。女兵给我留了通讯处,说:"小弟弟,你只能自己走了。我要回部队去了。"

我点点头,心中突然有一种想哭的感觉。

女兵红着眼圈动情地拉着我的手:"小弟弟,你太像我的弟弟了,你要真是我的弟弟,那该多好……"她松开手,缓缓转身朝吉普车走去。

我目送她钻进车里,心里突然空落落的。

"再见,小弟弟!"女兵从车窗探出头来,挥着手。"记住,有空给我来信!"

吉普车消失在暮色里。我怅然地踏着清冷的月光走去……

那年我14岁。14岁的少男初谙世事,每一个梦幻都充满温馨浪漫。女兵名叫何真,她是第一个闯入我心扉的女孩子。此后,我们书信往返,从未间断。直至1982年秋天。

1982对我来说是个不祥的数字。这一年里我经历了两次一生中不可忘却的变故,首先是母亲遭遇车祸身亡,而后是丧失人性的父亲不再顾及家庭,在外鬼混。我愤而弃学离家出走,孤身往广东打工。凄苦的境遇,孤寂的心灵,使我愈来愈强烈地怀念起何真。在打工仔蜗居的工棚里,我给何真写了一封长信,倾诉我的痛苦和思念。

收到何真的信已是两个月后时事情了。我喜出望外,一个人躲在工棚里,拆阅何真的信:

小弟:

接到你的信;我是多么高兴啊!很久没有收到你的信,使我心绪不安!我真为你担忧!

你的家庭在短时间内发生的那些不幸,可以想见,对你的打击是多沉重!但是,你不该对我隐瞒这么久,更不该中断学业!你还那么小,怎能如此轻率地毁掉自己的前程呢?

……

答应我,回家去,继续你的学业,你的生活和学习的费用由我负责。我等待着你的答复,切切!

何　真
1983 年 10 月 10 日

读完何真的信,我已泪流满面。我收拾起简单的行囊,回家。

家已名存实亡。父亲因贪污公款而进了监狱。空荡荡的屋里散发着霉味。倘若不是何真在我心中点燃的那一点希望的火花,我会一天也活不下去的。

我终于走进校门复读。

何真果不食言,给我寄来学杂费和生活费。我不知道仅有一面之缘的何真为什么对我这么好。可我相信这是一种缘分。相信人间自有真情在。

又是一年秋风萧萧时。

中秋节过后,我收到一封北京某杂志社的信函,拆开一看,信笺上夹着两片红叶,展开信笺,竟是何真的字迹:

小弟:

你不会想到,你若读此信,我必不在人世(此信写后,我将托付挚友,待我后事完后再寄给你)。

我知道,你一直在探究一个问题:为什么我会对你这么好?

现在,我应该告诉你了。你太像我的弟弟了。第一眼看到你,我惊呆了!我简直怀疑是我可爱的小弟生还了。4 年前,我惟一的弟弟不幸溺水身亡。我和弟弟从小生长在军营,父母亲无暇顾及我们,我和弟弟相互照料,情意非同一般。弟弟的死,令我悲痛欲绝。

你忽然出现在我面前,使我惊喜万分!我觉得这是一种缘分,否则,天南地北何以如此巧合?!

我资助你是应该的,不仅仅是为了友谊。你是个天资聪颖的少年,相信你将来会有出息的。希望你刻苦学习,不断上进。我已将一笔存款交给这位朋友,由她定期寄给你,一直供你念完大学。(这笔款由我父母提供。我的父母含辛茹苦养育了一对儿女,孰料儿女皆不孝,先他们而去,让白发人送黑发人!你今后若有可能,盼常关照我的双亲,替我尽点儿女孝道,则我九泉之下瞑目矣!)

你我此生缘分已尽,一面之缘成永诀,令人悲从中来。我患绝症时日已久,一直不忍告诉你,怕你年少难以承载如此噩耗!

你切莫伤感。就当我出了趟远门,乐而忘返,累你翘首盼归罢了。

捎去两枚红叶。想我时看看红叶,就会想起那温馨美好的往事……

一切仿佛早在意料之中。此时此刻,我心如止水。

我小心地将红叶夹进日记本里,珍藏起来;珍藏起少年时代一段苦涩而又浪漫的岁月,珍藏起两个凡人平平淡淡的故事……

（本文选自《少年文艺》,1997 年第 10 期）

生　词

私房（名）sīfáng　　　　潺潺（象）chánchán　　　　彷徨（形）pánghuáng

缥缈（形）piāomiǎo　　翩翩（形）piānpiān　　　烂漫（形）lànmàn

缤纷（形）bīnfēn　　　　侃　（动）kǎn　　　　　怅然（形）chàngrán

谙　（动）ān　　　　　　温馨（形）wēnxīn　　　　蜗居（动）wō jū

食言（动）shíyán　　　萧萧（象）xiāoxiāo　　　托付（动）tuōfù

溺水（动）nìshuǐ　　　瞑目（动）míngmù　　　孰　（代）shú

噩耗（名）èhào　　　　九泉（名）jiǔquán　　　孝道（名）xiàodào

注　释

喜出望外:遇到出乎意外的喜事而特别高兴。

光彩照人:形容人或事物十分美好或艺术成就辉煌,令人注目敬仰。

脱口而出:没有经过思考,随口说出。

浑然一体:完整不可分割。

名存实亡:名义上还有,实际上已经不存在。

含辛茹苦:经受艰辛和困苦,茹:吃。

练　习

一、根据课文内容,判断正误

1. 我到北京是为了欣赏香山红叶。　　　　　　　　　　　　　　（　　）

2. 我在学校刚刚开学的时候,偷偷来到北京。　　　　　　　　　（　　）

3. 我偷了父亲准备买房子的钱,孤身一人北上京城。　　　　　　（　　）

4. 我在北京没找到亲戚,迷了路。　　　　　　　　　　　　　　（　　）

5. 我拦住一辆军车,他们送我去香山。　　　　　　　　　　　　（　　）

6. 到了香山,看到红叶,我大吃一惊。　　　　　　　　　　　　（　　）

7. 女兵告诉我秋天香山最美。　　　　　　　　　　　　　　　　（　　）

8. 女兵夸我很聪明,我很开心。　　　　　　　　　　　　　　　（　　）

9. 我舍不得与女兵分手。　　　　　　　　　　　　　　　　　　（　　）

10. 分别之后,我一共收到何真的两封来信。　　　　　　　　　　（　　）

11. 因为父亲常常打我,所以我弃学离家出走。 （　　）

12. 在何真的资助下,我重新回到了学校。 （　　）

13. 何真在最后一封信中,夹了两片红叶。 （　　）

14. 何真和弟弟感情很深,可是弟弟却落水死亡。 （　　）

15. 何真是因为得了无法治好的疾病而死的。 （　　）

16. 何真死后,将由她父母定期给我寄钱,供我上学。 （　　）

二、用汉语解释划线的词语

1. 我偷了父亲的"私房"钱,孤身一人北上京城。

2. 正当我彷徨无措之时,一辆军用吉普嘎地停在旁边。

3. 我喜出望外,一头钻进车里。

4. 你是瞒着家里人跑出来的吧。

5. 我脱口而出:"秋天"。

6. 不经意间,夕阳已经西坠,晚霞与红叶浑然一体。

7. 你是个天资聪颖的少年。

8. 你不该对我隐瞒这么久,更不该中断学业。

9. 何真果不食言,给我寄来了学费和生活费。

10. 父母无暇顾及我们。

三、说说下列划线词语的比喻意义

1. "福建。"一缕阴云笼上我的心头。

2. 我心里热乎乎的,觉得我们之间距离一下子拉近了。

3. 我目送她钻进车里,心里突然空落落的。

4. 她是第一个闯入我心扉的女孩子。

5. 倘若不是何真在我心中点燃的那一点希望的火花,我会一天也活不下去了。

6. 孰料儿女皆不孝,先他们而去,让白发人送黑发人!

7. 此时此刻,我心如止水。

四、选择划线词语的正确解释

1. 两年后,竟然梦幻成真。 （　　）

 A. 毕竟   B. 居然   C. 究竟   D. 突然

2. 心灵受到强烈的震撼。 （　　）

 A. 震动   B. 摇动   C. 晃动   D. 感动

3. 我和女兵疾步走上山坡。 （　　）
　　A. 几步　　　　　B. 快步　　　　　C. 大步　　　　　D. 齐步

4. 我们顿时被眼前的情景惊呆了。 （　　）
　　A. 立刻　　　　　B. 一时　　　　　C. 暂时　　　　　D. 这时

5. 我们一边观景,一边天南地北地侃。 （　　）
　　A. 表示方向　　　　　　　　B. 天上地下
　　C. 漫无边际　　　　　　　　D. 天地之间

6. 女兵乐得一把将我揽过去,抚着我的头。 （　　）
　　A. 扶　　　　　B. 摸　　　　　C. 拍　　　　　D. 抱

7. 在打工仔蜗居的工棚里,我给何真写了一封长信。 （　　）
　　A. 比喻人很多　　　　　　　B. 比喻很破旧
　　C. 比喻很窄小　　　　　　　D. 比喻很脏

8. 此信写后,我将托付挚友寄给你。 （　　）
　　A. 交给　　　　　B. 吩咐　　　　　C. 委托　　　　　D. 保存

9. 待我后事完后再寄给你 （　　）
　　A. 以后的事　　　　　　　　B. 后面的事
　　C. 丧事　　　　　　　　　　D. 大事

10. 父母亲无暇顾及我们,我和弟弟相互照料。 （　　）
　　A. 注意　　　　　B. 考虑　　　　　C. 想到　　　　　D. 照顾

11. 你是个天资聪颖的少年。 （　　）
　　A. 智力　　　　　B. 能力　　　　　C. 天赋　　　　　D. 天才

12. 相信你将来会有出息的。 （　　）
　　A. 志向　　　　　B. 前途　　　　　C. 目标　　　　　D. 福气

五、选词填空

　　喜出望外　绚丽多彩　含辛茹苦　梦幻成真　孤身一人　食言　轻率
　　几经周转　举目无亲　睹　搓　揽　温馨

1. 他来到北京就是为了_____香山红叶的风采。

2. 我不停地_____着已经冻得发木的手。

3. 艾力是个讲信用的人,他决不会_____的。

4. 她把孩子_____在怀中,不停地抚摸着他的头。

5. 事情没搞清楚之前,不要_____地下结论。

6. 她有一个_____幸福的家庭,大家都很羡慕她。

7. 你上封信地址写得不清楚,_____拖了一个月才转到我手里。

8. 妈妈打电话说要来看我,我真是_____。

9. 他_____在国外,_____,深感孤独。

10. 从小我就渴望能成为一名军人,今天我终于_____,穿上了绿色的军装,我是多么高兴。

11. 大学生活是_____的,但也有单调枯燥的时候。

12. 父亲早逝,母亲_____把我们姐弟抚养成人,我们要孝敬她老人家。

六、根据课文内容选择恰当的答案

1. 下面哪一项和本文中的小男孩无关?　　　　　　　　　　　　　(　　)
   A. 到北京来找姐姐,迷失了方向　　　　B. 向往香山的红叶
   C. 认为秋天的香山最美　　　　　　　　D. 背着家人去京城的

2. 女兵和小男孩道别后,缓缓地朝吉普车走去。其中"缓缓"表现了女兵怎样的心情?　　　　　　　　　　　　　　　　　　　　　　　　　(　　)
   A. 难过　　　　　B. 依依不舍　　　　C. 高兴　　　　D. 痛苦

3. 关于我的父亲,哪一项不对:　　　　　　　　　　　　　　　　(　　)
   A. 积有"私房"钱　　　　　　　　　　　B. 丧失人性,不顾家
   C. 进了监狱　　　　　　　　　　　　　D. 没有工作

4. 关于何真,下列哪一项文中未提到　　　　　　　　　　　　　(　　)
   A. 从小在军营长大　　　　　　　　　　B. 得了绝症
   C. 父母都是军人　　　　　　　　　　　D. 非常喜爱弟弟

5. 为什么1982年对小男孩来说是个不祥的数字?　　　　　　　(　　)
   A. 因为他很想念何真却无法见面
   B. 因为他孤身一人在广东打工
   C. 因为他打工的环境很不好
   D. 因为他家中发生了两次大的变故

6. 何真为何要把寄钱之事托付给好友?　　　　　　　　　　　(　　)
   A. 因为她将不久于人世　　　　　　　B. 因为好友是杂志社的
   C. 因为她已将一笔钱交给好友　　　　D. 因为钱是由她父母提供的

7. 何真在最后一封信中,希望"我"能:　　　　　　　　　　　(　　)
   A. 越来越聪明　　　　　　　　　　　B. 将来能照顾一下她的父母
   C. 节省着花这笔存款　　　　　　　　D. 再来看看香山红叶

8. 该怎样理解"白发人送黑发人"?　　　　　　　　　　　　(　　)
   A. 白头发的人去送黑头发的人　　　　B. 晚辈先于长辈死去
   C. 黑头发的人来向白头发的告别　　　D. 长辈先于晚辈死去

七、根据课文内容回答问题

1. 男孩为什么要去北京？

2. 男孩在什么样的情况下遇到了何真？

3. 何真为何让"我"给家里拍电报？

4. 他们俩是如何谈论香山的？

5. 谈谈男孩在广东打工时的情况。

6. 男孩为什么重新返回了校园？

7. 何真为什么资助男孩？

8. 何真是一个什么样的人？

9. 何真最后一封信里夹着什么？为什么？

10. 这个故事哪一点使你最感动？

八、阅读文中对香山景色的描写，找出与下列句子意思相符的词句

1. 一条像弯弯的月亮一样的小河里,有许多睡莲花,颜色非常鲜绿,那浓浓的绿色像马上就要滴下来一样。

2. 无论风吹雨打,红叶仍然是红红的,美丽的样子十分吸引人。

3. 冬天一场大雪后,天突然变得非常晴朗,一座座的山峰都被白雪盖着,就像穿着白色衣服的少年。那真是独一无二的美丽。

4. 一座座的山峰都变成了绿色,一排排的树林像被彩色染过了一样,繁茂的红叶灿烂而美丽。

九、文章题为"红叶情"，文中也多处出现了红叶：男孩未见红叶前对红叶的向往、看见红叶后的惊喜激动以及何真最后一封信中夹着的两片红叶。仔细体会文章意境，说说红叶在文中起了什么作用？

十、仔细读一读文章第一、第二段及最后一段，想一想与课文题目有什么联系？

十一、如果以"相见亲如姐弟"、"分手竟成永诀"为小标题把课文划分成两部分，应从哪儿断开？两部分各以什么线索来写的？

第三十一课　生命的礼物

平　宅

一

救护车的尖叫声划破了黎明的宁静,又是谁遭殃了?

又一个车祸受害者,年纪实在也太轻了,不会超过十六岁,看来身体还挺结实的,她的父母不知会多伤心! 医生摇摇头叹一口气……

纪先生还未上班就接到警方的电话,脑子"嗡"的一声响后就一片空白,人呆坐着半晌也说不出话来。大哥纪英忙问:"出什么事了?"

"是丽莎! 医院!"

纪英听了,脸色一下子刷白。纪太太哎呀一声,右手掩着嘴巴,眼泪滚滚而下。

纪英说:"我开车!"就跟着父亲出门,纪太太外衣也没穿,也就跟着上车了。

纪家三口到达医院时,看见丽达——纪家二女儿坐在候诊室的长凳上,蜷缩成一团,浑身发抖。纪先生冲上前去,一把将丽达拥在怀里,丽达见到了爸爸,哇地一声哭了起来。

丽达一边哭一边断断续续地诉说经过。她与丽莎妹妹每天早上都坚持跑步,每天都沿固定的路线跑。可是,今天,偏偏是今天,丽莎说要改跑新路线……结果,就出事了!

纪家四口在等着,等着,最后医生出来了,低声说:"对不起。你们的女儿脑部受伤严重,无法救了。"

"为什么? 真的无法救了吗?"只有纪英还能发问,但声音也抖得无法令人听清楚。

医生难过地摇摇头,再也不说话了。

纪先生拥着丽达颓然坐下,纪太太也紧靠着纪先生肩膀,低声哭泣,丽达再也控制不住,大声哭了起来。纪英紧握双拳,头靠着墙,咬紧牙关,一声也不哼。

就在这个时候,医院正忙着做各种试验,丽莎的尿液、血液等都送进检验室作检验。而丽莎则仍在用人工呼吸器维持着。神经科专家在试验丽莎的神经反射,发现全无反应。专家又暂时停止了人工呼吸器,看看丽莎是否呼吸。丽莎也无反应。结果是诊断为大脑死亡。

大脑既已死亡,丽莎就无生还的可能,但人工呼吸器继续开动,为的是保持丽莎体内器官的生命。

医院一位负责器官移植的李医生走向纪先生,说:"我也很难过,这真是不幸。我可以跟你说几句话吗?"

纪先生点点头,站起来跟着李医生走进办公室。

李医生柔声说:"我想请你考虑捐献丽莎的器官。我知道你很难过,但器官移植需要抢时间,过了时间就没用了。"

纪先生第一个本能的反应是想高声喊叫:"不!不!别再伤害我的女儿!"但奇怪的是,他没有喊叫,却静静地点点头。李医生如释重负地叹了一口气,轻声说:"真谢谢你。"

"丽莎是人见人爱的孩子,才十五岁,"纪先生出乎意外地平静,他低声诉说,"丽莎很有爱心,她爱一切有生命的东西,她会为拯救别人而献出自己所有的。但暂时别对我太太说,我怕她一时受不了。"

二

医院又是一片紧张气氛,忙着为器官移植作准备。各种化验结果显示丽莎的肾脏功能正常,完全可以作移植用。接着,丽莎的血液资料被输入电脑,然后寻找合适的等候器官移植的病人。电脑资料显示与丽莎血型相同的人名,然后再经李医生审定,选定了接受肾脏移植的病人——三岁的马德。

医院一面通知马德父母送马德进院,一面对丽莎再作神经反射检验及呼吸反应检验,再一次证实丽莎脑部已死亡,全无生还可能。然后在手术室内准备切除肾脏作移植用。

三岁的马德是马家三个孩子中最小的一个,由于先天性肾病,三年多来有1/4的时间都在医院里度过,虽然还有五个月就满四岁了,但外表看来只像两岁的孩子。

马德不能像成年人一样用洗肾机维持肾脏功能,因为他年纪小,血管也太细了,而且也不能靠洗肾机长大。马德之所以能生存至今,只是因为肾脏一小部分仍能正常"工作",但是,连这一小部分也越来越弱了。马德要生存,要长大,就需要移植一个健全的肾脏。马先生、马太太接到医院的电话,马上就把马德送进医院,他们一边希望这次移植成功,儿子就能得救,一边也为十五岁就死去的丽莎而痛惜,更为丽莎的父母难过。医院规定,器官移植的双方,即捐献者与接受者是不向对方公开的,这是因为恐怕一旦移植器官受排斥而不成功时,捐献的一方就会更难过了。所以马先生与马太太只能在心里对丽莎的父母致以感谢。

马德住进医院后,化验室为马德与捐肾进行的交叉试验显示情况良好,可以进行移植。但进行移植手术的韦医生向他们解释,马德的肾脏是导致长期感染的原因,而移植后必须服食抑制免疫药物以防器官排斥。这时,就算是极轻微的感染也会致命,因为马德已毫无抵抗能力。因此,韦医生说:"移植时,我们得把马德的肾脏切除,这需要征求你们的同意。"

马先生一听就呆了,这样的赌注实在太大了。因为马德的肾脏虽然功能不全,总也维持了他三年多的生命,也许还可维持得更长一些,但一旦切除了,而移植又不成功,那不是什么保障也没有了吗?但是,不这样做,移植又有什么用呢?

马先生想了一会儿,咬咬牙,终于说:"我同意。"

肾脏移植手术进行了八个半小时,马德在手术后被送入深切治疗室。仍穿着手术衣的韦医生向马先生夫妻俩点点头,微笑说:"手术很顺利,移植的肾脏颜色很快就变成粉红色了。"

手术后五天,马德开始出现肾脏排斥症状。韦医生给马德服用免疫抑制剂。这种免疫抑制剂的剂量要十分讲究,过量则令马德变得毫无抵抗力而容易感染,不足,体内抗体又可能毁掉新移植的肾脏。很幸运,剂量适当,马德体内的排斥作用被抑制了,马德很快出院了。

三

丽莎的意外死亡给纪家蒙上了灰色的阴影,一年来,一家四口从没提起过丽莎的名字。纪英一直沉默无言,他最疼爱这个比他小十岁的小妹妹。每天下班回家,第一个张开两臂欢迎他的,就是丽莎,喋喋不休地向他讲述一天愉快的经过的也是丽莎。丽莎的世界充满阳光和欢乐,看着她一脸的光彩,听着她欢乐的声音,纪英整天的劳累就会一扫而光。

但纪先生与太太对丽莎却特别严,老指责大哥、二姐纵容小妹。其实,在心底里,丽莎是他们真正的命根,丽莎成了纪家的明星。

一年来,丽莎的房间一切依然,谁也没有想过去改变房内的摆设。纪太太每天照旧为丽莎打扫,收拾。而纪先生、纪英与丽达从车祸至今,从未踏进过丽莎的房间一步。

一年后的一天,纪先生收到一封信,打开一看,原来是李医生写的,信内把马德换肾后的良好情况告诉他,希望藉此可以减轻纪家失去丽莎的悲痛。

纪先生平静地把信递给太太,太太读后,眼泪直流,但在纪先生开口作解释时,她却制止了他说:"我知道,我早知道了,我也会同意的,这也一定是丽莎自己的心愿,她的心是那样的善良……"纪太太再也说不下去了。

这封信到了纪英手里,他看后不发一言就走进自己的房间。丽达看后,一边流泪一边点头。突然,她开口说:"我想见一见这男孩!"

纪先生与太太听后一愣，想了一下，纪太太轻声说："真的，我也想见见这男孩。"纪先生点点头说："我去找李医生谈谈。"

纪先生与李医生的会面是愉快的，李医生十分理解纪先生一家人的心情，他答应作安排。

四

一年来，马德的康复并非想像中那么顺当，肾脏移植后三个月，马德又受寒得肝炎，接着不久发高烧抽筋，但五个月以后，马德似乎一步步地康复了，人也长高长大了。过了四岁生日后，马德也与正常的四岁男孩一般高了，人也比以前调皮好动了。

照规定，马太太每周都带马德去医院作常规检查，一次又一次，终于有一天，医生对马太太说："现在我可以对你说了，你的儿子已经是健康的正常人了。"马太太开心得眼泪直流，她紧紧地抱着马德，凝视着马德那双明亮的大眼睛，心里不断地感谢为马德捐出丽莎肾脏的一家人。"谢谢你们！谢谢你们！"

马太太把这个好消息告诉马先生时，马德正在花园里踢球，看着马德来回奔跑，又叫又跳，一脸是汗，马先生真难相信这就是自己的小儿子。马太太紧紧靠着马先生，轻轻地说："我想带马德去见见丽莎的父母……"马先生点点头。

五

经过李先生的安排，纪、马两家约定了见面时间。星期天一早，马太太就替马德换上最漂亮的新衣服，自己也穿上会客的套装。马先生在前一天就把汽车洗刷干净，到了九点钟，马家三口就开了车直奔纪家。

纪太太在几天前就开始收拾房子了，她特别细心地再次打扫丽莎的房间，还换了新洗过的窗帘，在丽莎书桌的小花瓶里插上一支红色的玫瑰花。丽达一早起床，坐立不安地走来走去，纪英却留在房内不露面。纪先生呢？如常地坐着看报纸，但报纸的内容是什么却一点也进不了大脑。

一听到门外汽车声，大家都吃了一惊，丽达跑出去开门。汽车停在小花园外面，车门开处，先走下来一个四岁的男孩。"多么可爱的孩子！"丽达心想。她情不自禁地蹲下，向他伸出双手。马德微笑着向她走去，心里奇怪这位姐姐为什么对他那么亲热。

马先生与马太太下了车走过来。这时纪先生与纪太太也出来迎接客人了。马太太见到纪太太时，匆匆忙忙地奔过去，一下子就拥抱在一起。马先生向纪先生伸手，但纪先生却像老朋友一样，拥着他的肩膀，一同走进屋里。

丽达拉着马德的手走进屋里，她对爸爸、妈妈说："他叫马德。"说完就禁不住泪如雨下。纪太太双手掩脸低声哭泣。纪先生也控制不住自己的眼泪,自从丽莎去世至今,他是第一次在别人面前流下眼泪。

马德很懂事似的站着不动,妈妈在来这里之前已对他讲述丽莎姐姐的事,他模糊地知道,自己应该感谢纪先生一家人,但不知道应该如何表达,只能乖乖地站着。过了一会儿,马德走近纪太太身边,抬头对她说:"我想看看丽莎姐姐的照片。"

纪太太疼爱地拉着马德的小手,把他领进丽莎的房间,指着挂在墙上的照片。

马先生、马太太也跟着进去,他们看着照片轻声说:"她真美!"

"是的,很美!她的内心也很美!"纪太太喃喃地说。

马德在丽莎的房间内慢慢走动,用手碰碰床上的毛毛公仔,摸摸书桌上的玩具闹钟,但一句话也没说。

纪太太看着马德,眼里露出无限疼爱。

纪英至今仍不露面,丽达十分理解自己的大哥。她把马德领到大哥的房门外,轻声对马德说:"大哥哥在里面。"

马德点点头,用小手轻叩房门,没有回应。丽达用手把门推开。纪英端坐在椅上,呆呆地望着窗外,听到开门声,纪英转过脸来,木无表情。

丽达把马德轻轻推向大哥说:"他就是马德。"

丽达看到大哥的表情一下子变得柔和了,眼里闪着泪光,她连忙退出房间,并把房门关上。

过了差不多半个钟头,房门打开了,马德一手拿着一辆汽车模型,一手拉着纪英叫嚷着:"大哥哥,快,快,到花园开模型汽车给我看!"纪英也就顺从地听任马德把他拉进花园去了。纪先生与纪太太相对微微一笑,终于放心了。

这一天就像老朋友会面时一样融洽、愉快地度过了,吃饭时,马德的天真话语时不时引起阵阵笑声。在离开时,马德与纪先生握了手,拥抱了纪太太,亲吻了丽达,还要纪英抱着他走出花园送进汽车里。

纪先生在送马先生上车前拉着他的手说:"请你们好好照料马德。"

(选自 1988 年 3 期《健康之友》,摘编自香港《生活与健康》)

生 词

划破（动）huápò	遭殃（动）zāoyāng	刷白（形）shuābái
颓然（形）tuírán	移植（动）yízhí	拯救（动）zhěngjiù
痛惜（动）tòngxī	致使（动）zhìshǐ	纵容（动）zòngróng
藉此　　 jiècǐ	免疫　　 miǎnyì	康复（动）kāngfù
蜷缩（动）quánsuō	赌注（名）dǔzhù	抑制（动）yìzhì
命根（名）mìnggēn	乖　（形）guāi	天真（形）tiānzhēn

注　释

如释重负:像放下重担一样,形容紧张沉重过后的轻松心情。

情不自禁:抑制不住自己的感情。

练　习

一、根据课文内容判断正误

1. 纪先生接到医院的电话,没说一句话。　　　　　　　　　（　　）

2. 丽达受伤后坐在医院的长凳上浑身发抖。　　　　　　　　（　　）

3. 医生对纪家人说你们的女儿脑部受伤严重,无法救了。　　（　　）

4. 纪先生高声喊:"不! 不! 别再伤害我的女儿。"　　　　　（　　）

5. 医院打算把丽莎的肾脏移植给马德。　　　　　　　　　　（　　）

6. 他手术时注射了适量的免疫抑制剂,所以很快出院了。　　（　　）

7. 丽莎死后,大哥表现得最为痛苦。　　　　　　　　　　　（　　）

8. 纪先生收到李医生的信后,他们一家人都想见见马德。　　（　　）

9. 纪先生和马先生原来就是好朋友。　　　　　　　　　　　（　　）

10. 马德的康复非常顺利。　　　　　　　　　　　　　　　　（　　）

11. 马德不知道丽莎的肾脏移植给了自己。　　　　　　　　　（　　）

12. 纪英不喜欢马德,所以一直不露面。　　　　　　　　　　（　　）

二、根据课文内容用汉语解释句中划线词语

1. 救护车的尖叫声<u>划破</u>了黎明的宁静。

2. 车祸受害者看来身体还挺<u>结实</u>的。

3. 脑子"嗡"的一声响后就是一片<u>空白</u>。

4. 可是,今天,她说要改跑新路线,结果,就出事了。

5. 纪英紧握双拳,头靠着墙,<u>咬紧牙关</u>,一声不哼。

6. 李医生<u>如释重负</u>地叹了一口气说"谢谢你"。

7. 一旦移植器官受排斥而不成功时,捐献的一方就会更<u>难过</u>。

8. 丽莎的意外死亡给纪家<u>蒙上了</u>灰色的阴影。

9. 每天下班回家,丽莎就<u>喋喋不休</u>地向他讲述一天愉快的经过。

10. 看着她一脸的光彩,纪英一整天的劳累就会<u>一扫而光</u>。

11. 丽达一早起床,<u>坐立不安</u>地走来走去。

12. 她情<u>不自禁</u>地蹲下，向小男孩伸出双手。

三、选词填空

1. 救护车的尖叫声划破了黎明的_____，又是谁遭殃了。

    A. 平安   B. 安静   C. 宁静   D. 平静

2. 纪英听了这个消息，脸色一下子_____。

    A. 刷白   B. 空白   C. 雪白   D. 很白

3. 丽达一边哭一边断断续续地_____经过。

    A. 告诉   B. 诉说   C. 说   D. 讲话

4. 马德的肾脏虽功能不全，但也_____了他三年的生命。

    A. 支持   B. 坚持   C. 保持   D. 维持

5. 医院又是一片_____气氛，忙着为器官移植做准备。

    A. 紧张   B. 紧急   C. 紧迫   D. 着急

6. 他由于先天性肾病，三年来有 1/4 的时间都在医院_____。

    A. 通过   B. 经过   C. 度过   D. 走过

7. 丽莎的世界_____阳光和欢乐。

    A. 布满   B. 充满   C. 洒满   D. 填满

8. 一年来，丽莎的房间_____依然，谁也没想过改变房内的摆设。

    A. 所有   B. 全部   C. 完全   D. 一切

9. 李医生十分_____纪先生一家人的心情，他答应安排他们见面。

    A. 理解   B. 了解   C. 知道   D. 懂得

10. 经过李医生的安排，纪、马两家_____了见面时间。

    A. 商定   B. 决定   C. 约定   D. 制定

11. 丽达一早起床，坐立不安地_____。

    A. 走来走去   B. 走去走来   C. 来来去去   D. 去去来来

12. 马德知道自己应该感谢纪先生一家人，但不知应该如何_____。

    A. 表白   B. 表明   C. 表示   D. 表达

四、根据课文内容回答问题

1. 车祸受害者是怎样的一个人？

2. 纪先生接到警方电话后有什么反应？

3. 车祸是在何时、受害人在干什么事时发生的？

4. 纪先生一家四口听医生说丽莎无法救时，各有什么反应？

5. 医院是怎样给丽莎做各种检查的？

6. 李医生对纪先生说了什么？

7. 纪先生是怎样评价丽莎的？

8. 马德是怎样的一个孩子？

9. 马德父母知道要给马德做肾脏移植手术后心情怎样？

10. 纪先生、纪英和丽达为什么从车祸至今从未踏进过丽莎的房间？

11. 纪先生一家收到李医生的信后做出了一个什么决定？

12. 为迎接马德的到来，纪太太是怎样做的？

13. 纪家人见到马德后流露出了怎样的感情？

14. 这份生命的礼物给捐出与接受的双方带来了什么？

五、根据课文内容完成下面的题目

1. 谁最先知道发生了车祸： （　　）

   A. 医院   B. 丽达   C. 警方   D. 纪先生

2. 医院没有对丽莎做什么： （　　）

   A. 检验尿液   B. 检验血液

   C. 注射药物   D. 使用呼吸器

3. 关于丽莎，以下哪点不对： （　　）

   A. 每天坚持跑步   B. 和马德血型相同

   C. 是人见人爱的明星   D. 是父母的命根子

4. 关于马德以下哪点正确： （　　）

   A. 已经四岁五个月   B. 肾脏不健全

   C. 不愿向对方公开自己   D. 为丽莎的父母难过

5. 肾脏移植手术： （　　）

   A. 很顺利   B. 不成功

   C. 没有作用   D. 使马德无抵抗力

6. 丽莎发生意外的一年来： （　　）

   A. 纪英更疼爱这个小妹妹了

   B. 听着丽莎的声音纪英不觉得劳累了

   C. 纪先生与纪太太常常提起她

   D. 纪太太每天为丽莎打扫、收拾房间

7. "马太太把这个好消息告诉马先生时，马德正在花园里玩"这一句中"好消息"是

   指： （　　）

   A. 纪家同意换肾了   B. 马德长大了

   C. 马德是健康的正常人了   D. 马德能踢球了

8. 安排两家人见面后，下面哪一项正确： （　　）

  A. 马家开着汽车来，使纪先生一家很吃惊

  B. 马德很高兴丽达对他那么亲热。

  C. 马德的到来赶走了丽莎身亡带给纪家的悲伤

  D. 马德一直乖乖地跟在父母身边

六、课文分五部分，找出这五部分的段落大意填在后面的括号里

1. 第一部分： （　　）
2. 第二部分： （　　）
3. 第三部分： （　　）
4. 第四部分： （　　）
5. 第五部分： （　　）

  A. 丽莎出车祸的经过

  B. 丽莎的肾脏移植给了马德

  C. 介绍了马德一家的情况

  D. 马德康复，家人希望见丽莎的父母

  E. 家人怀念丽莎，希望见见马德

  F. 丽莎车祸身亡，父亲答应捐献女儿的器官

  G. 两家人相见，马德给大家带来了快乐

  H. 马德成了一个健康快乐的孩子

七、根据课文内容，选择正确答案完成下列句子

1. 纪家二女儿坐在候诊室的长凳上，_____。
2. 医院再一次证实丽莎脑部死亡，_____。
3. 马先生一听就呆了，_____。
4. 听到开门声，纪英转过脸来，_____。

  A. 全无生还可能

  B. 蜷缩成一团，浑身发抖

  C. 沉默无言

  D. 木无表情

  E. 这样的赌注实在太大了

  F. 眼里露出无限疼爱

第三十二课　你是一盏灯

徐建宏

专业军士夏商醒来时发现长途汽车趴在了路边。车厢里各种声音如鸟飞起，打哈欠找东西或者小心翼翼地放屁。黄渍渍的顶灯照出一张张旅途的脸像贴在马路上的广告纸，夏商注意到邻座的高颧骨姑娘已经醒了，此刻她的脸正对着浓黑的窗外。夏商说："车抛锚了？"

高颧骨姑娘回头看了一下，低声说："我也不清楚。"

从前面传来的消息证实了夏商的猜测。嘈杂声迅速变成了坚硬的愠怒在车厢里扔来扔去。有人后悔自己不该坐这种破车，有人则叫嚷着退票退票。其实外面黑咕隆咚的，除了司机，大概没有人知道所居何处。不过夏商觉得大家的心情可以理解：腊月二十七，谁不想早点儿赶回家去吃顿团圆饭呢？况且长脸司机蛮横地把车票从 70 元提到 100 元。现在这种愤怒终于找到了释放点。

憋闷使夏商离开了座位。夏商把旅行包交给邻座的高颧骨姑娘请她照看一下，自己则费劲地钻出人墙挤下了车。四周黑透了，山风像一把冰刀划着夏商的脸。夏商看到长脸司机钻在车底下，嘭嘭的敲打声被黑暗放大又吞没了。夏商站了片刻，搓着手回到了车上。对夏商来说，修车实在不是什么希罕事儿：入伍前夏商是一家汽配厂的技术主管（夏商放弃高额收入走进军营的事还成了那年秋天当地报纸的头版新闻）；入伍这两年，夏商干的也是汽车修理。

高颧骨姑娘缩在座位上。看着她浮在灯影里的疲惫，夏商心里像被铁块撞了一下。车厢里不断有人上上下下，打听着修车的进度，但消息似乎和外边的夜色一样黑暗。大约过了 10 分钟，夏商看到长脸司机擦着手上了车。车厢里骚动起来，只有夏商从司机的长脸上看出了问题。果然，一脸憔悴的长脸司机告诉大家，车没法修了。

愤怒像冰山一样压向司机，责骂声变得杂乱无章。长脸司机端起一只迫击炮筒似的茶杯无奈地说："我也不想这样，你们知道等一天我要亏多少钱？"黑暗中一个尖厉的女声说："那怎么办？"

长脸司机喝了口茶说："你们当中谁能把车修好，我出 300 元"，嘈杂声像一把枯草被割去了，整个车厢一片静寂。夏商听得清楚，他迟疑了一下说："我来试试。"所有的目光不约而同地贴到夏商身上。长脸司机一看有人修车，又是个军人，仿佛找到了救星。

"我有个要求。"夏商整了整自己的军帽说,"300 元我不要,但是你得把多收的车费退还给大家。"

长脸司机明显感到为难,车厢的顶灯照出他的职业脸色像手上的那只茶杯,后来他终于说:"好吧。不过,如果你修不好,我就不能照办了。"

故障被排除是半个小时以后。当夏商汗涔涔地钻出车底时,长脸司机对夏商的精湛技术赞不绝口。现在,夏商关心的是他和长脸司机的约定。

"天太黑了。"长脸司机嬉着脸说,"等到站了再说行不行?"

"不行!"夏商斩钉截铁地说,"车上多少人,你可以把钱交给我!"

长脸司机意识到自己的尾巴被踩住了,嘴角一牵,牵出一脸的无奈。

核实的结果令人惊讶:车上竟坐了 62 人。按约定,多收的 1860 元全部交到了夏商手里。

夏商拿着钱环视着大家说:"请安静,有件事我想跟大家商量一下。"夏商说着,用手指了指邻座的高颧骨姑娘,"昨天下午,她在车站被人偷了钱包,连车票也买不起了。她是出门打工的,也就是说她一年的血汗白流了。和大家一样,我与她素不相识,可她的遭遇让人同情。所以我建议,大家把自己的 30 元捐出来,让她也能过一个欢乐的春节。"

车厢里静得出奇,可以听见有人咀嚼食物的声音。所有的怜悯都聚焦到高颧骨姑娘的脸上。她显然没有思想准备,模糊的灯影下忽然嘤嘤而泣。

"也算我一个吧。"长脸司机说。大家注意到他从黑色的老板包里掏出了几张钞票,夸张地吻了一下。

有人鼓掌,劈劈啪啪的,弄得长脸司机反倒不自然起来。夏商啪地立正,对着车厢行了一个标准的军礼。

夏商回到家是第二天晚上。夏商打开旅行包时意外地发现了一沓钱和一张纸条,那上面草草写着:原谅我吧,我不该欺骗你。你是一盏灯,将永远照亮我以后的日子。

（选自《1999 中国年度最佳小小说》,漓江出版社 2000 年版）

生　词

哈欠（名）hāqian	抛锚（动）pāomáo	嘈杂（形）cáozá
叫嚷（动）jiàorǎng	憋闷（动）biēmèn	疲惫（形）píbèi
骚动（动）sāodòng	迟疑（动）chíyí	精湛（形）jīngzhàn
捐款（动）juānkuǎn	吻　（动）wěn	欺骗（动）qīpiàn
颧骨（名）quángǔ	猜测（动）cāicè	黑咕隆咚（形）hēigūlōngdōng
蛮横（形）mánhèng	搓　（动）cuō	进度（名）jìndù

憔悴（形）qiáocuì　　故障（名）gùzhàng　核实（动）héshí
咀嚼（动）jǔjué　　　沓　（量）dá

注　释

小心翼(yì)翼：形容举动十分谨慎。

黄渍(zì)渍：此处形容灯光昏暗的样子。

腊月(làyuè)：农历十二月。

团圆饭：一般指在过年前一晚上全家人聚在一起吃的饭。

迫(pǎi)击炮：一种武器,此处形容茶杯比较高。

杂乱无章：杂乱而无条理。

不约而同：事先没有约定而同时做某事。

汗涔(cén)涔：汗不断往下流的样子。

赞不绝口：不停地称赞。

斩(zhǎn)钉截铁：形容说话办事坚决果断,毫不犹豫。

嬉(xī)：嬉笑,此处指不够严肃、认真地笑。

素不相识：向来不认识。

嘤(yīng)嘤而泣：低声哭泣的样子。

练　习

一、根据课文内容判断正误

1.故事发生在距离元旦还有三天的时候。　　　　　　　　　（　　）

2.夏商和高颧骨的姑娘以前就认识。　　　　　　　　　　（　　）

3.谁也不知道车走到哪里了。　　　　　　　　　　　　　（　　）

4.有人要求退票,司机同意并退了票。　　　　　　　　　（　　）

5.车票的价钱应该是 70 元。　　　　　　　　　　　　　（　　）

6.司机太累了,所以没有修好车。　　　　　　　　　　　（　　）

7.司机给了夏商 1860 元钱作为修车的报酬。　　　　　　（　　）

8.有人偷走了高颧骨姑娘的钱。　　　　　　　　　　　　（　　）

9.司机没有办法,无奈地捐了钱。　　　　　　　　　　　（　　）

10.深受感动的司机在夏商的包里放了钱和纸条。　　　　（　　）

二、选词填空

1.从前面传来的消息＿＿＿＿＿＿了他的猜测。（证实、证明）

2.修车对他来说实在不是什么＿＿＿＿＿＿事儿。（新鲜、稀奇）

3.高颧骨的姑娘＿＿＿＿＿＿在座位上。（缩、趴）

4.人们不停地打听着修车的＿＿＿＿＿＿。（程度、进度）

5.长脸司机端着茶＿＿＿＿＿＿地说："我也不想这样啊。"（无奈、无法）

6.故障被＿＿＿＿＿＿是在半小时以后。（排除、扫除）

7.他又＿＿＿＿＿＿了一下钱的数目。（核实、审核）

8.夏商＿＿＿＿＿＿着大家说："请安静。"（注视、环视）

9.司机从黑包里掏出了几张钞票，＿＿＿＿＿＿地吻了一下。（夸大、夸张）

10.他意外地发现了厚厚的一＿＿＿＿＿＿钱。（张、沓）

三、解释句子中划线的词语

1.外面<u>黑咕隆咚</u>的，什么也看不清。

2.夏商问："车<u>抛锚</u>了?"

3.除了司机，大概没有人知道<u>所居何处</u>。

4.夏商<u>费劲</u>地钻出人墙挤下了车。

5.他<u>迟疑</u>了一下说："我来试试。"

6.夏商<u>斩钉截铁</u>地说："不行。"

7.长脸司机意识到自己的<u>尾巴被踩住了</u>

8.车厢里<u>静得出奇</u>，可以听见有人咀嚼的声音。

9.纸条上<u>草草</u>写着几个字。

四、选择括号中合适的词语替换划线的词

1.夏商站了<u>片刻</u>，搓着手回到了车上。（一刻、一会儿）

2.你们知道等一天我要<u>亏</u>多少钱？（亏损、吃亏）

3.所有的目光不约而同地<u>贴到</u>夏商身上。（转到、看到）

4.长脸司机明显感到<u>为难</u>。（困难、难办）

5.<u>故障</u>被排除是在半小时以后。（问题、事故）

6.司机对夏商的<u>精湛</u>技术赞不绝口。（精确、出色）

7.也就是说她一年的<u>血汗</u>白流了。（辛苦、成绩）

8.所有的怜悯都<u>聚焦</u>到高颧骨姑娘的脸上。（焦点、汇聚）

9.弄得长脸司机<u>反倒</u>不自然起来。（反而、反正）

10.原谅我吧，我不该<u>欺骗</u>你。（蒙骗、欺负）

五、阅读课文,选择正确的答案

1. 车票涨价的原因是: (   )

    A. 人太多   B. 快过年了

    C. 司机不讲理,自己涨价。   D. 大家想快点回家,主动要求的

2. "消息似乎和外边的夜色一样黑暗"的意思是: (   )

    A. 消息来得太晚。   B. 消息在黑夜中传播。

    C. 消息越来越坏。   D. 没有什么消息

3. 司机答应夏商什么?   (   )

    A. 给高颧骨姑娘捐钱。   B. 给大家退多收的钱。

    C. 给夏商修车报酬。   D. 让夏商来和他一起修车。

4. 从文中我们可以知道: (   )

    A. 大家把钱捐给了姑娘。   B. 司机没有给夏商修车费。

    C. 夏商把钱分给了大家。   D. 司机把钱给了高颧骨的姑娘。

5. 本文所要表达的主要意思是: (   )

    A. 夏商用自己的才能惩罚了蛮横的司机。

    B. 大家齐心协力度过了难关。

    C. 夏商用自己的行为教育了司机和那个姑娘。

    D. 欺骗人是不应该的行为。

六、根据课文回答问题

1. 车上的人为什么生气?

2. 夏商为什么搓着手回到了车上?

3. 夏商和司机达成了什么约定?

4. 是谁在夏商的旅行包里留下了钱和纸条?

5. 谈谈你对课文题目《你是一盏灯》的理解。

第三十三课　我们都老得太快却聪明得太迟

佚　名

我的学长去年丧妻。

这突如其来的事故,实在叫人难以接受,但是死亡的到来不总是如此吗?

学长说他太太最希望他能送鲜花给她,但是他觉得太浪费,总推说等到下次再买,结果却是在她死后,用鲜花布置她的灵堂。

这不是太愚蠢了吗?!

等到……等到……似乎我们所有的生命,都用在等待。

"等到我大学毕业以后,我就会如何如何。"我们对自己说。

"等到我买房子以后!"

"等我最小的孩子结婚之后!"

"等我把这笔生意谈成之后!"

"等到我死了以后。"

人人都很愿意牺牲当下,去获取未知的等待;牺牲今生今世的辛苦钱,去购买来世的安逸。在台湾只要往有山的道路上走一走,就随处都可看到"农舍"变"精舍",山坡地变灵骨塔,无非也是为了等到死后,能图个保障,不必再受苦。许多人认为必须等到某时或某事完成之后再采取行动。

明天我就开始运动;明天我就会对他好一点;下星期我们就找时间出去走走;退休后,我们就要好好享受一下。

然而,生活总是一直变动,环境总是不可预知,在现实生活中,各种突发状况总是层出不穷。

身为一个医生,我所见过的死人,比一般人要来得多。这些人早上醒来时,原本预期过的是另一个平凡无奇的日子,没想到一件意料之外的事:交通意外、脑溢血、心脏病发作等等。

刹那间生命的巨轮倾覆离轨,突然闯进一片黑暗之中。

那么我们要如何面对生命呢?

我们毋需等到生活完美无瑕,也毋需等到一切都平稳,想做什么,现在就可以开始。

如果你的妻子想要红玫瑰,现在就买来送她,不要等到下次。

真诚、坦率地告诉她:"我爱你"、"你太好了!"

这样的爱语永不嫌多。

如果说不出口，就写张纸条压在餐桌上："你真棒！"或是："我的生命因你而丰富。"不要吝于表达，好好把握。

记住，给活人送一朵玫瑰，强过给死人送贵重的花圈。

每个人的生命都有尽头，许多人经常在生命即将结束时，才发现自己还有很多事没有做，有许多话来不及说，这实在是人生最大的遗憾。

别让自己徒留"为时已晚"的空余恨。

逝者不可追，来者犹未卜，最珍贵、最需要适时掌握的"当下"，往往在这两者蹉跎间，转眼错失。

有许多事，在你还不懂得珍惜之前已成旧事；

有许多人，在你还来不及用心之前已成旧人。

遗憾的事一再发生，但过后再追悔"早知道如何如何"是没有用的，"那时候"已经过去，你追念的人也已走过了你的生命。

一句瑞典格言说："我们老得太快，却聪明得太迟。"

不管你是否察觉，生命都一直在前进。人生不售来回票，失去的便永远不再有。

不要再等待有一天你"可以松口气"，或是"麻烦都过去了"。

生命中大部分的美好事物都是短暂易逝的，享受它们，品尝它们，善待你周围的每一个人，别把时间浪费在等待所有难题的"完满结局"上。

劝你一句话：把握当下，莫等待。

（摘自《读者》2003/2 期）

生　词

灵堂（名）língtáng	当下（名）dāngxià	安逸（形）ānyì
毋　（副）wú	无暇（形）wúxiá	吝于（动）lìnyú
徒　（形）tú	蹉跎（形）cuōtuó	追悔（动）zhuīhuǐ

注　释

突如其来：形容来得很突然。

今生今世：这一生这一世。

不可预知：不能提前知道。

层出不穷：不断地出现，没有结束的时候。

刹（chà）那间：形容时间很短暂。

倾覆(fù)离轨:形容发生了很大的变化。

逝者不可追,来者犹未卜(bǔ):过去的东西不可能再追回来,未来的事情还无
　　　　法预知。

练 习

一、根据课文内容判断正误

1. 作者的妻子去年去世了。 　　　　　　　　　　　　　　　　　（　　）

2. 学长的妻子觉得鲜花太贵,所以不让丈夫买。 　　　　　　　　（　　）

3. 作者认为学长总是等待的行为太愚蠢。 　　　　　　　　　　　（　　）

4. 在台湾,所有的道路上都可以看到"精舍"。 　　　　　　　　　（　　）

5. 我们中的许多人都在等待以后的时间和机会。 　　　　　　　　（　　）

6. 生活中的变化总是可以预知的。 　　　　　　　　　　　　　　（　　）

7. 作者是一位外科医生。 　　　　　　　　　　　　　　　　　　（　　）

8. 作者经常给妻子送玫瑰花。 　　　　　　　　　　　　　　　　（　　）

9. "我"的学长经常给妻子写纸条。 　　　　　　　　　　　　　　（　　）

10. 人生命中大部分美好的事物都是短暂的。 　　　　　　　　　　（　　）

二、用汉语解释句中划线的词

1. 我的学长去年<u>丧妻</u>。

2. <u>灵堂</u>里摆满了鲜花。

3. 你把好好的粮食扔掉了,太<u>浪费</u>了。

4. 世界上完美<u>无瑕</u>的人是没有的。

5. 我们不要<u>吝</u>于表达,把想说的话都说出来吧。

6. 有许多人,在你还来不及<u>用心</u>之前已成<u>旧人</u>。

7. 请<u>善待</u>你周围的每一个人。

8. 生命是<u>短暂易逝</u>的。

9. 我们<u>毋</u>需等到一切都平稳,想做什么,现在就可以做。

三、选词填空

　　布置　愚蠢　安逸　保障　坦率　把握　察觉　平凡无奇　蹉跎　刹那间

1. 小丽为人很_____,有什么说什么,所以大家都喜欢和她交往。

2. 我们不要总是等待未来,应该好好_____现在。

3. 他们家_____得舒适大方。

4. 小李不想吃苦奋斗，只想过_____的生活。

5. 大家以为明星很特别，其实他们也是_____的普通人。

6. 我已经_____到了他在撒谎。

7. 你也太_____，竟然相信一个陌生人的话。

8. 妇女和儿童的权益是受法律_____的。

9. 珍惜时间吧，不要再_____岁月了。

10. _____天空乌云密布，猛烈的暴雨就要来了。

四、在 A、B、C、D 中选择合适的词语替换划线的词

1. 这位是我的<u>学长</u>。

    A. 长辈   B. 年长的同学   C. 校长   D. 学生

2. 这件事<u>实在</u>叫人难以接受。

    A. 真实   B. 老实   C. 踏实   D. 确实

3. 这次事故真是<u>突如其来</u>。

    A. 发生得太突然   B. 发生得太快

    C. 发生得太慢   D. 发生得太早

4. 很多人都愿意牺牲<u>当下</u>，去换取未知的未来。

    A. 现在   B. 应当   C. 当时   D. 下次

5. 新科技发明总是层出不<u>穷</u>。

    A. 贫穷   B. 彻底   C. 费尽   D. 结束

6. 别让自己<u>徒</u>留"为时已晚"的空余恨。

    A. 徒弟   B. 步行   C. 仅仅   D. 空的

7. 我<u>嫌</u>她走路太慢。

    A. 希望   B. 不满意   C. 怀疑   D. 道歉

8. 你<u>莫</u>为了他的两句玩笑话而生气。

    A. 一定   B. 不要   C. 不能   D. 难道

五、从 A、B、C、D 四个答案中选择恰当的答案

1. 学长是怎么对待妻子的：   （   ）

    A. 常送鲜花   B. 常给她买东西

    C. 用鲜花布置她的灵堂   D. 很舍得花钱

2. 对学长的这种做法，作者的看法是：   （   ）

    A. 赞成   B. 认为很不聪明

    C. 批评   D. 吃惊

3. 人们对于想要做的事情是怎么做的：　　　　　　　　　　　　　　　（　　）

    A. 等待　　　　　　　　　　　　　B. 好好把握

    C. 放弃　　　　　　　　　　　　　D. 仔细分析

4. 关于作者，我们可以知道：　　　　　　　　　　　　　　　　　　（　　）

    A. 喜欢运动　　　　　　　　　　　B. 已经退休

    C. 是一名医生　　　　　　　　　　D. 见的人比较多

5. 作者认为应该怎样向妻子表达感情：　　　　　　　　　　　　　　（　　）

    A. 常买一些巧克力　　　　　　　　B. 在餐桌上写很多纸条

    C. 坦诚地表达爱意　　　　　　　　D. 不要轻易说"我爱你"

6. "给活人送一朵玫瑰强过给死人送贵重的花圈"，意思是：　　　　（　　）

    A. 只能送一朵玫瑰

    B. 送花圈一定要送贵重的

    C. 给死人送玫瑰比较好

    D. 人活着时，对他多一些关怀比什么都好

7. 作者认为最珍贵、最需要适时把握的是：　　　　　　　　　　　　（　　）

    A. 时间　　　　　　　　　　　　　B. 现在

    C. 未来　　　　　　　　　　　　　D. 金钱

8. 通过本文，作者最想告诉我们的是：　　　　　　　　　　　　　　（　　）

    A. 让所有的事有一个完满的结局

    B. 学会放松心情

    C. 锻炼身体，预防心脏病

    D. 善于把握现在

9. "我们老得太快，却聪明得太迟"这句格言出自：　　　　　　　　（　　）

    A. 瑞典　　　　　　　　　　　　　B. 雅典

    C. 丹麦　　　　　　　　　　　　　D. 英国

10. 下面不属于作者观点的是：　　　　　　　　　　　　　　　　　（　　）

    A. 享受生活　　　　　　　　　　　B. 品尝一些美味食品

    C. 善待周围的每一个人　　　　　　D. 学会懂得珍惜

六、根据课文内容完成句子

1. 得知学长的妻子去世，作者感到＿＿＿＿＿＿＿＿。

2. 学长的太太希望他能送鲜花给她，但＿＿＿＿＿＿＿＿。

3. 在台湾的许多地方山坡变成灵骨塔，是因为＿＿＿＿＿＿＿＿。

4. 生命中许多美好的事物是短暂的，所以＿＿＿＿＿＿＿＿。

七、根据课文内容回答问题

1. 作者认为哪些做法是愚蠢的？

2. 人们通常有一个什么弊病？

3. 一味地等待会有什么结果？

4. 我们应该怎样对待亲人？

5. "逝者不可追，来者犹未卜"，这句话的意思是什么？

6. 通过这篇文章，你有什么感想？

第三十四课　寻找理想

巴　金

亲爱的同学们：

你们的信使我感到为难。我是一个有病的老人，最近虽然去北京开过会，可是回到上海就仿佛生了一场大病似的，一点力气也没有，讲话上气不接下气，写字手指不听指挥，因此要"以最快的速度"给你们一个回答，我很难办到。我只能跟在你们背后慢慢地前进，即使远远地落在后面，我还可以努力追赶。但要带着你们朝前飞奔，不是我不愿意，而是力不能及了。这就说明我不但并无"神奇的力量"，而且连你们有的那种朝气我也没有，更不用说什么"神秘钥匙"了。

不过我看你们也不必这样急，"寻求理想"不是一天、两天的事。理想是存在的。可是有的人追求了一生只得到幻灭；有的人找到了它一直坚持到生命的最后一息。各人有各人的目标，对理想当然也有不同的理想。我听广播、看报纸，仿佛人们随时随地都在谈论"理想"，仿佛理想在前面等待人，只要你一伸手就可以把它抓住。那么你们为什么还那样着急地向我"呼救"呢？你们不是都有了理想吗？你们在"向钱看"的社会风气中感觉到窒息，不正是说明你们的理想起了作用吗？我不能不问，你们是不是感到了孤独，因此才把自己比作"迷途的羔羊"？可是照我看，你们并没有"迷途"，"迷途"的倒是你们四周的一些人。

我常常想，我们生活在其中的社会有时会是十分古怪，叫人难以理解。人们喜欢说，形势大好，我也这样说过。这种说法不是没有道理，我也有自己的经验。根据我耳闻目睹，舍身救人、一心为公的英雄事迹和一人有难八方支援的好人好事，每天都在远近发生。从好的方面看当然一切都好，但要是专找不好的方面看，人就觉得好像被坏的东西包围了。尽管形势大好，总是困难很多；尽管遍地理想，偏偏有人惟利是图。你们说这是"新的现象"，我看风并不是一天两天刮起来的。面对着这种现象，有人毫不在乎，他们说这是支流，支流敌不过主流，正如邪不胜正。即使出现这样的情况，譬如说钞票变成了发光的"明珠"，大家追求一个目标：发财，人人争当"能赚会花"的英雄；又譬如说从喜欢空话、爱听假话，发展到贩卖假药、推销劣货，发展到以权谋私、见利忘义，……也不要紧，因为邪不胜正。还有人说："你不要看风越刮越厉害，不久就会过去的。我们有定风珠嘛！"同他们交谈，我也感到放心，我也是相信邪不胜正的人，我始终乐观。

同学们，请原谅，我不是在这里讲空话。束手等待是盼不到美好的明天的。

我说邪不胜正,因为在任何社会里都存在着是与非、光明与阴暗的斗争。最后的胜利当然属于正义、属于光明。但是在某一个时期甚至在较长的一段时期,是也会败于非,光明也会被阴暗掩盖,支流也会超过主流,在这里斗争双方力量的强弱会起大的作用。在这一场理想与金钱的斗争中我们绝不是旁观者,斗争的胜败关系到我们每个人的命运。我们是这个社会的成员,是这个国家的公民。要是我们大家不献出自己的汗水和才智,那么社会的发展和国家的腾飞,也不过是一句空话。我常常想为什么宣传了几十年的崇高理想和大好形势,却无法防止黄金瘟疫的传播? 为什么用理想教育人们几十年,那么多的课本,那么多的学习资料,那么多的报刊,那么多的文章! 到今天年轻的学生还彷徨无主、四处寻求呢?

小朋友们,不瞒你们说,对着眼前五光十色的景象,就连我有时也感到迷惑不解了。我要问,理想究竟是什么? 难道它是虚无缥缈的东西? 难道它是没有具体内容的空话? 这几十年来我们哪一天中断过关于理想的宣传? 那么传播黄金疫的病毒究竟来自何处、哪方? 今天到处在揭发有人贩卖霉烂的食品,推销冒牌的假货,办无聊小报,印盗版书,做各种空头生意,为了带头致富,不惜损公肥私、祸国害人。这些人,他们也谈理想,也讲豪言壮语,他们说一套,做另外一套。对他们,理想不过是招牌、是装饰、是工具。他们口里越是讲得天花乱坠,做的事情越是见不得人。“向前看”一下子就变为“向钱看”,定风珠也会变成风信鸡。在所谓“不正之风”刮得最厉害、是非难分、真假难辨的时候,我也曾几次疑惑地问自己,理想究竟在什么地方? 它是不是已经被狂风巨浪吹打得无踪无影? 我仿佛看见支流压倒了主流,它气势汹汹地滚滚向前。然而即便在这个时候我也没有理由灰心绝望,因为理想明明还在我前面闪光。

理想,是的,我又看见了理想。我指的不是化妆品,不是空谈,也不是挂在人们嘴上的口头禅。理想是那么鲜明,看得见,而且同我们血肉相连。它是海洋,我好比一小滴水;它是大山,我不过一粒泥沙。不管我多么渺小,从它那里我可以吸取无穷无尽的力量。拜金主义的“洪流”不论如何泛滥,如何冲击,始终毁灭不了我的理想。问题在于我们一定要顶得住。我们要为自己的理想献身。

我在20年代写作的初期就说过:“把个人的生命连系在群体的生命上面,在人类繁荣的时候,我们只看见生命的连续,哪里还有个人的灭亡?”在30年代中我又说:“我们每个人都有更多的同情,更多的爱,更多的欢乐,更多的眼泪;比我们维持自己的生存所需要的多得多,我们必须把它们分给别人,不这样做,我们就会感到内部干枯。”你们问我伏案写作的时候想的是什么,我追求什么,我可以坦率地回答:我想的就是上面那些话。我追求集体的幸福和繁荣。

五十几年来我走了很多的弯路,我写过不少错误的文章,我浪费了多少宝贵的光阴,我经常感受到“内部干枯”的折磨。但是理想从未在我的眼前隐去,它有时离我很远,有时仿佛近在身边;有时我以为自己抓住了它,有时又觉得两手空空。有时我竭尽全力,向它奔去,有时我停止追求,失去一切。但任何时候在我的前面或远或近,或明或暗,总有一道亮光。不管它是一团火,一盏灯,只要我一心向前,它会永远给我指路。我的工作时间剩下不多,我拿着笔已经不能挥动自如了。我常常谈老谈死,虽然只是一篇短短的"随想",字里行间也流露出我对人生无限的留恋。我不需要从生活里捞取什么,也不想用空话打扮自己,趁现在还能够勉强动笔,我再一次向读者,向你们掏出我的心,光辉的理想像明净的水一样洗去我心灵上的尘垢,我的心里又燃起了热爱生活、热爱光明的火。火不灭,我也不会感到"内部干枯"……

亲爱的同学们,我多么羡慕你们。青春是无限地美丽,青年是人类的希望,也是我们祖国和人民的希望,这样一个信念,贯串着我的全部作品。理想就在你们面前,未来属于你们。千万要珍惜你们宝贵的时间。只要你们把个人的命运同集体的命运连在一起,把人民和国家的位置放在个人之上,你们就永远不会"迷途"。理想不抛弃苦心追求的人,只要不停止追求,你们会沐浴在理想的光辉之中。不用害怕,不要看轻自己,你们绝不是孤独的! 昂起头来,风再大,浪再高,只要你们站得稳,顶得住,就不会给黄金潮冲倒。

这就是一个 81 岁老人的来迟了的回答。

(选自《北极光下》,人民教育出版社 2002 版)

生 词

幻灭 (动) huànmiè
迷途 (动) mítú
掩盖 (动) yǎngài

徬徨 (动) pánghuáng
霉烂 (形) méilàn
盗版 (名) dàobǎn

口头禅 (名) kǒutóuchán
泛滥 (动) fànlàn
伏案 (动) fúàn

尘垢 (名) chéngòu
明净 (形) míngjìng
窒息 (动) zhìxī

譬如 (动) pìrú
瘟疫 (名) wēnyì
揭发 (动) jiēfā

冒牌 (动) màopái
不惜 (名) bùxī
渺小 (形) miǎoxiǎo

干枯 (形) gānkū
捞取 (动) lāoqǔ
贯串 (动) guànchuān

沐浴 (动) mùyù

注 释

耳闻目睹:指听到和看到。

惟利是图:只贪图财利,别的什么都不顾。

以权谋私:利用职权为自己牟取私利。

定风珠：比喻坚持自己的原则，不改变。

五光十色：比喻色彩鲜艳，式样繁多。

虚无缥缈：形容非常空虚渺茫。

空头生意：比喻空许诺言的骗人的生意。

损公肥私：损害公家和集体的利益，使自己得到好处。

天花乱坠：比喻说的非常动听，其实不切合实际。

风信鸡：比喻没有原则，随意改变。

气势汹汹：文章中指来势非常凶猛的样子。

练　习

一、根据课文内容判断正误

1. 作者从北京回来就病了。（　　）
2. 有的人一辈子都追求不到自己的理想。（　　）
3. 现代社会人太多，所以有人感到窒息。（　　）
4. 社会上的好人好事越来越少了。（　　）
5. 能赚会花的人就是当代英雄。（　　）
6. 年轻的学生们彷徨无主是因为他们没有钱。（　　）
7. 作者认为理想可以给人无穷无尽的力量。（　　）
8. 理想就是我们嘴上的口头禅。（　　）
9. 五十几年来，"我"犯了很多错误。（　　）
10. 作者的工作时间剩下不多了，因为他马上就要退休了。（　　）

二、根据课文内容，选择划线词语的正确解释

1. 回到上海就仿佛生了一场大病似的，一点力气都没有。
   A. 可能　　　　　B. 大概　　　　　C. 犹如　　　　　D. 想像
2. 连你们有的那种朝气我也没有，更不用说什么"神秘钥匙"了。
   A. 神奇的力量　　　　　　　　B. 有效的办法
   C. 关键的地方　　　　　　　　D. 神秘的现象
3. 我常常想，我们生活在其中的社会有时会是十分古怪。
   A. 古老　　　　　　　　　　　B. 传统
   C. 难以理解　　　　　　　　　D. 复杂
4. 你们说这是新现象，我看风不是一天两天刮起来的。
   A. 冷风　　　　　B. 事情　　　　　C. 风靡　　　　　D. 风气

5. 要是我们不献出自己的汗水与才智,那么社会的发展和国家的腾飞,也不过是一句空话。

    A. 不能实现的话   B. 谎话   C. 大话   D. 怪话

6. 对他们,理想不过是招牌,是装饰。

    A. 品牌   B. 名牌   C. 幌子   D. 名义

7. 即使在这个时候我也没有灰心失望,因为理想明明还在我前面闪光。

    A. 分明   B. 明白   C. 一定   D. 当然

8. 许多人问我伏案写作时想的是什么?

    A. 偷偷   B. 趴在桌子上   C. 破案   D. 蹲在地上

9. 但是理想从来没有在我的眼前隐去。

    A. 隐瞒   B. 消失   C. 逃跑   D. 隐约

10. 不用害怕,不要看轻自己,你们绝不是孤独的。

    A. 忽视   B. 自卑   C. 照顾   D. 看不起

三、选词填空

    虚无缥缈   损公肥私   舍身救人   挥动自如   力不能及
    不正之风   天花乱坠   邪不胜正   无影无踪   惟利是图

1. "向钱看"是社会上的一股_____。

2. 我的手昨晚摔伤了,现在还不能_____。

3. 等其他人赶到时,小偷已经跑得_____了。

4. 有些人认为所谓理想都是些_____的东西。

5. 骗子们在骗人时总是说得_____。

6. 徐建_____的行为值得我们大家学习。

7. 有些事不是我不想帮你,而是我_____。

8. 他是一个_____的小人,我怎么会和他做朋友呢?

9. 我最讨厌那些_____的行为。

10. 我们要坚信_____,终有一天他们会受到惩罚的。

四、阅读理解

1. "他们说一套,做另外一套。"是什么意思?

    A. 他们光说不做   B. 他们说的和做的不一样

    C. 他们说的多,做的少   D. 他们有两种做生意的办法

2. 谁把自己比作"迷途的羔羊"?

    A. 没理想的人   B. 追求理想的人

C. 理想破灭的人   D. 抓住理想的人

3. 怎样做才能使正义和光明获得胜利？

   A. 束手等待   B. 大力宣传

   C. 做旁观者   D. 积极参与

4. "他们越讲得天花乱坠,做的事就越见不得人"意思是说:

   A. 他们一讲话就做坏事   B. 他们边讲话边做坏事

   C. 他们讲得越好,做的事越坏   D. 他们光吹牛,不做事

5. "在任何时候,前面总有一道亮光"意思是指:

   A. 总有理想去追求   B. 前面有光明

   C. 好人好事是主流   D. 生命永不停息

五、选择下列各段正确的段落大意填在后面的括号里

1. 第一段: (   )

2. 第二段: (   )

3. 第三段: (   )

4. 第四段: (   )

A. 维护社会的健康发展需要每个人的实际行动。

B. 理想属于社会的主流。

C. 我不能够及时回答你们的问题

D. 你们并没有失去理想。

E. 我病了很长时间。

F. 社会无论怎样变化,终究是邪不压正。

六、回答问题

1. 说说"上气不接下气,写字手指不听指挥"是什么意思？

2. "一人有难、八方支援"是什么意思？

3. 谈谈对"钞票成了发光的'明珠'"的理解？

4. 作者有时有什么样的迷惑？

5. "被狂风飞浪吹打得无踪无影","狂风飞浪"指什么？

6. 怎样做理想才不会抛弃我们？

第三十五课　体验未来超市

德尔菲娜·桑比克·贝尔热

从外表上看,它只是一家普通超市,和德国的其他超市并没有什么不同。不过,它的内部却是另一番天地:在超市的入口处有一个未来式的收银台,多台悬挂的大屏幕不停地播放着广告,每位顾客都会受到一块互劝式指示牌的热情接待……欢迎来到德国鲁尔区莱茵贝格的未来派超市!在这里,德国零售业巨头麦德龙集团正在对一些新技术进行测试,而顾客们也趁此机会体验了一把在未来超市购物的便利。

惊喜是从接待处开始的:我不再是一个无名的顾客,只需报上一些基本信息(姓名、地址、年龄和职业),接待员就会给我制作一张个人电子卡,并把它放进一个便携式小电脑。接待员把小电脑夹在购物车的手柄上,然后告诉我说"这是你的个人购物助手",它会在购物过程中为你提供帮助。

我从一个干净的货架上挑了一盒卡芒贝尔干酪。把它的条形码拿到电脑边一扫,屏幕上就立即显示出这种干酪的名字,价格和图片。我只需要用加号和减号来控制自己购买的数量,显示的金额也会随之发生变化。我想买某个牌子的洗头膏,却不知道在哪个货架。于是我在电脑中输入它的名字,屏幕马上就显示出了该品牌洗头膏的精确位置,而电脑中安装的全球卫星定位系统也会带我找到要买的东西。

这些高新科技不仅极大地方便了顾客,同时也让超市的工作人员更好地监测货架的情况。事实上,所有的商品都带有一个采用了无线电频率识别技术的标签,它身上的微型磁条记录着产品的相关信息(名称、价格、重量、保质期、序列号和生产商)。商品的每一次移动都会被装置在超市各个角落的扫描器捕捉到,这些扫描器又将相关信息传输到超市的主服务器上。于是,空货架和过期商品不再出现,超市也可以更好地监测商品的销售情况。

商品选择结束后,我向交款处走去。我不用排长队,也不用将商品一样一样地拿出来计价,只需按一下"购物助手"上面的"结账"按钮,屏幕就会自动显示出这次购物的总支出。

其实,这些高新技术中的大部分对零售业界来说已经不再陌生,而且某些技术已经在家乐福等商家进行试点。但在这里,所有这些技术得到了集中应用。该超市的总经理马科斯·费尔南德斯认为:"这是一种独一无二的做法。我们的超市不仅是个窗口，它简直就是一个不折不扣的实验室。"然而，高新技术的成本也很高。例如，一个电子标签的成本就高达1欧元。马科斯·费尔南德斯指出："现在还难以设想对便宜的商品也采用这种技术。不过，当更多的超市开始采用这种技术后，它的成本就会降下来。"另外一个问题就是就业岗位（如收银员）减少问题。马科斯·费尔南德斯解释道："高技术的运用会创造一些新的就业岗位。"是这样，但这些新岗位对员工素质的要求无疑也会更高。

（摘自《参考消息》2004/6/7）

生　词

收银台（名）shōuyín tái	悬挂（动）xuánguà	互动（动）hùdòng
指示（动）zhǐshì	巨头（名）jùtóu	惊喜（名）jīngxǐ
便携　　biànxié	助手（名）zhùshǒu	精确（形）jīngquè
监测（动）jiāncè	频率（名）pínlù	识别（动）shíbié
装置（名、动）zhuāngzhì	扫描器（名）sǎomiáoqì	角落（名）jiǎoluò
标签（名）biāoqiān	成本（名）chéngběn	素质（名）sùzhì

注　释

另一番天地：另一种（不同的）景象。

独一无二：只有一个，再没有第二个。

不折不扣：实实在在的，真正的。

练　习

一、根据课文内容判断正误

1. 未来超市的外表与普通超市没什么区别。　　　　　　　　　（　　）

2. 未来超市的出口处有一个很大的收银台。　　　　　　　　　（　　）

3. 未来超市能够带给顾客的第一个惊喜是指它能够根据顾客的各种情况提供购买建议。　　　　　　　　　　　　　　　　　　　　　　　（　　）

4. "个人购物助手"指的是智能机器人。　　　　　　　　　　　（　　）

5. 购买物品的数量既可由顾客自己决定，也可以由电脑决定。　（　　）

6. 顾客把所需购买的物品告诉电脑，电脑就会告诉你它们在哪儿以及价格是多少。　　　　　　　　　　　　　　　　　　　　　　　　　　（　　）

7. 借助于电脑，超市员工能够随时监控顾客在购买时的情况。　（　　）

8. 顾客在结账时不用排队,也不用麻烦收银员。 （　　）

9. 未来超市只是在试验阶段,还未正式投入使用。 （　　）

10. 未来超市的成本虽然很高,但不久的将来会得到普及。 （　　）

11. 未来超市的员工同样需要很高的素质。 （　　）

二、用汉语解释句中划线的词语

1. 从表面看,未来超市与其他超市没什么不同,不过他的内部却是<u>另一番天地</u>。

2. 在这里,德国零售业巨头麦德龙集团正对一些新技术进行测试,而顾客们也<u>趁</u>此机会<u>体验</u>了一把在未来超市购物的乐趣。

3. 在电脑中输入它的名字,屏幕马上就显出该品牌洗头膏的<u>精确</u>位置。

4. <u>这些</u>高科技不仅极大地方便了顾客,同时也让超市的工作人员更好地<u>监测</u>货架的情况。

5. 所有的商品都带有一个采用了无线电频率识别技术的标签,它身上的<u>微型</u>磁条记录着产品的相关信息。

6. 扫描器会将<u>相关</u>信息传输到超市的主服务器上。

7. 只需按一下"购物助手"上面的"结账"按钮,屏幕就会自动显示出这次购物的总<u>支出</u>。

8. <u>某些</u>高新技术已经在家乐福等商家进行<u>试点</u>。

9. 然而,高新技术的<u>成本</u>也很高。

10. 但这些新岗位对员工素质的要求也<u>无疑</u>会更高。

三、选择括号中合适的词语替换划线词语

1. 在超市的入口处有一个未来式的收银台,多台<u>悬挂</u>的大屏幕不停地播放着广告。（倒挂、垂挂）

2. 这是你的个人购物<u>助手</u>。（帮手、副手）

3. 所有的商品都带有一个采用了无线电频率<u>识别</u>技术的标签,它身上的微型磁条记录着产品的相关信息。（辨别、认识）

4. 商品的每次移动都会被装置在各<u>角落</u>的扫描器捕捉到。（方面、方向）

5. <u>这些</u>扫描器又会将相关信息<u>传输</u>到超市的主服务器上。（运输、传送）

6. 于是,空货架和过期商品不再出现,超市也可以更好地监测商品的<u>销售</u>情况。

（买卖、卖出）

7. 这是一种<u>独一无二</u>的做法。（绝无仅有、三番两次）

8. 现在还难以设想对便宜的商品也<u>采用</u>这种技术。（采集、使用）

9. 另外一个问题就是<u>就业</u>岗位减少问题。（从业、工作）

四、根据课文内容填空

1. 未来超市给了我们视觉上的新的感受,主要表现在＿＿＿＿＿＿。

2. 接待员给顾客的电子卡的作用是＿＿＿＿＿＿。

3. 顾客在未来超市购买商品非常方便是因为＿＿＿＿＿＿。

4. 所有商品上标签所带的磁条都记录了＿＿＿＿＿＿等信息。

5. 超市的总经理对未来超市的评价是＿＿＿＿＿＿。

6. 在超市选购商品的顾客能够享受到乐趣是因为＿＿＿＿＿＿。

五、选词填空

互动　指示　巨头　惊喜　精确　识别　成本　素质　监测　装置

1. 今天本市商界和政界的＿＿＿＿＿＿都来到这里庆祝立交桥的建成通车。

2. 公安人员通过指纹＿＿＿＿＿＿技术很快就确定了犯罪嫌疑人。

3. 嗨,你说的事我早就知道了,不算什么＿＿＿＿＿＿啦。

4. 儿童公园正在进行大型＿＿＿＿＿＿游戏,你想去看看吗?

5. 我国古代著名的数学家祖冲之早已非常＿＿＿＿＿＿地推算出了圆周率小数点后的几位数字。

6. 要想做一名合格的大学生,就要从根本上提高各方面的＿＿＿＿＿＿。

7. 在科学发展的今天,我们已经可以＿＿＿＿＿＿空气污染的状况。

8. 根据中央精神＿＿＿＿＿＿,我们必须提前,并保质保量地完成任务。

9. 只有降低＿＿＿＿＿＿,我们的资金才不会短缺。

10. 不少生活小区都安装了安全预警＿＿＿＿＿＿,解决了人们的后顾之忧。

六、根据课文内容,请从下列 A、B、C、D 四个答案中选择惟一正确的答案

1. 未来超市的与众不同之处是指:

A. 它比一般的超市要大得多

B. 它的收银台很多

C. 超市里悬挂了许多大屏幕

D. 它的入口处有一个未来式的收银台并且有多台悬挂的大屏幕

2. 未来超市能给顾客带来:

A. 惊喜　　　　　B. 快乐　　　　　C. 便捷　　　　　D. 利益

3. "惊喜是从接待处开始的"意思是:

A. 只有接待处才有惊喜

B. 接待处有很多惊喜

C. 从接待处开始顾客就可以感到惊喜

D. 顾客在接待处感到既惊奇又高兴

4. 如需在接待处办理一张个人电子卡,需要顾客输入哪些基本信息?

    A. 姓名、身高、年龄和血型　　　　　　B. 姓名、职业、身高和爱好

    C. 姓名、住址、年龄和职业　　　　　　D. 姓名、年龄、身高和职业

5. 在未来超市里,个人购物助手能够帮助顾客:

    A. 随心所欲地挑选商品

    B. 指导购物方向并且更清楚地了解商品

    C. 控制所购买商品的数量

    D. 监测所购买商品的质量

6. 在未来超市里,员工们能够利用高科技:

    A. 监测商品的销售情况　　　　　　　　B. 监视顾客的购买情况

    C. 及时更换空货架及所缺商品　　　　　D. 指导顾客购物

7. 当顾客选购完商品,在离开未来超市之前:

    A. 要到收银处核对商品数量　　　　　　B. 只需让购物助手代替结账即可

    C. 不需要将商品一一计价　　　　　　　D. 可以让购物助手帮助结账

8. 从超市的总经理马科斯·费尔南德斯的话中我们可以得知:

    A. 由于资金、技术等方面的原因,未来超市很难得到普及

    B. 很多商家已经开始采用未来超市中的一些先进技术,相信不久的将来未来超
      市会得到普及

    C. 没有人能够否定未来超市给我们带来的种种便利

    D. 未来超市目前仅处于试验阶段,需要广大商家和消费者的支持

9. 关于未来超市的成本问题,我们知道:

    A. 只有所有的超市都采用未来超市的技术,成本才会降下来

    B. 超市成本的提高与降低都是总经理说了算

    C. 未来超市的高科技的普及将会使成本降低

    D. 一些便宜的商品永远都不可能降低成本

七、根据课文内容回答问题

1. 未来超市为什么能给顾客们带来耳目一新的感觉?

2. 在未来超市里,顾客能够享受到那些便利?

3. 未来超市的高科技又给员工们带来了那些便利?

4. 你认为会有这样的超市吗?为什么?

5. 说说你所设想的"未来超市"。

第三十六课　酒醉的新疆人不能再醉了

李　近

酒在新疆的草原文化中不仅仅是中国传统酒文化所圈定的意义,它还有着御寒的功用。因此,古往今来,酒对于粗犷豪放的新疆人似乎比关内人更多了些精神和生活需求上的关联。因此,酒在新疆人的社交生活中始终扮演着重要的角色,社会对于醉酒甚至酗酒,给予了相当的宽容。

据新疆城市社会经济调查队 2003 年对我区 860 户城市居民家庭抽查,2000年至 2002 年,每户家庭年平均消费白酒的数量分别为 3.84 公斤、3.71 公斤、4.43 公斤;红酒为 1.14 公斤、1.59 公斤、1.71 公斤;啤酒为 5.309 公斤、4.48 公斤、7.12 公斤。以上消费量并不包括公费饮酒,纯指居民家庭用货币购买的酒。面对这一组看似平淡的数据,却使人隐隐感到不安。不可否认,酒和烟草一样,给国家带来了大量税收,况且我国是一个典型的酒类消费大国。然而,陶醉于觥筹交错之中的人们不要忘记,酒在给予我们快活和惬意的同时,给个人、家庭和社会带来的隐忧也不容忽视。

隐忧之一:"酒"在抢夺我们饭碗里的粮食,有人曾打了个有趣的比喻:如果说西湖里流淌的是酒,那么一年中将有两个西湖被喝干了。这话并不是危言耸听,而比这更严重的是,国人因喝酒而吃掉了超过西湖水重量几倍的粮食。据有关专家介绍,酱香型白酒每公斤耗粮达 5 公斤余,一般的白酒每公斤耗粮也得 2.5 公斤多。根据我国各种度数和香型的白酒总产量的比例进行测算,平均每公斤白酒耗粮约 2.2 公斤,而生产 1 公斤啤酒至少也要消耗大麦 0.25 公斤。据此推算,2002 年度,仅这 860 户城市居民家庭就"喝"掉了 8385 公斤粮食、1531 公斤大麦。如果按全区城市居民家庭总户数来推算,这一年中则"喝"掉了约 1.43 万吨粮食、2.62 千吨大麦,所耗粮食的数量着实令人咋舌。与此同时,我国粮食生产面临严峻局面:人均占有耕地面积已由建国初的 2.7 亩下降到 1.19 亩。耕地面积悄然减少,水资源日益紧缺,人口仍在增多,粮食产量徘徊不前。2000 年以来,我国粮食消费需求大致在 4.8 亿至 4.9 亿吨之间,一般当年产需缺口在 0.25 亿至 0.35亿吨,粮食供应一直处于偏紧状态。我国是一个人口大国,也是一个用粮大国,人要吃饭,酒要耗粮,这无疑给农业生产带来很大压力。

隐忧之二:来自交通部的信息却又让我们"望酒生畏"。据悉,每年全国因交通事故而导致非正常死亡人数百万人,而事故的责任将近一半以上是驾驶人员违反规定酒后驾车,致使车祸频发,酿成惨剧。时下,公车数量并未得到有效的控制,私车消费又已进入千家万户,安全行车问题日益突出。公安交警部门强烈呼吁:为了让每个家庭少一份悲哀,多一份幸福,驾驶人员应从禁饮白酒开始做起。

隐忧之三:摆酒宴客之习由风而"疯",坏了党风。眼下无论"公宴"还是"私宴",酒是必不可少的,酒被赋予神奇的社会功能,成了最好的粘贴社会"网络"的万能胶。有目共睹,现在大大小小的所谓"会议"名目繁多,拿公款摆酒席的现象比比皆是。因为不掏自己腰包,各路诸侯是你争我夺,轮番设宴饮酒。有酒开路,难办的事办成了,难说的话通天了。于是上桌的人都得举杯仰脖,不是说"感情铁,喝出血"么!可是,不算不知道,一算吓一跳,光公款请客吃酒,全国每年要耗资数亿巨款。用这笔钱可以建造几百个中型发电厂。

隐忧之四:饮酒消费使家庭开支增多。俗话说,有菜无酒,拔腿就走;有酒无菜,不算慢怠。可见,酒在百姓家庭中足可成为"上宾"。时至今日,老百姓的腰包渐趋变鼓,萝卜干、花生米作为下酒菜已成为过去。据行家们推算:民间下酒菜消费价值比一般为1∶3(即1元酒钱需3元下酒菜钱)。调查反映,一个家庭里如有人经常饮酒,其肉类及其制品的消费量明显高于其他家庭,月平均食品消费开支要比无人饮酒的家庭高出40%至50%。更有个别嗜酒者,隔三差五聚会饮酒,使经济出现入不敷出,甚至于直接影响到家庭生活的稳定与和睦。据有关资料提供,在当今社会中,人心离散不睦的家庭,25%左右与饮酒有关。

隐忧之五:饮酒无度造成健康受损,甚至危及生命。多少年来,在"宁愿伤身体,不愿伤和气"等荒唐酒理论的驱使下,酒桌上频频举杯痛饮者被称为"爽气"、"够意思",否则就被认为"差劲"、"没出息",殊不知隐患往往在酒友的赞誉声中潜伏下来。据悉,临床心血管患者当中,52%有过长期饮酒史。其他如肝病、胃病、糖尿病等患者当中,67%与经常纵酒有关。我区医疗界专家认为,岁末年初因过量饮酒而上医院急诊的病例连年增多,就是这种社会消费现状的一个佐证。

隐忧之六:"酒民"队伍在不断扩大。如今,饮酒消费在百姓家中已经很普遍,榜样的力量是无穷的,一些少男少女便也喝上了瘾。大人们的"酒意识"过早地移植到孩子们的身上,这本是一种非常危险的信号,然而不少家长没有意识到严重的后果。乌鲁木齐地区部分中学在对学生们的调查中发现,近一半的男生会饮酒,经常饮的达35%,个别女生也会饮酒。饮酒者的年龄在降低,小酒民的人数在上升,这不仅扭曲了酒文化的本身价值,而且将危及到整个民族的兴旺发达,这决不是耸人听闻。

隐忧之七:酗酒闹事,屡见不鲜。由于过量饮酒造成酒精对大脑神经的强烈刺激作用,使人的言行举止失去控制能力,一个健康理智的人会变得愚钝而不可理喻。在年轻人身上,酒后无理取闹、打群架,而后引发的刑事案件屡见不鲜。从猿到人经历了几百万年的时间,而把人变成"猿"只需饮一瓶酒的工夫。这虽说是一则幽默,但醉酒失态,酒后无德从中可窥一斑。当然,国人饮酒的习俗或说是传统所带来的隐忧远不止这些;当务之急是要清醒地认识到酒的危害,把老祖宗留传下来的"酒文化"摆到一个恰当的位置上。

首先,在政府机关各种公务活动中提倡不饮白酒,这不但可以节制公款吃喝,有助于廉洁奉公、移风易俗和提高国民素质,而且能够提高公务人员的办事效率,利国利民,给社会各界起个表率作用。要收到实效最好应将公务活动中不饮白酒这条规定纳入有关公务员的法律和规章制度中,以保证它的效应。这样,"酒神"远离公务活动的餐桌就为时不远了。其次,国家对白酒产销的态度也应和烟草一样,通过不做宣传广告、增加税收等途径,达到限产白酒、少饮白酒的目的。

(摘自《新晨》2004/1 期)

生　词

酗酒（动）xùjiǔ	惬意（形）qièyì	隐忧（名）yǐnyōu
宴客（动）yànkè	慢怠（动）màndài	粗犷（形）cūguǎng
廉洁（形）liánjié	咋舌（动）zéshé	诸侯（名）zhūhóu

注　释

危言耸听:故意说吓人的话使人吃惊。

觥筹交错:形容许多人饮酒的热闹场面。

令人咋舌:形容很吃惊。

徘徊不前:在一个方向来回走,不前进。比喻事情没有进展。

有目共睹:大家都看到的,都清楚的。

比比皆是:到处都是。

入不敷出:收入不够开支。

荒唐:(言行、思想)错误到使人感到奇怪的程度。

关内:指山海关以西或嘉峪关以东的地区。

练　习

一、根据课文内容判断正误

1. 酒就是新疆草原文化。　　　　　　　　　　　　　　　　　　　　（　　）

2. 酒在新疆人社会生活中占有重要地位,人们对醉酒比较宽容。　　（　　）

3. 2000 至 2002 年新疆每户家庭耗酒量每年都呈上升趋势。 （　　）

4. 国人因喝酒喝掉了两个西湖,吃掉了超过西湖水重量几倍的粮食。 （　　）

5. 2000 年以来,我国粮食总量每年短缺 0.25 亿－0.35 亿吨。 （　　）

6. 一半以上的司机因酒后开车致非正常死亡人数达上百万。 （　　）

7. 请客吃饭,酒是必不可少的。 （　　）

8. 有人经常喝酒的家庭月平均食品的开支高于其他家庭。 （　　）

9. 喝酒的人的年龄在不断增加,小酒民的人数越来越少。 （　　）

10. 过量饮酒可以使人变成猿。 （　　）

二、根据课文内容解释划线的词语

1. 酒还有<u>御寒</u>的功能。

2. 社会对于醉酒给予了相当的<u>宽容</u>。

3. 酒给人们带来了轻松和<u>惬意</u>。

4. 这决不是<u>危言耸听</u>。

5. 浪费的粮食数<u>量着实</u>令人咋舌。

6. 酒后驾车致使车祸<u>频发</u>。

7. 现在大小会议<u>名目繁多</u>。

8. <u>有些</u>嗜酒者,隔三差五聚会饮酒。

9. 有些嗜酒者,<u>隔三差五</u>聚会饮酒。

10. 这<u>些</u>现象是这种社会消费现状的一个<u>佐证</u>。

三、选词填空

　　　　入不敷出　不可理喻　耸人听闻　屡见不鲜　可窥一斑
　　　　隔三差五　徘徊不前　令人咋舌　比比皆是　有目共睹

1. 这种说法并非_____,是有证据的。

2. 由于技术原因,农作物的产量几年来一直_____。

3. 他_____地往你那儿跑,肯定有什么事。

4. 这个月连着几张"红色罚款单",真有点儿_____的感觉。

5. 有什么奇怪的,这种现象早就_____了。

6. 这个角度能进球,_____他不愧是巨星。

7. 你的行为是_____的,别再为自己辩解了。

8. 酒后,一个理智的人会变得_____。

9. 这种说法可能不大确切,但作弊现象从中却_____。

10. 现在大学毕业之后不在国有单位就职的人_____。

四、选择正确答案

1. 酒：

    A. 让新疆人更粗犷豪放

    B. 给了新疆人相当大的宽容

    C. 除御寒外没别的作用

    D. 在新疆人的社会生活中占着重要地位

2. 关于新疆人均家庭年消耗酒量的调查，以下不对的是：

    A. 调查由城市社会经济调查队进行

    B. 2000—2002 年三年间，白酒、啤酒都曾有过负增长

    C. 调查数据不包括公费饮酒

    D. 调查对象是乌市地区 860 户居民

3. 关于酿酒耗费粮食一项，不对的是：

    A. 酱香型白酒耗费粮食量高于一般白酒

    B. 2002 年度，全区人共消耗了 8385 公斤粮食，1531 公斤大麦

    C. 生产一公斤啤酒最少需要 0.25 公斤大麦

    D. 一年用于酿酒耗费的粮食数量惊人

4. 关于我国粮食生产，不对的一项是：

    A. 粮食产量几年来一直没有增长

    B. 人均占有耕地数量呈下降趋势

    C. 粮食需从国外进口

    D. 近年来粮食供应一直处于偏紧状态

5. 关于隐忧之二，正确的一项是：

    A. 全国因喝酒造成交通事故，导致死亡的人数达上百万

    B. 公车失去控制是造成事故的原因

    C. 交警呼吁驾驶人员多一些幸福

    D. 酒后驾车是造成交通事故中非正常死亡的主要原因

6. 下面哪一项不符合课文内容：

    A. 民间下酒菜消费价值比率一般为 1∶3

    B. 家里有人饮酒的家庭的消费开支比无人饮酒的家庭低 40% 至 50%

    C. 家里有人饮酒的家庭会出现入不敷出的现象

    D. 人心离散不睦的家庭 25% 左右与饮酒有关

7. 餐桌上频频举杯痛饮者被称为：

    A. 不够意思   B. 爽气

    C. 没出息   D. 差劲儿

8.临床心血管患者当中有多少人有过长期饮酒史?

　　A. 52％　　　　　　　　　　　B. 40％到 50％

　　C. 67％　　　　　　　　　　　D. 25％左右

9.根据课文内容,以下哪一项是正确的:

　　A. 饮酒者的年龄在上升

　　B. 小酒民的人数在降低

　　C. 小酒民的人数在上升,饮酒者的年龄也在上升

　　D. 小酒民的人数在上升,饮酒者的年龄在降低

10.关于隐忧七,以下哪一项是不正确的:

　　A. 喝完酒闹事的情况很少见

　　B. 经常发生年轻人喝完酒后引发刑事案件的事

　　C. 喝酒可以使健康理智的人变得愚钝

　　D. 酒精对大脑神经有刺激作用,可以影响人的控制能力

五、选择下列名段正确的段落大意填在后面的括号里

1.隐忧之一的主要内容:　　　　　　　　　　　　　　　　（　　）

2.隐忧之二的主要内容:　　　　　　　　　　　　　　　　（　　）

3.隐忧之三的主要内容:　　　　　　　　　　　　　　　　（　　）

4.隐忧之四的主要内容:　　　　　　　　　　　　　　　　（　　）

5.隐忧之五的主要内容:　　　　　　　　　　　　　　　　（　　）

A. 公款请客耗费大量钱财,败坏了风气。

B. 酒精对大脑神经有刺激作用,经常发生年轻人喝完酒后引发刑事案件的事。

C. 酒后驾车是造成交通事故非正常死亡的主要原因。

D. 一年用于酿酒耗费的粮食数量惊人,造酒耗费大量的粮食。

E. 小酒民的人数在上升,饮酒者的年龄在降低。

F. 家里有人饮酒的家庭的消费开支比无人饮酒的家庭多。

G. 喝酒无度损害身体健康。

六、根据课文内容回答问题

1.酒在新疆的地位如何?

2.在新疆社会对于醉酒持什么态度?

3.2000 年至 2002 年,每户家庭年平均消费白酒、红酒、啤酒的数量分别为多少公斤?

4.为什么说酿酒给农业生产带来很大压力?"酒在抢夺我们饭碗里的粮食"这句

话你怎么理解？

5. 每年全国因交通事故而导致非正常死亡人数是多少？事故的责任中有多少是驾驶人员违反规定酒后驾车,致使车祸频发,酿成惨剧的？

6. "感情铁,喝出血"这句话是什么意思？

7. 一个家庭里如有人经常饮酒,月平均食品消费开支要比无人饮酒的家庭高出多少？

8. "岁末年初因过量饮酒而上医院急诊的病例连年增多,就是这种社会消费现状的一个佐证"中,这种社会消费现状指什么？

9. "从猿到人经历了几百万年的时间,而把人变成'猿'只需饮一瓶酒的工夫"这句话你怎么理解？

10. 作者认为应当如何改变现在人们在饮酒上的陋习？

第三十七课　创作是一种燃烧

王　蒙

回忆我个人写作的过程,最难解决的也是经常碰到的一个问题,就是创作中主观与客观的关系。有时候这个问题不像哲学上的问题那么容易说得清楚,那么单纯。在文学创作上、文学作品里往往是非常纠缠不清的一种关系。文学作品,它既是非常客观的,又是非常主观的。即使是最冷静、最含蓄的、最有节制的那种描写,有时也要透露出作者的思想感情。这问题我不想从理论上来讲,我只想从我个人写小说的体会来说,先谈这么几点:

一、创作是一种燃烧。巴金同志也讲过写作是燃烧。创作与进行别的活动不同,就在于创作是在一种激情催促之下。有时我想写小说的人更是这样,他的感情多了一点,主观上要表达的东西多了些。说话是表达,吵架也是表达,但仅仅靠日常生活表达还不够,还要把它形之于文字,形成故事、人物、形象一套。这里我想特别提一下理想、追求和有诗情。因为我们国家曾经有过政治生活不正常的状况,有许多语言也被歪曲了。如理想,现在一提理想有人就产生反感,这是一种自发的反感,怕受骗,怕受训。而实际上每个写作者都是特别有理想的,如果他没有理想就不写作了;理想本身和创作想像正是事物的两个方面;想像力是能力,理想是一种追求,他除了日常生活以外,还有精神上的要求,一种精神上和广大读者、和自己同时代人对话的要求。在这个意义上来说,没有理想就没有艺术,也就没有人的精神生活。我个人写作是处于不写不能自已的情况下写的。有一种理想,希望生活更美好,就想要把这美好的生活记录下来。因为美好的东西又是转瞬即逝的。一种崇高的思想感情不可能二十四小时每分钟都是崇高的,但可以有那么一阵非常崇高的感觉,你希望把它记录下来。这也是一种理想。

另一种诗情,是对生活的一种新鲜感觉。生活有时是普通的、平庸的,有时又是沉重的、单调的。但即使是平庸的、单调的生活,也是非常使人眷恋的。而我们的生活的主流里跳动着历史脉搏,跳动着亿万人民在党的领导下进行革命和建设新生活的进程。如果没有理想,这样的脉搏也是感受不到、表现不出来的。要写我们的生活,就要写出这种即使是沉重的,但又是非常使人眷恋的、令人鼓舞振奋的诗情。生活本身包含一种新鲜感,不管是起床、穿衣、吃饭,或者是到一个什么地方去接受一件任务,或是结识一个新人,走过一条街道,那街道有个临时搭起的小商店等等,它总会带给你一点新鲜感,有时可构成一种诗情。虽然我们写的是小说,但我感到搞文学的人总有一种美好的诗情,所以写作的燃烧既是一件痛苦的事情。又是一件很快乐的事情。我不赞成把写作说得很轻松、容易,但我也总怀疑靠拈断胡子写出来的文字是不是精彩。因为靠拈断胡子写出来的文字就丧失了对生活的新鲜、活泼的感触。我说过创作之所以是创作,就在于它不仅仅是对读者来说是新鲜的,对写作者本人来说也是新鲜的。他写完了以后自己才知道,哦!我写了这么篇小说。我小的时候以为写小说是别人脑子里都想好的东西,然后把它写出来。我就想巴尔扎克的脑袋多大啊!他脑子里要装那么多书,要多大的脑袋才装得下去?后来我才知道,不是脑袋里已经装好了书,而是他在写的时候逐渐形成的。这种燃烧,这种深情,这种激情,有时又成为我的敌人,使我写不下去。为什么会成为我的敌人呢?因为任何一种感情不管是多么好的感情,当它以完全赤裸裸的情感、愿望、诗情样式而存在时,它是不大能被接受的。一篇文章中用了那么多感情色彩非常强烈的词,有时效果适得其反,感情色彩越强烈,什么痛苦啊,悲愤啊等等,写得再多,人家觉得可笑,不能接受。而你要表达这种感情就只有把这种感情赋予它生活的形式,使它变成平时可接触得到的、可以理解到的、被常人所能理解的一种生活样式,这时感情就蕴藏在里面了。

在我写作的初期阶段,往往因为自己要写的这种感情太多、太强烈,因此无暇去找生活,去写这些故事,在一个长时间里直到现在有时也这样,总觉得写故事有点骗人,因为我知道这故事是我编出来的,我的感情是真实的,但是这是我的一种偏见。真正好的故事不是编出来的。如我在一九五五年写过一篇小说叫《春节》,开始写得非常散,当时不懂什么叫意识流这名词,但那原稿有点初期假的意识流的味道。后来我寄给了《新观察》,那位编辑很好,他退给我了,用毛笔写的复信,字也很漂亮,他说写得很有感情,但实在没有一个故事,所以不好发表。我一看心中就火了,只用了半小时,就编了个故事,重抄了一遍,寄给《文艺学习》立刻就发表了,反映还不错。但这也是一种经验,你要把它用一种生活的样式串起来,使你的感情有所寄托,不然你这种感情像股气一样,本虚之气,无影无形,无音无踪。这种主观的燃烧,有时很可以影响你去选择一个具体的生活故事。有时还成为你的敌人,往往会把你自己的、自我的东西强加于人,这毛病我至今也没有完全克服,在我许多作品中的人物身上,正面人物身上有我的某种影子,反面人物身上也有我的某种情感的寄托,有时候它的语言大致上是这个人物的,但到某种环节我实在憋不住了,就把我的话塞到里面去了。我明明知道这不符合人物的职业、性格、心理,但非塞进去不可。这样客观上往往形成一篇作品不协调的败笔,这种状况是有的。有篇评论,文章中有一段专门分析我作品中,哪一段调和,哪一段不调和,哪一段和谐,哪一段不和谐,我基本上接受他的意见,他说的是对的(指陈孝英论述拙作的幽默的那一篇,载《文学评论》)。再有个毛病就是容易写得过露,主观燃烧的东西太露,总是不过瘾,那股气到那儿出不来,入木二分不行,入木二点九分也不行,非入木三分不可。这种燃烧是必须有的,但这种燃烧有一定的危害性,所以要控制住。这是我谈的第一个问题。

二、文学的客观性。文学确实是一个忠实的记录。前面我讲了这种燃烧,这种激情本身也是客观世界的反映。它是从生活中来的,而且在多数情况下,不是绝对的,它又要还原成生活,还原成生活本身的形式来表现生活,这就注定我们的许多作品是客观的,即使主观性非常强烈的诗歌,都必须遵循或者部分遵循客观生活规律。如"君不见黄河之水天上来,奔流到海不复回",这本身是非常主观的,因为黄河之水不是天上来的,而这里充满了李白对光阴的逝去,对人生的感慨。但它本身又是客观的,起码黄河是从高处来的,而且到海中是不复回的,这都有它客观的依据。后来我慢慢地用另一种方法来写作,就是有意识地来控制主观,有节制地使用主观的激情、追求,而去记录各式各样的生活现象、各式各样的生活故事、人物。有时,这样的作品的好处是有比较强的认识价值。它总能反映生活的一个侧面,反映生活的一部分,有非常强烈的认识作用。甚至这个认识价值能超过自己所认识到的,所估计到的。你不受那些俗套子的影响,你把你自己所看到的写出来,这方面特别是写小说的,要求精雕细刻表现客观世界。除这方面以外,还有另一面,那就是经验、阅历、观察和见地。一个作者的兴趣应该广泛,最怕一个作者把自己关起来,只喜欢接触一些与自己臭味相投的人,只喜欢自己所感兴趣的某一种类型的工作。这样有一种危险,就是会脱离生活,但表面上看不出来。所以在这一点上,一个作者对生活的兴趣越广泛越好,生活的经历越多,经验越多,他所能理解、掌握语言的类型也越多。各式各样的人,各式各样的职业,各行各业,特别是那些与自己这种类型完全不同的人物和生活样式,更应该努力去熟悉,去掌握。如你是城市的,你能不能多少理解一点农村的生活?你可以完全不写农村,但如果一点不了解农村的生活,那是很大的缺陷。你是一个年轻人,你能不能试图去理解一下老年人?在这方面的阅历、经验、见地、理解越丰富越好。在表现生活时,有这么一种对生活客观的估计,比自己用很单纯的概念去解释生活要好得多。我在农村呆了多年,我对知识分子嘲笑农民自私至今印象很深。因为我发现当知识分子穷得和农民一样时,他所表现出来的自私比农民还要厉害。这些地方就需要我们有另外一种态度现实地、宽容地、公正地、细致地去观察、去表现生活。你不要急于去给生活做个结论。但对客观生活的真实,还是要像我前面所讲的要带有理想啊,诗情啊,追求啊。否则这类作品你看多了以后,会感到缺少一种震撼人灵魂的东西,你会慢慢感到乏味。

三、讲创作的胸襟和境界。这种客观的忠实和主观的燃烧都可以升华,它可以在作品中表现出人更高的胸襟。如历史感，我们即使是写一点小小的私生活，我们是把它放在近百年的革命发展史中、放在历史的流程中来写，就能看出作品的气派。我还喜欢有一种悠远感，好像作者不仅仅告诉你现在，好像人生能经历到、感受到、体验到的东西外，还有无限多的悠远。陈子昂的诗："前不见古人，后不见来者，念天地之悠悠，独怆然而涕下。"我们现在的小说常是就事论事，这类东西，缺少对人生无限的那种忧虑，哪怕是一种爱、或是一种忧伤也好，这样的胸襟有时也可表现一种幽默。幽默有各式各样的，有低级的，有插科打诨式的，有胡捣乱的，甚至有一种下流的，但是我总觉得有一种高级的幽默，他所表达的是人生的一种智慧，是对许多事情的一种彻悟，非常健康的一种乐观。我有这么一种印象，好像上海的作者没有北京的作者幽默，这样讲也许太狂妄了。至少是小说中比较少。因为我觉得北京文艺界的一个个都像活宝似的，所以相声发达。开会时一遇到李陀、苏叔阳在场时，二人一唱一和，会议气氛十分活泼。我希望同行们加以注意，因为幽默也是生活的一种情趣。如只讲生活是沉重啊、寂寞啊、恶毒啊，那怎么办呢？希望我们小说里也幽默一下。这种胸襟还表现为一种公民的社会责任感，他忧国忧民，利国利民，先天下之忧而忧，故而总是用自己的笔来表达历史前进的要求，人民的心声。不论写什么作品，对祖国大地、对人民、对生活的热爱和对革命的追求，对共产主义理想的追求，都是我们的作品的主旋律。

（选自《王蒙文集》第七卷，华艺出版社）

生　词

单纯（形）dānchún	节制（动）jiézhì	歪曲（动）wāiqū
平庸（形）píngyōng	脉搏（名）màibó	赤裸裸（形）chìluǒluǒ
蕴藏（动）yùncáng	偏见（名）piānjiàn	败笔（名）bàibǐ
拙作（名）zhuózuò	缺陷（名）quēxiàn	乏味（动）fáwèi
升华（动）shēnghuá	悠远（形）yōuyuǎn	彻悟（动）chèwù
主旋律（名）zhǔxuánlǜ	含蓄（形）hánxù	催促（动）cuīcù
反感（动）fǎngǎn	眷恋（动）juànliàn	拈（动）niān
赋予（动）fùyǔ	无暇（形）wúxiá	协调（动）xiétiáo
和谐（动）héxié	俗套（名）sútào	震撼（动）zhènhàn
胸襟（名）xiōngjīn	气派（名）qìpài	下流（形）xiàliú
狂妄（形）kuángwàng		

注　释

纠缠不清：互相牵连缠绕，让人不能明白。

转瞬即逝：比喻很快就逝去。

适得其反：结果和希望正好相反。

意识流：近代比较流行的一种写作手法。

太虚之气：此处指写作中的感情完全没有依托。

入木三分：比喻描写十分形象，议论十分深刻。

"君不见……不复回"：是唐代著名诗人李白的诗句。

精雕细刻：比喻做事认真细致。

臭味相投：贬义词，比喻同类的人或有相同的思想作风、兴趣爱好的人彼此很
　　　　　合得来。

"前不见……怆然而涕下"：是唐代诗人陈子昂的诗句。

就事论事：根据事情本身情况来评论是非得失。

插科打诨(hùn)：指不时穿插滑稽的言语或动作引人发笑。

练　习

一、根据课文内容判断正误

1. 写作必须摆脱主观感情，进行客观描述。　　　　　　　　　　（　　）

2. 作家还要具有一种对生活的新鲜感。　　　　　　　　　　　　（　　）

3. 拈断胡子写出来的文字指的是费尽心机、苦思冥想写出的文字。（　　）

4. 创作是一种燃烧，指的是写作是一种深情的倾吐、激情的表达。（　　）

5. 巴尔扎克是一位作家。　　　　　　　　　　　　　　　　　　（　　）

6. 有激情是作家最大的、务必克服的弱点。　　　　　　　　　　（　　）

7. 感情色彩越强烈的作品，读者越不愿意看。　　　　　　　　　（　　）

8. 一个作者只需要有想像力，不需要有理想。　　　　　　　　　（　　）

9. "君不见黄河之水天上来，奔流到海不复回"形容的是光阴的流逝。（　　）

10. 有一种高级的幽默，所表达的是人生的一种智慧，是对许多事情的一种彻悟，
　　非常健康的一种乐观。　　　　　　　　　　　　　　　　　　（　　）

二、用合适的词语替换划线词语

1. 因我国曾经有过政治生活不正常的状况，有许多语言也被<u>歪曲</u>了。

A. 故意改变　　　　　B. 改变方向　　　　　C. 不端正　　　　　D. 弄弯曲

2. 即使是最冷静、最含蓄的、最有节制的那种描写,有时也要透露出作者的思想感情。

　　A. 含沙射影　　　　　　　　　　　　B. 含糊

　　C. 含混　　　　　　　　　　　　　　D. 含而不露

3. 而我们生活主流里跳动着历史脉搏。

　　A. 干流　　　　　　　B. 支流　　　　　　C. 潮流　　　　　　D. 流派

4. 生活有时是普通的、平庸的,有时又是沉重的、单调的。

　　A. 平静　　　　　　　B. 平凡　　　　　　C. 庸俗　　　　　　D. 庸碌

5. 这时感情就蕴藏在里面了。

　　A. 埋藏　　　　　　　B. 藏匿　　　　　　C. 融会　　　　　　D. 底蕴

6. 在我写作的初期阶段,往往因为自己要写的这种感情太多、太强烈,因此无暇去找生活,去写这些故事。

　　A. 没有精力　　　　　　　　　　　　B. 没有兴趣

　　C. 没有假期　　　　　　　　　　　　D. 没有时间

7. 但是这是我的一种偏见。

　　A. 见解　　　　　　　　　　　　　　B. 见识

　　C. 错误认识　　　　　　　　　　　　D. 正确认识

8. 我一看心中就火了。

　　A. 着火　　　　　　　　　　　　　　B. 生气

　　C. 红火　　　　　　　　　　　　　　D. 火热

9. 但到某种环节我实在憋不住了。

　　A. 忍不住　　　　　　　　　　　　　B. 闷热

　　C. 不能呼吸　　　　　　　　　　　　D. 停不住

10. 这样客观上往往形成一篇作品不协调的败笔。

　　A. 调和　　　　　　　B. 协作　　　　　　C. 和谐　　　　　　D. 协力

三、选词填空

1. 他的感情多了一点,主观上要_____的东西多了些。（表示、表达）

2. 生活本身_____一种新鲜感。（包含、包容）

3. 我不_____把写作说得很轻松、容易。（赞扬、赞成）

4. 但那原稿有点初期假的意识流的_____。（味道、风味）

5. 你要把它用一种生活的_____串起来。（样式、格式）

6. 这毛病我至今还没有完全_____。（战胜、克服）

7. 它总能反映生活的一个_____,反映生活的一部分。（片面、侧面）

8. 这样有一种危险，就是会_____生活。（离开、脱离）

9. 但如果一点不了解农村的生活，那是很大的_____。（缺陷、缺点）

10. 因为幽默也是生活的一种_____。（乐趣、情趣）

四、选择对下列句子的正确解释

1. 一遇李陀和苏叔阳在场时，二人一唱一和，会议气氛非常活泼。　　　　（　　）

  A. 开会时，李陀和苏叔阳你唱首歌，我唱首歌，会议气氛非常活泼。

  B. 开会时，李陀和苏叔阳你唱一句，我唱一句，会议气氛非常活泼。

  C. 开会时，李陀和苏叔阳很幽默，他俩你说一句，我接一句，会议气氛非常活泼。

  D. 开会时，李陀和苏叔阳合唱一首歌，会议气氛非常活泼。

2. 因为美好的东西是转瞬即逝的。　　　　（　　）

  A. 美好的东西一会儿就丢掉了。

  B. 美好的东西是短暂的，一会儿就消失了。

  C. 美好的东西一会儿就化掉了。

  D. 越是不好的东西越不容易消失。

3. 我个人写作是处于不写不能自已的情况下写的。　　　　（　　）

  A. 我不写作就不能控制自己的情绪。

  B. 我不写作就不能原谅自己。

  C. 我写作是在情不自禁、不能不写的情绪下写的。

  D. 我写作是因为我要达到自己的人生追求。

4. 但即使是平庸的、单调的生活，也是非常使人眷恋的。　　　　（　　）

  A. 生活使人眷恋，是因为它平庸和单调。

  B. 平凡和单调的生活同样使人非常眷恋。

  C. 平庸和单调的生活不值得大家眷恋。

  D. 生活平庸和单调了，大家就没有那么眷恋了。

5. 还要把它形之于文字，形成故事、人物、形象一套。　　　　（　　）

  A. 还要注意文字的形式和故事的情节。

  B. 还要让内容和形式统一起来，多写故事。

  C. 还要用文字把它表现出来，形成完整的情节。

  D. 还要注意文章的体裁，要以描写人物形象为主。

五、选择正确的选项完成句子

1. 后来我慢慢用另一种方法来写作，_____。

2. 虽然我们写的是小说，_____。

3. 如果没有理想，_____。

4. 我说过创作之所以是创作，_____。

A. 就是有意识地来控制主观

B. 那就是经验、阅历、观察和见地

C. 这样的脉搏也是感受不到、表现不出来的

D. 而是在他写的时候逐渐形成的

E. 就在于它不仅仅对读者来说是新鲜的

F. 但我感到搞文学的人总有一种美好的诗情

六、根据课文内容回答问题

1. 这篇文章的主题是什么？

2. 作者为什么说文学作品是主观的？

3. 文学作品的客观性指的是什么？

4. 作者谈到创作的胸襟和境界指的是什么？

5. 公民的社会责任感指的是什么？

第三十八课 巴金论"说真话"

我不想多提十年的浩劫,但是在那段黑暗的时期中我们染上了不少的坏习惯,"不讲真话"就是其中之一。在当时谁敢说这是"坏习惯"?！人们理直气壮地打着"维护真理"的招牌贩卖谎言。我经常有这样的感觉:在街上,在单位里,在会场内,人们全戴着假面具,我也一样。

到"四人帮"下台以后,我实在憋不住了,在《随想录》中我大喊:

"人只有讲真话,才能够认真地活下去。"

我喊过了,我写过了两篇论"说真话"的文章。朋友们都鼓励我"说真话"。只有在这之后我才看出来:说真话并不容易,不说假话更加困难。我常常为此感到苦恼。有位朋友是有名的杂文家,他来信说:

"对于自己过去信以为真的假话,我是不愿认账的,我劝你也不必为此折磨自己。至于有些违心之论,自己写时也很难过……我在回想,只怪我自己当时没有勇气,应当自劾……今后谁能保证自己不再写这类文章呢？……我却不敢开支票。"

我没有得到同意就引用他信里的话,应当请求原谅。但是我要说像他那样坦率地解剖自己,很值得我学习。我也一样,"当时没有勇气",是不是今后就会有勇气呢？他坦白地说:"不敢开支票。"难道我就开得出支票吗？难道说了这样的老实话,就可以不折磨自己吗？我办不到,我想他也办不到。

任何事情都有始有终。混也好,拖也好,捱也好,总有结束的时候;说空话也好,说假话也好,也总有收场的一天。那么就由自己做起吧。折磨就折磨嘛,对自己要求严格点,总不会有害处。我想起了吴天湘的一幅手迹。吴天湘是谌容小说中某个外国文学研究室的主任、一个改正的右派,他是惟一的在会上讲真话的人。他在发言的前夕,在一张宣纸上为自己写下两句座右铭:

> 愿听逆耳之言,
> 不作违心之论。

这是极普通的老话。拿它们作为我们奋斗的目标,会不会要求过高呢？我相信那位写杂文的老友会回答我,"不高,不高。"

……

关于说真话,各人有各人的想法。有人说现在的确有要求讲真话的必要,也有人认为现在并不存在说真话的问题。我虽然几次大声疾呼,但我的意见不过是一家之言，我也只是以说真话为自己晚年奋斗的目标。

说真话不应当是艰难的事情。我所谓真话不是指真理，也不是指正确的话。自己想什么就讲什么；自己怎么想就怎么说——这就是说真话。你有什么想法，有什么意见，讲出来让大家了解你。倘使意见相同，那就在一起作进一步的研究；倘使意见不同，就进行认真讨论，探求一个是非。这样做有什么不好！

可能有不少的人已经这样做了，也可能有更多的人做不到这样。我只能讲我自己。在我知道话有真假之分的时候，我就开始对私塾老师、对父母不说真话。对父母我讲假话不多，因为他们不大管我，更难得打我。我父亲从未打过我，所以我常说他们对我是"无为而治"。他们对我亲切、关心而且信任。我至今还记得一件事情。有一年春节前不久，我和几个堂兄弟要求私塾老师提前两天放年假，老师对我父亲讲了。父亲告诉母亲，母亲就说："老四不会在里头。"我刚刚走进房间，听见这句话连忙转身溜走了。母亲去世时我不满十岁，这是十岁以前的事。几十年来我经常想起它，这是对我最好的教育，比板子、鞭子强得多：不能辜负别人的信任。在十年浩劫中我感到最痛苦的就是自己辜负了读者们的信任。

……

据我看，最好是讲真话。有病治病；无病就不要吃药。

要谈未来，当然可以。谈美满的未来，也可以。把未来设想得十分美满，谁也干涉不了，因为每个人都有未来，而且都可以为自己的未来作各种的努力。未来就像一件有可塑性的东西，可以由自己努力把它塑成不同的形状。当然这也不那么容易。不过努力总会产生效果，好的方面的努力就有可能产生好的效果。产生希望的是努力，是向上、向前的努力，而不是豪言壮语。

客人不同意我这种"说法"。他说："多讲些豪言壮语有什么不好？至少可以鼓舞士气嘛。"

我听过数不清的豪言壮语，我看过数不清的万紫千红的画图。初听初看时我感到精神振奋，可是多了，久了，我也就无动于衷了。我看，别人也是如此。谁也不稀罕不兑现的支票。我不久前编自己的选集，翻看了大部分的旧作，使我感到惊奇的是从 1950 到 1966 年十六年中间，我也写了那么多的豪言壮语，我也绘了那么多的美丽图画，可是它们却迎来十年的浩劫，弄得我遍体鳞伤。

（选自《巴金七十年文选》，上海文艺出版社 1996 年版）

生　词

招牌（名）zhāopái　　　谎言（名）huǎngyán　　　杂文（名）záwén

折磨（动）zhémó　　　坦率（形）tǎnshuài　　　憋　（动）biē

手迹（名）shǒujì   疾呼（动）jíhū   辜负（动）gūfù
可塑性（名）kěsùxìng   兑现（动）duìxiàn   贩卖（动）fànmài
面具（名）miànjù   认账（动）rènzhàng   违心（动）wéixīn
解剖（动）jiěpōu   收场（动）shōuchǎng   座右铭（名）zuòyòumíng
倘使（连）tǎngshǐ   干涉（动）gānshè   稀罕（动）xīhan
捱　　（动）ái

注　释

理直气壮：理由正当、充分，言行因而有气势。

浩劫：深重的灾难，大灾难。

自劾（hé）：指自己责备自己。

谌（chén）容：中国当代女作家。

私塾（shú）：旧时家庭、宗族或教师自己设立的教学的处所。

无为而治：用顺其自然的办法来管理。

豪言壮语：指很有气魄的话。

万紫千红：形容百花齐放，颜色艳丽。

无动于衷：心里一点也不受感动；一点也不动心。

遍体鳞（lín）伤：比喻受到很大的伤害。

练　习

一、根据课文内容判断正误

1. 作者认为十年浩劫是一段黑暗的时期。　　　　　　　　　　　　（　　）

2. "不讲真话"是作者在那段时期染上的惟一的一个坏习惯。　　　　（　　）

3. 关于说真话的问题，每个人的想法都是一样的。　　　　　　　　（　　）

4. 作者在文中讲的"真话"指的就是真理、正确的话。　　　　　　　（　　）

5. 作者小时候经常对父母说假话。　　　　　　　　　　　　　　　（　　）

6. 作者小时候只挨过父亲一次打。　　　　　　　　　　　　　　　（　　）

7. 作者的母亲在他很小的时候就离开了人世。　　　　　　　　　　（　　）

8. 豪言壮语能使人们一直感到精神振奋。　　　　　　　　　　　　（　　）

9. 作者在五六十年代曾经写过很多豪言壮语。　　　　　　　　　　（　　）

10. 现在，作者对豪言壮语的态度发生了转变。　　　　　　　　　　（　　）

248

二、选择对划线词语的正确解释

1. 在那段黑暗的时期中，我们<u>染</u>上了不少的坏习惯。　　　　　　　（　　）
  A. 传染　　　　　　B. 感染　　　　　　C. 沾染　　　　　　D. 污染

2. 到"四人帮"<u>下台</u>以后，我实在憋不住了。　　　　　　　　　　（　　）
  A. 从舞台上下来　　　　　　　　B. 交出政权
  C. 摆脱困境　　　　　　　　　　D. 从讲台上下来

3. 这是极普通的<u>老话</u>。　　　　　　　　　　　　　　　　　　（　　）
  A. 年纪大　　　　　　　　　　　B. 总是
  C. 陈旧　　　　　　　　　　　　D. 常说的

4. 有人说现在<u>的确</u>有讲真话的必要。　　　　　　　　　　　　（　　）
  A. 确实　　　　　　B. 明确　　　　　　C. 准确　　　　　　D. 确切

5. 我却不敢<u>开支票</u>。　　　　　　　　　　　　　　　　　　　（　　）
  A. 写支票　　　　　　　　　　　B. 空许诺
  C. 开账单　　　　　　　　　　　D. 结账

6. 我和几个<u>堂兄弟</u>要求私塾老师提前两天放年假。　　　　　　　（　　）
  A. 妈妈兄弟的儿子　　　　　　　B. 爸爸兄弟的儿子
  C. 邻居的儿子　　　　　　　　　D. 堂兄的弟弟

7. 这是对我最好的教育，比板子、鞭子<u>强</u>得多。　　　　　　　　（　　）
  A. 坚强　　　　　　B. 顽强　　　　　　C. 强大　　　　　　D. 好

8. 在十年浩劫中我感到最痛苦的就是自己<u>辜负</u>了读者们的信任。　（　　）
  A. 对得住　　　　　B. 肩负　　　　　　C. 担负　　　　　　D. 对不住

9. <u>初</u>听初看时我感到精神振奋，可是时间久了，我就无动于衷。　（　　）
  A. 原来　　　　　　B. 第一　　　　　　C. 刚　　　　　　　D. 低

10. 谁也不<u>稀罕</u>不兑现的支票。　　　　　　　　　　　　　　　（　　）
  A. 讨厌　　　　　　B. 喜欢　　　　　　C. 追求　　　　　　D. 拒绝

三、用汉语解释划线的词语

1. 对于自己过去信以为真的假话，我是不愿意<u>认账</u>的。

2. 我在想，只<u>怪</u>我自己当时没有勇气，应当自劾。

3. 但是我要说像他那样坦率地<u>解剖</u>自己，很值得我学习。

4. 到"四人帮"下台以后，我实在<u>憋</u>不住了。

5. 我<u>所谓</u>真话不是指真理，也不是指正确的话。

6. 可是多了，久了，我也就<u>无动于衷</u>了。

四、选择对下列句子的正确解释

1. 在单位里,在会场内,人们全戴着假面具,我也一样。   (   )

   A. 在外面,人们都戴着面具,把脸捂得严严实实。

   B. 在公共场合,人们都客客气气,我也一样。

   C. 在公共场合,人们出于各种目的,掩藏自己的真实想法,我也一样。

   D. 在公共场合,我和其他的人一起吹牛、说谎话。

2. 人们理直气壮地打着"维护真理"的招牌贩卖谎言。   (   )

   A. 因为人们要维护真理,所以大家理直气壮。

   B. 维护真理就不得不贩卖谎言。

   C. 真理与谎言只差一步。

   D. "维护真理"被大家当成了说谎话的借口。

3. 说空话也好,说假话也好,也总有收场的一天。   (   )

   A. 说空话也好,说假话也好,总有要处分他们的那一天。

   B. 说空话也好,说假话也好,总有要结束的那一天。

   C. 说空话,说假话,这些都是不对的。

   D. 说空话,说假话的人,总有要被收拾的那一天。

4. 我的意见不过是一家之言。   (   )

   A. 我的意见是代表我们一家人说的。

   B. 我的意见说了不算数。

   C. 我的意见不正确,只不过说说罢了。

   D. 我的意见是我的个人看法。

五、选择适当的选项完成句子

1. 人只有讲真话,＿＿＿＿＿＿＿＿＿＿＿。

2. 倘使意见不同,＿＿＿＿＿＿＿＿＿＿＿。

3. 产生希望的是努力,是向上、向前的努力,＿＿＿＿＿＿＿＿。

4. 因为每个人都有未来,＿＿＿＿＿＿＿＿＿＿＿。

   A. 而且都可以为自己的未来作各种的努力

   B. 就是自己辜负了读者们的信任

   C. 才能够认真地活下去

   D. 而不是豪言壮语

   E. 就进行认真讨论,探求一个是非

   F. 我也只是以说真话为自己晚年奋斗的目标

六、根据课文内容回答问题

1.在十年浩劫中间,作者经常有一种什么样的感觉?

2.本文中提到的吴天湘是什么人?

3.作者晚年奋斗的目标是什么?

4.在本文中,作者讲的"真话"是指什么?

5.作者上私塾时曾给老师提过一个什么样的要求?

6.十年浩劫中,作者最痛苦的是什么?

附： # 参考答案

第一课　我在北极光下

一、1. × 2. × 3. × 4. × 5. × 6. × 7. × 8. × 9. √ 10. √ 11. ×
12. × 13. × 14. √ 15. √ 16. √ 17. √ 18. √

三、1. C 2. D 3. D 4. C 5. C

四、1. 呼啸 2. 冲击 3. 横贯 4. 精彩 5. 尾声 6. 麻木 7. 折叠
8. 无动于衷 9. 其貌不扬 10. 动人心魄 11. 漫不经心 12. 跌跌撞撞
13. 惊心动魄 14. 分享

五、1. 描述 2. 描写 3. 描绘 4. 描写 5. 观测 6. 观察 7. 观察 8. 测量

六、1. A 2. C 3. A 4. C 5. B

七、1. B 2. C 3. E

第二课　在雪中，在雾中

一、1. √ 2. √ 3. × 4. × 5. × 6. × 7. × 8. × 9. × 10. ×

三、1. 狼藉 2. 嬉皮笑脸 3. 不可名状 4. 失落 5. 诞生 6. 水落石出
7. 凝视 8. 扬长而去

四、1. B 2. C 3. A 4. D 5. D 6. A 7. B 8. A

五、1. C 2. D 3. B 4. D 5. A

六、1. E 2. B 3. A 4. D

第三课　别让你新奇的念头溜走

一、1. √ 2. × 3. × 4. × 5. × 6. √ 7. × 8. × 9. √ 10. ×

三、1. 清淡 2. 倡导 3. 乐此不疲 4. 显著 5. 匿名 6. 与众不同
7. 百般无奈 8. 苦思冥想

四、1. B 2. C 3. A 4. B 5. D 6. A 7. D 8. B

五、1. C 2. B 3. A 4. B 5. C 6. D 7. A 8. D 9. C 10. C

六、1. D 2. A 3. E 4. F

第四课　母爱的较量

一、1. × 2. × 3. √ 4. × 5. √ 6. × 7. √ 8. √ 9. √ 10. × 11. √
12. × 13. √ 14. √

三、1. 捂 2. 扑 3. 抽 4. 哄 5. 揽 6. 喘 7. 抹 8. 挪 9. 盯 10. 趴

四、1. 样子 2. 周围 3. 突然 4. 没有想到 5. 用力掐住 6. 咬 7. 假如
8. 整整 9. 利用

五、1. D 2. C 3. A 4. A,B 5. B 6. A 7. C 8. D 9. A 10. C 11. B,D

12. A

六、1. C 2. A 3. A 4. D 5. A 6. C 7. D 8. D 9. B 10. C 11. C 12. B
13. C 14. C 15. C

第五课　第一次挣到的钱

一、1. ✓ 2. ✗ 3. ✗ 4. ✓ 5. ✗ 6. ✗ 7. ✓ 8. ✗ 9. ✓ 10. ✗

三、1. B 2. D 3. A 4. C 5. B 6. A 7. D 8. D 9. C 10. A

五、1. B 2. D 3. A 4. B 5. A 6. C 7. C 8. A 9. A 10. D 11. C 12. B
13. D 14. C

六、1. B 2. A 3. D 4. E

第六课　几件小事

一、1. ✓ 2. ✗ 3. ✗ 4. ✓ 5. ✓ 6. ✗ 7. ✗ 8. ✓ 9. ✗ 10. ✗ 11. ✓
12. ✓ 13. ✗ 14. ✓

二、1. C;B 2. B 3. C;D;A 4. A;B;C;C 5. B 6. B 7. D 8. B 9. B 10. B
11. A 12. B

四、1. C 2. C 3. D 4. B 5. C 6. C 7. A

第七课　父子篇

一、1. ✗ 2. ✓ 3. ✓ 4. ✗ 5. ✗ 6. ✓ 7. ✗ 8. ✗ 9. ✗ 10. ✗ 11. ✓
12. ✗ 13. ✗ 14. ✗ 15. ✓ 16. ✓

三、1. 喋喋不休 2. 老实巴交 3. 忐忑不安 4. 头头是道 5. 急功近利
6. 招摇过市 7. 旁若无人 8. 沾沾自喜 9. 纹丝不动 10. 无动于衷

四、1. B 2. A 3. C 4. D,B 5. C 6. A 7. C 8. D 9. C 10. A,C

五、1. D 2. B 3. C 4. A 5. A 6. C 7. A 8. B 9. A 10. C 11. A 12. A

六、1. A 2. C 3. D 4. C 5. 　B 6. C 7. B 8. C 9. D 10. D 11. B
12. C 13. A

七、1. B 2. E 3. F 4. A

第八课　新枝翠叶石榴红

一、1. ✗ 2. ✓ 3. ✗ 4. ✗ 5. ✓ 6. ✓ 7. ✗ 8. ✓ 9. ✗ 10. ✗

三、1. 自诩 2. 诡秘 3. 来意 4. 爽朗 5. 侃侃而谈 6. 名驰遐迩 7. 谙熟
8. 如数家珍 9. 佼佼者 10. 随手

四、1. B 2. A 3. C 4. D 5. B 6. A 7. D 8. A 9. D 10. A

五、1. C 2. D 3. B 4. F

第九课　离别的礼物

一、1. ✗ 2. ✗ 3. ✗ 4. ✗ 5. ✗ 6. ✓ 7. ✗ 8. ✓ 9. ✗ 10. ✗

三、1. 喋喋不休 2. 啼哭 3. 凝望 4. 戛然而止 5. 徐徐 6. 半晌 7. 尴尬

253

8. 吞吞吐吐 9. 抚摩 10. 喃喃

四、1. B 2. B 3. B 4. C 5. D 6. A 7. D 8. C 9. A 10. D

五、1. C 2. A 3. A 4. C 5. B

第十课 雨

一、1. × 2. × 3. × 4. × 5. √ 6. √ 7. × 8. √ 9. √ 10. × 11. ×
12. × 13. × 14. √

三、1. 徘徊 2. 精力 3. 佩服 4. 无可奈何 5. 倒霉 6. 不由自主 7. 精神
8. 溅 9. 劲头 10. 忙碌 11. 嫌

五、1. B 2. B 3. D 4. C 5. D 6. C 7. B 8. C 9. B

第十一课 葡萄沟 苏公塔 交河故城

一、1. √ 2. × 3. × 4. × 5. × 6. √ 7. √ 8. × 9. × 10. √ 11. √
12. × 13. ×

三、1. 呼吁 2. 领略 3. 无疑 4. 诱惑 5. 斑点 6. 悄无声息 7. 耽搁
8. 丑闻 9. 敏捷 10. 尴尬 11. 凝聚

四、1. 悄悄 2. 立刻 3. 名副其实 4. 拘谨 5. 很快 6. 豪放 7. 随意
8. 埋没 9. 舒服 10. 街道小巷

五、1. C 2. D 3. A 4. B 5. D 6. A 7. B 8. B 9. B 10. A

六、1. D 2. E 3. F 4. B

第十二课 新奇的球赛

一、1. × 2. √ 3. × 4. × 5. × 6. × 7. √ 8. √ 9. √ 10. × 11. ×
12. ×

三、1. 打扰 2. 腾 3. 前俯后仰 4. 一举两得 5. 竟 6. 不满 7. 仍旧
8. 随便 9. 插嘴 10. 控制

四、1. 争 2. 微笑着 3. 年轻人 4. 想 5. 照样 6. 时间 7. 改换 8. 高超
9. 可以 10. 脑筋

五、1. D 2. A 3. C 4. B 5. A 6. C 7. D 8. C

六、1. E 2. D 3. B 4. F

第十三课 时间储蓄卡

一、1. × 2. × 3. × 4. × 5. × 6. √ 7. × 8. × 9. × 10. × 11. √
12. √ 13. × 14. √ 15. ×

三、1. 委屈 2. 乏味 3. 平淡 4. 羡慕 5. 无可奈何 6. 一五一十 7. 只顾
8. 消磨 9. 不可思议 10. 甬 11. 腻 12. 兑现

四、1. 足足 2. 争论 3. 立即 4. 只管 5. 愤怒 6. 珍贵 7. 惊奇 8. 无法
9. 需要 10. 遗憾 11. 打发 12. 劝说 13. 珍贵 14. 笑话 15. 犯愁

五、1. A　2. C　3. C　4. C　5. D　6. A　7. B　8. C　9. C　10. D　11. D　12. A
13. B　14. A　15. C

六、1. D　2. C　3. D　4. D　5. B　6. C　7. C　8. C　9. D　10. A

八、1. A　2. B

第十四课　在那颗星子下

一、1. ×　2. ×　3. √　4. ×　5. √　6. √　7. ×　8. ×　9. √　10. ×　11. √

三、1. 惴惴不安　2. 谴责　3. 别提　4. 善于　5. 恨　6. 沉甸甸　7. 糟蹋
8. 幸灾乐祸　9. 不解之缘　10. 无非

五、1. A　2. A　3. C　4. C　5. B　6. B　7. A　8. B　9. C　10. A

六、1. B　2. A　3. C　4. D　5. C　6. A　7. C　8. A　9. B　10. B

第十五课　儿子的研究报告

一、1. ×　2. √　3. ×　4. ×　5. ×　6. √　7. ×　8. √　9. √　10. ×　11. √
12. √

二、1. A　2. B　3. B　4. A　5. A　6. A　7. B　8. A　9. A　10. B　11. C　12. B

三、1. 一时　2. 忧心忡忡　3. 放声大笑　4. 严声厉色　5. 大不了　6. 无拘无束
7. 费　8. 一下子　9. 折腾　10. 开阔　11. 抽象　12. 具体

四、1. 整天　2. 无话可答　3. 可遵循　4. 反复做　5. 一本正经　6. 保守
7. 犯糊涂　8. 借　9. 培育　10. 写着

五、1. A　2. C　3. C　4. D　5. A　6. B　7. A　8. C　9. A　10. B

六、1. B　2. C　3. E　4. D

第十六课　假如那次没搞错

一、1. ×　2. ×　3. ×　4. √　5. ×　6. ×　7. √　8. ×　9. √　10. √　11. ×
12. ×　13. √　14. √　15. √

三、1. 无聊　2. 暧昧　3. 癖好　4. 奇迹　5. 倒霉　6. 犹犹豫豫　7. 盘算
8. 压根儿　9. 费脑筋　10. 津津有味

五、1. A　2. C　3. A　4. C　5. B　6. B　7. A　8. D

六、1. C　2. B　3. D　4. C　5. B　6. A　7. A　8. B　9. C　10. D　11. D　12. C,D

第十七课　暑假生活

一、1. ×　2. ×　3. √　4. ×　5. √　6. √　7. ×　8. √　9. ×　10. √

二、1. A　2. C　3. A　4. C　5. B　6. A　7. C　8. C　9. C　10. D

三、1. C　2. B　3. A　4. C　5. D　6. B　7. C　8. B　9. B　10. B

五、1. 点缀　2. 情致　3. 采撷　4. 耸立　5. 顿时　6. 寻思　7. 油然而生
8. 消极　9. 义无反顾　10. 享受

第十八课　我的白桦树

一、1. ×　2. √　3. √　4. ×　5. ×　6. √　7. √　8. √　9. √　10. √

三、1. C　2. D　3. B　4. B　5. C　6. B

四、1. A　2. A　3. D　4. A　5. C　6. C　7. C　8. D　9. B　10. A　11. C　12. A
　　13. D　14. B　15. A

五、1. 苗壮　2. 威胁　3. 储备　4. 憔悴　5. 欣慰　6. 不计其数　7. 饱和
　　8. 肆虐　9. 承受　10. 涌现

第十九课　喀什，不能不去的地方

一、1. ×　2. √　3. √　4. ×　5. √　6. √　7. √　8. √　9. ×　10. ×

三、1. 难以言说　2. 非同小可　3. 悠闲　4. 肃穆　5. 会谈　6. 震撼

四、1. 照说　2. 终归　3. 安排　4. 居然　5. 导致,停留　6. 巧合　7. 向来
　　8. 即使　9. 偏僻　10. 最少　11. 交流　12. 地道　13. 过瘾　14. 满不在乎
　　15. 遍及

五、1. B　2. A　3. C　4. D　5. B　6. C　7. A　8. B

六、1. D　2. C　3. E　4. F　5. G

第二十课　越冬的小草

一、1. √　2. ×　3. √　4. ×　5. ×　6. √　7. ×　8. √　9. ×　10. √

三、1. 佝偻　2. 轻盈　3. 蓬勃　4. 凛冽　5. 未免　6. 消除　7. 讥笑　8. 姑且
　　9. 川流不息　10. 绰绰有余

四、1. C　2. D　3. A　4. B　5. D　6. B　7. C　8. B　9. D　10. B

五、1. A　2. C　3. C　4. A　5. D　6. C　7. A　8. D

七、1. D　2. A　3. F　4. B

第二十一课　大自然的启示

一、1. √　2. ×　3. ×　4. ×　5. √　6. √　7. ×　8. √　9. √　10. √

三、1. 度日　2. 当儿　3. 绽放　4. 泰然自得　5. 纵然　6. 变幻莫测　7. 伫立
　　8. 怨天尤人　9. 辉映　10. 不复

四、1. 淅淅沥沥　2. 啁啾　3. 紧张不安　4. 变幻多端　5. 辉映　6. 酝酿
　　7. 洗礼　8. 困顿　9. 浑浑噩噩　10. 常常

五、1. B　2. A　3. C　4. A　5. A　6. D　7. C　8. C　9. A　10. C

六、1. B　2. D　3. A　4. C　5. F

第二十二课　女人的智慧

一、1. ×　2. √　3. ×　4. ×　5. √　6. ×　7. √　8. ×　9. √　10. ×

三、1. 拽　2. 欣慰　3. 漆黑　4. 积蓄　5. 节俭　6. 智慧　7. 要是　8. 一口气
　　9. 端详　10. 难怪

四、1. 思索　2. 劳作　3. 霎时　4. 豪华　5. 受挫　6. 狞笑　7. 笼罩　8. 制服
9. 古谚　10. 仍然

五、1. C　2. C　3. A　4. D　5. A　6. A　7. C　8. D　9. C　10. B

七、1. C　2. E　3. A

第二十三课　小溪流的歌

一、1. √　2. √　3. ×　4. ×　5. ×　6. √　7. √　8. ×　9. √　10. ×　11. ×
12. ×　13. ×　14. ×　15. ×

三、1. B　2. A　3. B　4. C　5. D　6. B　7. B　8. A　9. A　10. B

四、1. 柔和　2. 新鲜　3. 单纯　4. 快活　5. 慌张　6. 记性　7. 合适　8. 活跃
9. 歇　10. 负担

五、1. C　2. B　3. A　4. D　5. C　6. C　7. D　8. B　9. A　10. C

六、1. D　2. E　3. B　4. F　5. C　6. A

第二十四课　心中的鹰

一、1. √　2. √　3. ×　4. ×　5. ×　6. ×　7. √　8. √　9. ×　10. √

三、1. 翱翔　2. 开阔　3. 眺望　4. 回旋　5. 收拢　6. 犀利　7. 敏捷　8. 耗
9. 触　10. 侥幸

四、1. B　2. D　3. C　4. C　5. B　6. A　7. A　8. B　9. D　10. B　11. B　12. C

五、1. B　2. D　3. F

第二十五课　关于克隆人的深度报告

一、1. ×　2. √　3. ×　4. ×　5. √　6. ×　7. ×　8. √　9. ×　10. √　11. ×
12. √　13. √　14. √　15. √

三、1. B　2. A　3. B　4. A　5. C　6. D　7. A　8. B　9. A　10. B

四、1. 特意　2. 潜意识　3. 顷刻　4. 周详　5. 歹毒　6. 顶替　7. 拟　8. 吐露
9. 杰作　10. 外在

五、1. 悄悄　2. 好像　3. 对比　4. 着急　5. 完满　6. 高兴　7. 开始　8. 消灭
9. 勒　10. 说明

六、1. C　2. A　3. B　4. B　5. B　6. A　7. B　8. D　9. A　10. B

七、1. C　2. A　3. F　4. B

第二十六课　太空医院

一、1. √　2. ×　3. √　4. √　5. ×　6. √　7. ×　8. ×　9. √　10. ×　11. √
12. √　13. √　14. ×　15. √

三、1. 偶然　2. 温和　3. 注视　4. 回顾　5. 回顾　6. 简直　7. 断断续续
8. 原来　9. 赶紧　10. 也许　11. 困惑　12. 浑身

四、1. 发觉　2. 选　3. 不禁　4. 确实　5. 样子　6. 转　7. 比如　8. 很快

257

9. 样子　10. 清楚

五、1. A　2. B　3. A　4. C　5. B　6. C　7. D　8. A　9. D　10. C

六、1. C　2. B　3. A　4. E

第二十七课　21世纪的新新人类

一、1. ×　2. ×　3. √　4. ×　5. √　6. ×　7. ×　8. √　9. √　10. √　11. √
12. √　13. ×　14. √　15. ×

三、1. 放弃　2. 反映　3. 大约　4. 除非　5. 至少　6. 迷恋　7. 好奇　8. 相反
9. 引人注目　10. 典型　11. 浏览　12. 反应　13. 显示　14. 照料　15. 尚

四、1. 准确　2. 就　3. 确实　4. 照看　5. 一直　6. 舍弃　7. 快速　8. 费心
9. 购买　10. 堆　11. 探求　12. 塌实　13. 耗　14. 阅历　15. 生活
16. 次数多

五、1. D　2. B　3. A　4. D　5. A　6. C　7. C　8. B　9. C　10. D　11. C　12. A
13. B　14. C　15. D

六、1. C　2. D　3. D　4. D　5. A　6. C　7. A　8. B　9. D　10. D

第二十八课　桂花雨

一、1. ×　2. ×　3. ×　4. √　5. √　6. √　7. ×　8. √　9. √　10. √

三、1. 将　2. 沿着　3. 高明　4. 确实　5. 赏　6. 沉浸　7. 一股　8. 原来
9. 阵阵　10. 仔细

四、1. 曾经　2. 即使　3. 姿势　4. 和　5. 安排,命令　6. 特别是　7. 恰好
8. 象　9. 一辈子　10. 比不上,比不了

五、1. B　2. C　3. B　4. A　5. C　6. C　7. D　8. D

六、1. C　2. B　3. E　4. D

第二十九课　光明的心曲

一、1. √　2. √　3. √　4. ×　5. √　6. √　7. √　8. √　9. ×　10. ×

三、1. 凝视　2. 执著　3. 光明灿烂　4. 五彩缤纷　5. 依然　6. 一颗　7. 并且
8. 闪烁　9. 憧憬　10. 一棵

四、1. 忽然　2. 悦耳　3. 一对　4. 象　5. 充满　6. 星星点点　7. 幻想
8. 震动　9. 凝视　10. 五颜六色

五、1. B　2. A　3. C　4. B　5. C

六、1. E　2. B　3. A　4. D

第三十课　红叶情

一、1. √　2. ×　3. ×　4. ×　5. ×　6. ×　7. ×　8. √　9. √　10. ×　11. ×
12. √　13. √　14. √　15. √　16. ×

四、1. B　2. A　3. B　4. A　5. C　6. B　7. C　8. C　9. C　10. D　11. A　12. B

六、1. A 2. B 3. D 4. C 5. D 6. A 7. B 8. B

第三十一课 生命的礼物

一、1. × 2. × 3. √ 4. × 5. √ 6. × 7. √ 8. √ 9. × 10. × 11. ×
12. ×

三、1. C 2. A 3. B 4. D 5. A 6. C 7. B 8. D 9. A 10. C 11. A 12. D

五、1. F 2. C 3. C 4. B 5. A 6. D 7. C 8. C

六、1. F 2. B 3. E 4. D 5. G

七、1. B 2. A 3. E 4. D

第三十二课 你是一盏灯

一、1. × 2. × 3. × 4. × 5. √ 6. × 7. × 8. × 9. × 10. ×

二、1. 证实 2. 稀奇 3. 缩 4. 进度 5. 无奈 6. 排除 7. 核实 8. 环视
9. 夸张 10. 沓

四、1. 一会儿 2. 亏损 3. 转到 4. 难办 5. 问题 6. 出色 7. 辛苦
8. 汇聚 9. 反而 10. 蒙骗

五、1. C 2. D 3. B 4. A 5. C

第三十三课 我们都老得太快 却聪明得太迟

一、1. × 2. × 3. √ 4. × 5. √ 6. × 7. × 8. × 9. × 10. √

三、1. 坦率 2. 把握 3. 布置 4. 安逸 5. 平凡无奇 6. 察觉 7. 愚蠢
8. 保障 9. 蹉跎 10. 刹那间

四、1. B 2. D 3. A 4. A 5. D 6. C 7. B 8. B

五、1. C 2. B 3. A 4. C 5. C 6. D 7. B 8. D 9. A 10. B

六、1. B 2. D 3. F 4. E

第三十四课 寻找理想

一、1. × 2. √ 3. × 4. × 5. × 6. × 7. √ 8. × 9. √ 10. ×

二、1. C 2. B 3. C 4. D 5. A 6. C 7. A 8. B 9. B 10. D

三、1. 不正之风 2. 挥动自如 3. 无影无踪 4. 虚无缥缈 5. 天花乱坠
6. 舍身救人 7. 力不能及 8. 唯利是图 9. 损公肥私 10. 邪不胜正

四、1. B 2. B 3. D 4. C 5. A

五、1. C 2. D 3. F 4. A

第三十五课 体验未来超市

一、1. × 2. × 3. √ 4. × 5. × 6. √ 7. × 8. √ 9. √ 10. √ 11. √

五、1. 巨头 2. 识别 3. 惊喜 4. 互动 5. 精确 6. 素质 7. 监测 8. 指示
9. 成本 10. 装置

六、1. D 2. C 3. C 4. C 5. B 6. A 7. D 8. B 9. C

第三十六课　酒醉的新疆人不能再醉了

一、1. ✕　2. ✓　3. ✕　4. ✕　5. ✓　6. ✕　7. ✓　8. ✓　9. ✕　10. ✕

三、1. 耸人听闻　2. 徘徊不前　3. 隔三差五　4. 入不敷出　5. 屡见不鲜
　　6. 令人咋舌　7. 有目共睹　8. 不可理喻　9. 可窥一斑　10. 比比皆是

四、1. D　2. D　3. B　4. C　5. D　6. B　7. B　8. A　9. D　10. A

五、1. D　2. C　3. A　4. F　5. G

第三十七课　创作是一种燃烧

一、1. ✕　2. ✓　3. ✓　4. ✓　5. ✓　6. ✕　7. ✕　8. ✕　9. ✓　10. ✓

二、1. A　2. D　3. A　4. B　5. C　6. D　7. C　8. B　9. A　10. C

三、1. 表达　2. 包含　3. 赞成　4. 味道　5. 样式　6. 克服　7. 侧面　8. 脱离
　　9. 缺陷　10. 情趣

四、1. C　2. B　3. C　4. B　5. C

五、1. A　2. F　3. C　4. E

第三十八课　巴金论"说真话"

一、1. ✓　2. ✕　3. ✕　4. ✕　5. ✕　6. ✕　7. ✓　8. ✕　9. ✓　10. ✓

二、1. C　2. B　3. C　4. A　5. B　6. B　7. D　8. D　9. C　10. B

四、1. C　2. D　3. B　4. D

五、1. C　2. E　3. D　4. A

北京大学出版社最新图书推荐（阴影为近年新书）

名称	书号	定价
汉语教材		
新概念汉语（初级本I）（英文注释本）	06449-7	37.00
新概念汉语（初级本II）（英文注释本）	06532-9	35.00
新概念汉语复练课本 （初级本I）（英文注释本）（内附2CD）	07539-1	40.00
新概念汉语（初级本I）（日韩文注释本）	07533-2	37.00
新概念汉语（初级本II）（日韩文注释本）	06534-0	35.00
新概念汉语（初级本I）（德文注释本）	07535-9	37.00
新概念汉语（初级本II）（德文注释本）	06536-7	35.00
汉语易读（1）（附练习手册） （日文注释本）	07412-3	45.00
汉语易读（1）教师手册	07413-1	12.00
说字解词（初级汉语教材）	05637 - 0	70.00
中级汉语精读教程（1）	04297 - 3	38.00
中级汉语精读教程（2）	04298-1	40.00
初级汉语阅读教程（1）	06531 - 0	35.00
初级汉语阅读教程（2）	05692 - 3	36.00
中级汉语阅读教程（1）	04013 - X	40.00
中级汉语阅读教程（2）	04014 - 8	40.00
汉语新视野-标语标牌阅读	07566-9	36.00
基础实用商务汉语（修订版）	04678 - 2	45.00
公司汉语	05734 - 2	35.00
国际商务汉语教程	04661 - 8	33.00
短期汉语教材		
速成汉语（1）（2）（3）（修订版）	06890-5/06891-3/06892-1	14.00/16.00/ 17.00
魔力汉语（上）（下）（英日韩文注释本）	05993-0/05994-9	33.00/33.00
汉语快易通 - 初级口语听力（英日韩文注释本）	05691 - 5	36.00
汉语快易通 - 中级口语听力（英日韩文注释本）	06001 - 7	36.00
快乐学汉语（韩文注释本）	05104 - 2	22.00
快乐学汉语（英日文注释本）	05400 - 9	23.00
口语听力教材		
汉语发音与纠音	01260 - 8	10.00
初级汉语口语（1）（2）（提高篇）	06628 - 7/06629 - 5/ 06630-9	60.00/60.00/ 60.00

中级汉语口语（1）（2）（提高篇）	06631－7/06632-5/ 06633-3	42.00/39.00/ 36.00
高级汉语口语（1）（2）（提高篇）	06634－1/06635－X/ 06646-5	32.00/32.00/ 32.00
汉语初级听力教程（上）（下）	04253－1/04664－2	32.00/45.00
汉语中级听力教程（上）（下）	02128－3/02287－5	28.00/38.00
汉语高级听力教程	04092－x	30.00
新汉语中级听力（上册）	06527-2	54.00
外国人实用生活汉语（上）（下）	05995-7/05996-5	43.00/45.00
实用汉语系列		
易捷汉语—实用会话（配 4VCD）（英文注释本）	06636－8	书 28.00/ 书+4VCD120.00
文化教材及读物		
中国概况（修订版）	02479－7	30.00
中国传统文化与现代生活－留学生中级文化读本（I）	06002－5	38.00
中国传统文化与现代生活－留学生高级文化读本	04450－X	34.00
文化中国－中国文化阅读教程1	05810－1	38.00
解读中国－中国文化阅读教程2	05811－X	42.00
报刊教材		
报纸上的中国—中文报刊阅读教程（上）	06893-X	50.00
报纸上的天下—中文报刊阅读教程（下）	06894－8	50.00
写作、语法教材		
应用汉语读写教程	05562－5	25.00
留学生汉语写作进阶	06447－0	31.00
实用汉语语法（修订本）附习题解答	05096－8	75.00
简明汉语语法学习手册	05749-0	22.00
预科汉语教材		
预科专业汉语教程（综合简本）	07586－3	56.00
HSK 应试辅导书教材及习题		
HSK 汉语水平考试模拟习题集（初、中等）	04518－2	40.00
HSK 汉语水平考试模拟习题集（高等）	04666－9	50.00
HSK 汉语水平考试词汇自测手册	05072－0	45.00
HSK 汉语水平考试（初、中等）全真模拟活页题集（模拟完整题）	05080－1	37.00
HSK 汉语水平考试（初、中等）全真模拟活页题集（听力理解）	05310－X	34.00
HSK 汉语水平考试（初、中等）全真模拟活页题集（语法　综合填空　阅读理解）	05311－8	50.00